出纳业务操作

主　编　刘海燕　彭金媛　李　凡

副主编　张晓龙

北京理工大学出版社
BEIJING INSTITUTE OF TECHNOLOGY PRESS

内容简介

《出纳业务操作》从会计专业人才培养目标的基本要求出发，结合出纳工作岗位的实际，以出纳岗位职业能力为本位，以出纳活动工作过程为主导，以突出实践能力的培养、强化岗位技能的运用为宗旨，系统、全面地演绎"出纳"这一特定的会计工作岗位上应该具备的基本知识和操作技能。本书按"4+1"构建教材体系，即四个技能模块（基本技能、凭证技能、账簿技能和业务技能）和一个综合业务与技能训练项目。按照"优化、序化和细化"的原则，对具体的操作技能按工作处理流程进行了阐述和演练，形成出纳工作"点、线、面"相结合的技能体系，既有出纳及相关知识的介绍，又有出纳技能操作的运用，对出纳岗位工作中应掌握的技能进行了详尽的说明和具体的解析。

本书可作为财务会计类专业教材，也可作为出纳人员岗位培训的教材。

图书在版编目（CIP）数据

出纳业务操作 / 刘海燕，彭金媛，李凡主编. —北京：北京理工大学出版社，2013.1（2024.8重印）
ISBN 978-7-5640-7334-3

Ⅰ.①出…　Ⅱ.①刘…　②彭…　③李…　Ⅲ.①出纳-高等学校-教材　Ⅳ.①F233

中国版本图书馆CIP数据核字（2013）第014252号

出版发行 / 北京理工大学出版社
社　　址 / 北京市海淀区中关村南大街5号
邮　　编 / 100081
电　　话 / (010) 68914775 (办公室)　68944990 (批销中心)　68911084 (读者服务部)
网　　址 / http://www.bitpress.com.cn
经　　销 / 全国各地新华书店
印　　刷 / 北京虎彩文化传播有限公司
开　　本 / 710毫米 × 1000毫米　1/16
印　　张 / 18.25
字　　数 / 339千字
版　　次 / 2013年1月第1版　2024年8月第11次印刷
定　　价 / 39.80元

责任校对 / 杨　露
责任印制 / 吴皓云

图书出现印装质量问题，本社负责调换

前　言

　　出纳工作是单位经济工作和会计核算的前沿阵地，是控制单位每笔交易业务的第一道关口；出纳人员是各单位的管家，是处理每一笔交易业务的重要关卡。提升出纳人员的理论知识和职业素质，提高出纳工作的质量和水平，既是广大财会人员密切关注的问题，也是单位领导和社会各界普遍关心的问题。《出纳业务操作》正是我们基于培养出纳人员的能力和水平，提高出纳工作质量和效率而进行的有益探索和积极尝试。

　　《出纳业务操作》教材的编写，按照"基础充实、知识适度、以实为本、以能为主"的原则，紧密结合出纳岗位的工作流程，以出纳工作的实用技能为主线，对出纳工作任务进行了适度的挖掘和重新整理，形成出纳工作的技能点、线、面相结合的体系："技能面"是指从事出纳工作应具备的全部的业务能力，它由技能模块构成，形成出纳岗位的总体综合技能体系；"技能线"是出纳工作的四个方面的技能模块或技能层次，即基本技能、凭证处理技能、账簿处理技能和业务核算技能，它们各自由若干个个体技能组成，形成出纳岗位的技能群；"技能点"是出纳工作的个体技能，是出纳人员的基本功，是执行具体出纳业务时的操作技巧。

　　本书由石家庄城市职业学院刘海燕、彭金媛，江西渝州科技职业技术学院李凡担任主编，河北软件职业技术学院张晓龙担任副主编。教材编写思路与体系的设计，提纲的拟定与修订，由刘海燕完成并负责统稿。在本书的写作过程中，得到了河北四建、国大超市、河北维信事务所等单位的大力协作、帮助与支持，另外我们还参阅了相关的书籍与资料，在此我们一并表示衷心的感谢！

　　本书是我们对会计岗位技能的培训学习与实际运用所作的一次尝试，由于水平有限，加之时间仓促，难免会存在一些错误与不足，诚望同行专家的指正赐教，恭候各位读者的批评建议。

编　者

目　录

项目一　出纳人员的基本素质与岗位职责

【知识与技能目标】

通过本项目的学习，学生能够明确成为一名合格的出纳人员应该具备的基本素质要求，以及要达到每项基本素质要求所应具备的条件，并能满足出纳岗位的基本素质要求。同时能明确出纳人员的岗位职责，熟知出纳人员的工作范围和工作流程。

【核心能力培养】

如何成为一名合格的出纳人员。

任务导入

在一次招聘会上，李雅婷应聘新华公司出纳员一职。新华公司财务负责人问："你认为出纳是干什么的？"李雅婷答："出纳就是管公司的钱，跑银行，负责现金、银行收支。"新华公司财务负责人问："你认为你已具备了做一名合格出纳的条件了吗？"李雅婷说："是的。首先，我是财务会计专业毕业的，已经取得会计从业资格证，我做事严谨，有相关的专业知识和点钞、计算机应用等专业技能。"李雅婷还把她在大学专门学习的出纳业务操作实训拿给新华公司财务负责人看……

问题：①李雅婷面试能成功吗？

②如果你是李雅婷，你将如何回答？

任务一　合格出纳人员的基本素质

想一想

除了具备相关专业知识以外，一名合格的出纳人员还应具备哪些素质？

出纳是会计工作中的一个重要岗位，要想成为一名合格的出纳人员并不是一件很容易的事，《会计基础工作规范》第 10 条规定："各单位应当根据会计业务需要配备持有会计证的会计人员。未取得会计证的人员，不得从事会计工作。"持证上岗既是对用人单位的要求，也是对用人单位利益的保障。除了具备会计从业资格证之外，还要求出纳员要有全面精通的政策理论水平、良好的职业道德操守、严谨细致的工作作风。《会计基础工作规范》第 14 条规定："会计人员应当具备必要的专业知识和专业技能，熟悉国家有关法律、法规、规章和国家统一会计制度，遵守职业道德。"因而作为合格的出纳人员应当具备如下基本素质：

一、政策水平

我国会计法律制度包括会计法律、会计行政法规、国家统一的会计制度和地方性会计法规。作为一名合格的出纳人员必须熟知这些法律法规，在不违反法律法规的前提下办理业务。如《会计法》《会计基础工作规范》及各种会计制度，现金管理制度及银行结算制度，成本管理条例及费用报销额度，税收管理制度及发票管理办法，还有本单位自己的财务管理规定，等等。要做好出纳工作的第一件大事就是学习、了解、掌握财经法规和制度，提高自己的政策水平。出纳人员只有刻苦掌握政策法规和制度，明白了哪些该干，哪些不该干，哪些该抵制，工作起来就会得心应手，就不会犯错误。

二、职业道德

会计职业道德是在会计职业活动时应遵循的、体现会计职业特征的、调整会计职业关系的职业行为准则和道德行为规范。出纳是一项特殊的职业，与其他会计人员相比较，出纳人员更应严格地遵守职业道德。他们每天接触的是大量的金钱，没有良好的职业道德，很难顺利通过"金钱关"。

作为合格的出纳人员必须具备的职业道德修养主要包括以下几个方面：

（1）爱岗敬业。出纳人员应当热爱本职工作，努力钻研业务，严肃认真，一丝不苟。

（2）诚实守信。出纳人员应该言行与内心思想一致，不弄虚作假、不欺上瞒下，做老实人、说老实话、办老实事。

（3）廉洁自律。廉洁自律是出纳人员的立业之本，是出纳人员职业道德的首要方面，要求出纳人员公私分明，不贪不占，遵纪守法，尽职尽责。

（4）客观公正。出纳人员应该以客观事实为依据，真实地记录和反映实际经济业务事项。

（5）坚持准则。要求出纳人员在处理业务的过程中，严格按照会计法律制度办事，不为主观或他人意志左右。

（6）提高技能。要求出纳人员不断提高职业技能和专业胜任能力，以适应工作需要。

（7）参与管理。简单地讲就是间接参加管理活动，为管理者当参谋，为管理活动服务。

（8）强化服务。要求出纳人员具有文明的服务态度、强烈的服务意识和优良的服务质量。

三、工作作风

要做好出纳工作首先要热爱出纳工作，要有严谨细致的工作作风和职业习惯。作风的培养在成就事业方面至关重要。出纳每天和金钱打交道，稍有不慎就会造成意想不到的损失，出纳人员必须养成与出纳职业相符合的工作作风，概括起来就是：精力集中，有条不紊，严谨细致，沉着冷静。精力集中就是工作起来就要全身心地投入，不为外界所干扰；有条不紊就是计算器具摆放整齐，钱款票据存放有序，办公环境洁而不乱；严谨细致就是认真仔细，做到收支计算准确无误，手续完备，不发生工作差错；沉着冷静就是在复杂的环境中随机应变，化险为夷。

四、安全意识

现金、有价证券、票据、各种印鉴，既要有内部的保管分工，各负其责，并相互牵制；也要有对外的安保措施，从办公用房的建造，门、屉、柜的锁具配置，到保险柜密码的管理，都要符合安保的要求。出纳人员既要密切配合安保部门的工作，更要增强自身的安保意识，学习安保知识，把保护自身分管的公共财产物资的安全完整作为自己的首要任务来完成。

五、业务技能

出纳人员责任重大，既要负责本单位全部货币资金与有价证券的收支、保管和核算任务，又掌管着本企业的全部票据。为此，出纳人员必须具备相应的业务技能，这些基本技能能迅速地帮助出纳人员处理相关业务，保证出纳工作有序正常的进行。作为专职出纳人员，不但要具备处理一般会计事务的财会专业基本知识，还要具备较高的处理出纳事务的出纳专业知识水平和较强的数字运算能力。出纳的数字运算往往在结算过程中进行，要按计算结果当场开出票据或收付现金，速度要快，又不能出错。这和事后的账目计算有着很大的区别。账目计算错了可以按规定方法更改，但钱算错了就不一定说得清楚，不一定能"改"得过来了。所以说出纳人员要有很强的数字运算能力，不管是用计算机、算盘、计算器，还是其他的运算器，都必须具备较快的速度和非常高的准确性。在快和准的关系上，作为出纳员，要把准确放在第一位，要准中求快。另外，还要苦练汉字、阿拉伯数字，提高写作概括能力。一张书写工整、填写齐全、摘要精炼的票据能表现一个出纳员的工作能力。具体的业务技能我们将在下面项目二中详细介绍。

任务二 明确合格出纳人员的岗位职责

🔒 想一想

出纳人员每天工作的内容包括哪些？每天上班的第一件事应该是什么？下班前，不能忘记做的事情又是什么？

一、出纳的概念

何为出纳？"出"即"支出"，"纳"即"收入"，通常人们把从事出纳工作的人员简称为出纳。由此可见，出纳至少包括两层含义：出纳人员、出纳工作。

1. 出纳人员

从广义上讲，出纳人员既包括会计部门的出纳人员，也包括业务部门的各类收款员（收银员）。收款员（收银员）是会计机构的出纳派出人员，他们作为一线工作人员，负责各种货币资金和票据的收入，同时他们也要填制和审核原始凭证，特别是货币资金的收入，通常是由他们转交给专职出纳的。收款员的工作过程是收入、保管、核对和上交，一般不专门设置账户进行核算。从其工作性质、内容、要求等方面看，他们与会计部门的专职出纳有很多相同之处。他们的工作是整个出纳工作的一部分，而狭义的出纳仅指会计部门的出纳人员。

2. 出纳工作

出纳工作是管理货币资金、票据、有价证券进进出出的一项工作。具体而言，出纳是按照有关规定和制度，办理本单位的现金收付、银行结算及有关账务，保管库存现金、有价证券、财务印章及有关票据等工作的总称。从广义上讲，只要是票据、货币资金和有价证券的收付、保管、核算，就都属于出纳工作。而狭义的出纳工作则指各单位会计部门专设出纳的各项工作。

二、出纳岗位的职责与权限

出纳岗位的职责与权限主要包括以下几个方面的内容：

（1）严格执行国家现金管理制度的有关规定，遵守银行核定的现金库存限额，严禁挪用现金，严禁未经审核人员审核而擅自付款。

（2）根据审核人员编制的记账凭证，认真核对并做好现金收付工作，同时在原始凭证上加盖现金收、付戳记。

（3）现金提取控制在单位控制限额内，经财务负责人批准后，增加现金提取量。

（4）正确编制现金日报表，核对现金库存余额，做到现金日清月结，保证账账相符、账实相符。

（5）妥善保管现金、空白现金支票、转账支票发票、收据及保险柜钥匙，做好保险柜密码的保密与使用工作，以防盗窃，负责保管支票法人印鉴章，负责银行支票借用的登记及银行余额调节表的编制工作。

（6）逐日登记现金日记账、银行存款日记账，年度终了，可暂由财务部门保管一年。

（7）负责个人交款的现金收取工作，并及时汇缴银行。

（8）加强业务知识学习，熟悉各项规章制度，发现不符规定的各项支出，须向财务室负责人汇报，以妥善处理。

（9）完成领导安排的其他各项工作。

（10）及时办理转账结算业务。

三、出纳工作的组织

1. 出纳人员的岗位设置

出纳人员的配备，主要决定于本单位出纳业务量的大小和繁简程度，要以业务需要为原则，既要满足出纳工作量的需要、符合内部牵制原则，又要避免徒具形式、人浮于事的现象。按照规定，出纳工作岗位可以一人一岗，一人多岗或一岗多人。

（1）一人一岗。规模不大、业务量不多的企业可设一名专职出纳。

（2）一人多岗。规模小、业务简单的企业可以专设一名兼职出纳。但出纳人员不得兼任稽核、会计档案保管和收入、支出、费用、债权债务账目的登记工作。

（3）一岗多人。规模大、业务量多的企业可设多名专职出纳。如现金出纳和银行存款出纳，或货币资金收支业务出纳和货币资金收支的核算出纳等。

2. 出纳人员的回避制度

回避制度是我国的一项重要的人事制度，企事业单位任用财务人员应实行回避制度。单位领导的直系亲属不得在本单位担任会计机构的负责人和会计主管人员，会计机构负责人和会计主管人员的直系亲属不得在本单位担任出纳工作。

需要回避的三种亲属关系包括：夫妻关系、直系血亲关系和三代以内旁系血亲以及姻亲关系。

四、出纳人员的工作流程

1. 出纳人员的工作日程

出纳既是一项技术性工作，又是一项事务性工作。如何将工作有条不紊地完成，就需要出纳人员制定一个有效的工作日程：

（1）上班第一时间，检查库存现金、有价证券、印鉴及其他贵重物品是否完好无损。

（2）对一天的工作做出安排。必要时，向有关领导及会计主管请示资金安排计划。

（3）列出当天应当处理的事项，分轻重缓急，按顺序办理各项收、付款业务。

（4）根据所有的货币资金收付原始凭证或会计转来的收付记账凭证，登记现金日记账和银行存款日记账，并结出当天的余额。

（5）下班前出纳人员必须清点库存现金，并将其与现金日记账余额进行核对，保证现金实有数与现金日记账余额相符；发现库存现金与现金日记账余额不相符时，应当查找原因，及时纠正差错。

（6）下班前应整理好办公用品，锁好保险柜及抽屉，保管好有关凭证，保持办公场所整洁，无资料遗漏或乱放现象。

（7）在银行下班前将超额现金存入银行。

（8）根据需要编制当天的现金和银行存款日报表，报送有关领导。

（9）因特殊情况造成当天工作未能完成的，则第二日优先办理。

（10）在收到银行对账单当天，出纳人员要将对账单与银行存款日记账进行逐笔核对，编制"银行存款余额调节表"，保证银行存款账实相符。

（11）每月或定期对其保管的支票、发票、有价证券和重要结算凭证进行清点、核对，发现问题，及时查明原因进行处理。

2. 出纳人员的账务处理程序

无论企业会计采用的账务处理程序是记账凭证账务处理程序，还是科目汇总表账务处理程序或其他处理程序，对于出纳人员来说，出纳业务处理的步骤和方法都是基本相同的，其基本程序如图1-1所示。

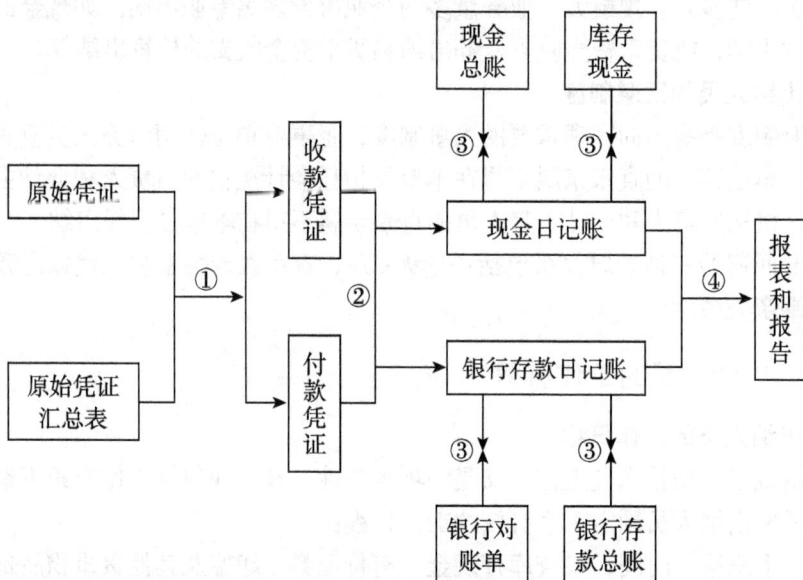

图1-1　出纳账务处理程序

说明：①根据原始凭证或原始凭证汇总表填制收款凭证、付款凭证。

②根据收款凭证、付款凭证逐笔登记现金日记账、银行存款日记账。

③现金日记账的余额每天与库存现金核对，定期与现金总账核对；银行存款

日记账余额定期与银行存款总账核对，银行存款日记账与每月开户银行出具的银行存款对账单核对。

　　④根据日记账的记录、计算情况，按照本单位管理的要求定期或不定期地报送出纳核算信息。

业务技能测试

一、单项选择题

1. 出纳人员既包括会计部门的出纳人员，也包括业务部门的各类（ ）。

   A. 收款员（收银员）   B. 采购员

   C. 管理员   D. 办事员

2. 银行转账业务的经办人是（ ）。

   A. 出纳   B. 采购   C. 会计   D. 秘书

3. 每月出纳人员根据银行对账单和银行日记账逐笔核对，编制（ ）。

   A. 银行存款收支表   B. 银行存款余额调节表

   C. 银行存款核对表   D. 银行存款明细表

4. （ ）是出纳的工作。

   A. 办理现金收支和银行结算业务   B. 编制转账凭证

   C. 财产清查   D. 会计档案保管

二、多项选择题

1. 出纳人员不得兼任（ ）。

   A. 稽核工作

   B. 债权债务账目的登记工作

   C. 会计档案保管工作

   D. 收入、支出、费用账目的登记工作

   E. 收付记账凭证的填制

2. 出纳人员一般应具备的基本业务技能包括（ ）。

   A. 规范的书写   B. 银行转账业务的办理

   C. 现钞的整理   D. 票币整点与防伪技术

   E. 出纳专用机具的使用

3. 出纳人员的素质要求包括（ ）。

   A. 具备出纳必要的财会专业知识   B. 具有良好的职业道德

   C. 具备一定的政策水平   D. 具备一定的安全意识

   E. 具备基本的业务技能

4. 与现金和银行存款有关的记账凭证编制可由（ ）编制。

   A. 会计   B. 出纳   C. 采购   D. 秘书

   E. 财务经理

5. 出纳人员的对账工作包括（ ）。

A. 现金日记账与库存现金核对

B. 现金日记账现金总账核对

C. 银行存款日记账与银行存款总账核对

D. 现金日记账与现金日报表核对

E. 银行存款日记账与银行存款对账单核对

6. 下列（　　　）是出纳岗位的工作。

A. 保管库存现金　　　　　　　B. 登记材料明细账

C. 编制银行存款余额调节表　　D. 保管空白支票

E. 保管银行印章

实训操作

一、案例分析

案例1：小出纳挪用公款近千万

2007年4月4日，原北京某单位出纳丁童带着他用公款购买的汽车、电脑、手机、住房钥匙以及银行存折和股票账户来到市检察院第一分院投案自首，在前一天，他还将其挪用的142万公款转回了单位账户。检察机关随即展开了立案侦查。

根据检察机关的指控，丁童于1998年10月至2002年3月期间，利用其担任北京某单位出纳的职务便利，先后多次挪用公款共人民币938.1万元，用于其个人经营，购买商品房、汽车及进行非法活动。

据丁童供述，他曾先后成立了两家公司，私下将单位账户上的资金转到公司账户上，然后再从公司账户提取现金，由于银行对账单由他保管，单位又缺少对他的监督，领导过问时，他也只是就账户的金额"报个数"便能蒙混过关。

到自首之前，丁童办公司花费100多万元，购买住房花费30多万元，汽车36万元，炒股花费近200万……很多花费连丁童自己也记不清楚了。

丁童表示，自己一开始只是想将公款"借"来用一用，等一赚到钱就马上还上。可丁童的"创业"并不顺利，而挪用的公款则像滚雪球一样越来越多，达到了令他恐惧的地步。在屡战屡败之后，他甚至将希望放到了足球彩票上面，几乎期期投注，每期投注金额上万元。去年春节前，他最后一次购买足彩竟然投注30万元。

案例2：公司出纳贪污、挪用公款案

2004年12月至2005年2月间，被告人赵某某利用受某市路政局公路分局委派兼任某公路养护工程有限责任公司出纳、负责保管该公司返税款的职务之便，趁公司清理核算、注销之机，将某市政管理服务中心给付某公路养护公司的返税款43 000元隐瞒不报据为己有。后被查获（赃款已退还）。2004年8月4日，被告人赵某某利用兼任某公路养护工程有限责任公司出纳、负责保管该公司返税款的职务之便，从公司返税款中取出人民币12万元并以个人户名分3张4万元的定期存单存入某商业银行某支行。2005年2月16日存款到期后赵某某将本金归还，利息930余元据为己有（赃款已退还）。

人民检察院以被告人赵某某犯贪污罪、挪用公款罪，于2006年5月23日向

法院提起公诉。

案例3：公司会计部门悬案

一日，某单位会计到上级部门财务处开会，散会时，财务处出纳员叫住该会计，说："你单位为某项目的集资款2万元已经返还回来了，你把它带回去吧。"该会计二话没说，签了字就将2万元现款装入包中带了回去。可过了不久，该单位职工在了解到该上级部门其他下属单位为某项目的集资款都已返还的情况下，遂找该单位领导，查问怎么回事。该单位领导立即让出纳员给上级部门财务处去电话询问，得到的回答是："已经让你单位会计捎回去了"。放下电话，出纳员就向会计要钱，可会计却说："你怎能这样？集资款我早就在捎回来当天下午给你了。"于是一桩悬案就产生了。

二、实训操作

实训目标：如何成为一名合格的出纳人员？

实训要求：学生分组讨论，汇总。

实训成果：各组展示，教师讲评。

项目二　出纳人员的基本业务技能

【知识与技能目标】

通过本项目的学习，学生能够达到合格出纳人员的基本业务技能要求：

（1）掌握会计数字的书写方法，能正确书写会计数字。

（2）掌握手工点钞的基本技巧和手法、机器点钞的基本操作步骤和方法，会运用多种手工点钞方法点钞。

（3）能准确识别真假人民币，领会真假人民币的鉴别方法。

（4）会操作点钞机、保险柜、计算器和电子支付密码器等出纳常用机具。

【核心能力培养】

会利用出纳人员的基本业务技能办理日常业务。

任务导入

　　李硕是某高职院校 2010 届会计专业毕业生，2010 年 6 月他被一家企业录用，从事出纳工作。9 月 1 日上午，采购员张军拿来零星报销单据，到李硕处报销，他应该如何用 POS 机的银行转账方式进行报销？下午，员工杨亚辉交来后勤部门的零星收入 1 567.50 元，李硕应该如何运用手工点钞方式接收这笔款项，并利用点钞机进行复核和鉴别真假？

任务一　会计数字的书写技能

🔒 想一想

　　出纳人员每天接触大量现金，为了准确清点现金，办理现金业务，出纳人员应该具备哪些业务技能？

　　数字是会计核算中反映计算成果的记录，数字的书写是出纳工作的一项基本功。书写是否规范，直接影响到收付款业务工作的质量，数字的书写要求正确、清楚和规范化。实际工作中出纳最常用的数字有两种：一种是阿拉伯数字；另一种是中文大写数字。通常将阿拉伯数字表示的金额称为"小写金额"，用中文大写数字表示的金额称为"大写金额"。

一、阿拉伯数字的书写

1. 阿拉伯数字的书写规范

小写的数字有 0、1、2、3、4、5、6、7、8、9。

2. 阿拉伯数字的书写要求

（1）数字要清楚，书写笔画要流畅，不能连笔。

（2）数字书写要从左至右、自上而下，数字间保留一定的间隙，而且距离相等；数字上下左右对齐，数字间不能留空格。

（3）书写斜度以六十度为宜，高度以占表格二分之一为准：

"1"字不能写得比其他数字短，以免篡改。

"2"字不能写成"Z"，以免改为3。

"3"字要使起笔处至拐弯处距离稍长，不应太短，同时拐弯处要光滑，使其不易误为5。

"4"字的"∠"角要死折，使其不易改成6。

"5"字的短横与"称勾"必须明显，切不可拖泥带水，以防与8混淆。

"6"字起笔要伸至上半格四分之一处，下圈要明显，使其不易改成4和8。

"7"字上端一横要既明显，又平直，折划不得圆滑，以与1和9明显区别开来。

"8"字要注意上下两圈儿明显可见。

"9"字的小圈儿不要留间隙，即要闭合，并且一竖稍长，略出行使其不易与4混淆。

"0"字不要太小了，并且要闭合，以免改作9，连写几个"0"时，不要写连接线。

（4）在未印有横格纸上书写数字时，元位以上每三位要空出半个阿拉伯数字的位置书写，例如：¥5 647 108.92。也可按"三位一节"的记数法，由个位起，从右向左，每隔三位，点一个分节号"，"分开，有小数点的应在十分位前点清小数点"."，例如：¥6 647 108.92。

（5）书写的数字代表人民币时，应在所写数字前加上人民币符号"¥"。

（6）若在账表上写错了数字，必须把错误的数字全部划一道红线消去，然后把正确的数字写在上面，并在红线左端加盖印章，以示负责。

（7）以元为单位的阿拉伯数字，除表示单价等情况外，一律写到角分；没有角分的角位和分位可写出"00"或者"-"；有角无分的，分位应当写出"0"，不得用"-"代替。

阿拉伯数字的书写规范示例：

1 2 3 4 5 6 7 8 9 0

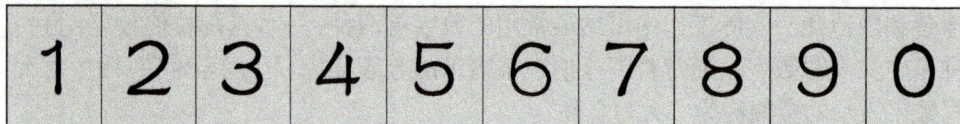

二、中文大写数字的书写

1. 中文大写数字的书写规范

中文大写数字有：壹、贰、叁、肆、伍、陆、柒、捌、玖、零，另外还有：亿、万、仟、佰、拾、元（圆）、角、分、整（正）等。中文大写数字要用正楷或行书书写，不得自造简化字，不能用"毛"代替"角"，"另"代替"零"，"块"代替"元"。

2. 大写数字的书写要求

（1）如果货币金额是人民币，应在大写金额前加"人民币"三个字，同时要求紧接数字，不得留有空格。

（2）大写常将数字写到"元"或"角"，在"元"或"角"后写"整"字；大写金额有"分"的，"分"后面不写"整"字。如：12 000.00 应写为：人民币壹万贰仟元整；再如：￥48 651.80 可写为：人民币肆万捌仟陆佰伍拾壹元捌角整；而￥486.56 应写为：人民币肆佰捌拾陆元伍角陆分。

（3）阿拉伯金额数字中间有"0"的，汉字大写金额要写"零"字。如￥1 409.50，应写为：人民币壹仟肆佰零玖元伍角整。阿拉伯金额数字元位是"0"的，或者数字中间连续有几个"0"，元位也是"0"，但角位不是"0"时，汉字大写金额可以只写一个零字，也可以不写"零"字。如：￥1 680.32，汉字大写金额应写为：人民币壹仟陆佰捌拾元零叁角贰分，或者写为：人民币壹仟陆佰捌拾元叁角贰分，又如：￥97 000.53，汉字大写金额应写为：人民币玖万柒仟元伍角叁分，或者写为：人民币玖万柒仟元零伍角叁分。

（4）为防止涂改，阿拉伯金额数字最高位是"1"的，汉字大写金额加写"壹"字，如￥15.80，汉字大写金额应写成：人民币壹拾伍元捌角整，又如￥135 800.00，汉字大写金额应写成：人民币壹拾叁万伍仟捌佰元整。

（5）在印有大写金额万、仟、佰、拾、元、角、分位置的凭证上书写大写金额时，金额前面如有空位，可划"⊗"注销，阿拉伯数字中间有几个"0"（含分位），汉字大写金额就可以写几个零。如￥100.50 汉字大写金额应写成：人民币⊗万⊗仟壹佰零拾零元伍角零分。

3. 中文大写票据日期的书写要求

由于银行票据存在有效期限，银行票据的出票日期必须使用中文大写，如支票、银行本票、银行汇票和商业汇票等。

（1）在填写月时，月为壹、贰和壹拾的，应在其前面加"零"。

（2）日为壹至玖以及壹拾、贰拾、叁拾的，应在其前面加"零"。

（3）日为拾壹至拾玖的，应在其前面加"壹"。

例如：2月12日，应写成零贰月壹拾贰日；10月20日，应写成零壹拾月零贰拾日。票据出票日期使用小写填写的，银行不予受理。大写日期未按要求规范填写的，银行可予受理；但由此造成损失的，由出票人自行承担。

任务二　点钞技能训练

🔒 想一想

出纳员王芳接到了销售部出差人员张志华的借款单，准备借款5 200元，王芳使用了点钞机进行清点，又使用手工清点了两遍，张志华很不理解，有点钞机为什么还用手工清点，这不是耽误时间吗？

点钞是出纳人员必须掌握的一项基本业务技能，一般分为手工点钞和机器点钞两种方法。出纳人员整点票币时，不仅要做到点数准确无误，还必须对损伤票币、伪造币及变造币进行挑拣和处理，使之整齐、数目清楚，以便保证货币的正常流转。为了提高自身的点钞技术水平，出纳人员除了掌握一定的票币整点方法，还应在平时多学多练，才能在工作时得心应手，顺利完成工作任务。

一、点钞的基本要求

出纳在整点票币时应分成两步，先整理挑选好票币，再清点数量。由于整点票币是一项极为严肃的工作，必须严格地遵守操作步骤，认真地进行整理和清点，才能避免因疏忽大意造成的经济损失。

1. 点钞的基本步骤

出纳人员进行点钞时，应按以下程序进行操作，避免技术性失误。点钞是从拆把开始到扎把为止一个连续、完整的过程，它一般包括拆把持钞、清点、墩齐、扎把、盖章等环节。要加速点钞速度，提高点钞水平，必须把各个环节的工作做好。

（1）拆把持钞。成把清点时，首先需将待点钞票的腰条纸拆掉。拆把时可将腰条纸脱去，保持其原状，也可将腰条纸用手指勾断。通常初点时采用脱去腰条纸的方法，以便复点时发现差错进行查找，复点时一般将腰条纸勾断。持钞速度的快慢、姿势是否正确，也会影响点钞速度，要注意每一种点钞方法的持钞方法。

（2）清点。清点是点钞的关键环节。清点时，要求手中点钞，眼睛紧盯捻动的钞票，同时大脑计数。在清点过程中，还需将损伤券按规定标准剔出，以保持流通中票面的整洁。如该把钞券中夹杂着其他版面的钞券，应将其挑出。在点钞过程中如发现差错，应将差错情况记录在原腰条纸上，并把原腰条纸放在钞券上面一起扎把，不得将其扔掉，以便事后查明原因，另作处理。清点的准确性与速度直接关系到出纳人员的工作效率和结果，因此出纳员要勤学苦练清点基本功，做到清点既快又准。

（3）墩齐。钞券清点完毕扎把前，先要将钞券墩齐，以便扎把保持钞券外观整齐美观。钞券墩齐要求四条边水平，不露头或不呈梯形错开，卷角应拉平。墩齐时，双手松拢，先将钞券竖起来，双手将钞券捏成瓦形在桌面上墩齐，然后将钞券横立并将其捏成瓦形在桌面上墩齐。

（4）扎把。每把钞券清点完毕后，把清点准确的100张钞券墩齐，用腰条纸扎好，不足100张的在腰条纸上写出实点数和金额。腰条纸要求扎在钞券的二分之一处，左右偏差不得超过2厘米，同时要求扎紧，以提起第一张钞券不被抽出为准。

（5）盖章。盖章是点钞过程的最后一环，在腰条纸上加盖点钞员名章，表示对此把钞券的质量、数量负责，所以每个出纳员点钞后均要盖章，而且图章要盖得清晰，以看得清行号、姓名为准。

2. 点钞的基本原则

（1）坐姿端正。点钞的坐姿会直接影响点钞技术的发挥和速度的提高。正确的坐姿应该是直腰挺胸、全身自然、肌肉放松、双肘自然放在桌上，持钞的左手腕部接触桌面，右手腕部稍抬起。整点货币轻松持久、活动自如。

（2）指法正确。必须严格掌握正确的点钞方法，正确运用10个手指及其关节，才能迅速提高点钞的技巧、准确率和速度。

（3）清点准确。点钞技术的关键是一个"准"字，清点时一是要精神集中；二是要坚持动作连贯有序；三是要双手点钞，眼睛看钞，大脑计数，手、眼、脑紧密配合。票币整点的数量必须准确无误，这是点钞工作的核心，而且由于现钞涉及直接的物质利益，因此整点时必须是当面点清，双方确认。

（4）挑选干净。出纳人员在挑选整理票币的过程中，必须以严格的标准将损伤券、变造和伪造币挑选干净，防止鱼目混珠，对于辨认不清或存在疑问的票币，必须当场声明并作出相应的处理。

（5）扎把捆紧。点完一把后，要把钞券墩齐，扎把要扎紧，以防钞券散落丢失。

（6）盖章清晰。盖章是点钞的最后一个环节，是明确责任的重要标志。因此，图章一定要盖得清晰可见，不能模糊。

二、手工点钞的方法

手工点钞的方法是金融部门以及各单位出纳人员最主要的票币整点方法，其种类很多，以持票方式划分，大体上可分为两种，即手持式点钞和手按式点钞。

手持式点钞可分为单指单张点钞、单指多张点钞、多指多张点钞和扇面点钞等方法。手按式点钞也有手按式捻点法、手按式推点法和手按式扳点法等方法。这里主要介绍几种使用较普遍，实用性较强的手工点钞技术。

1. 手持式单指单张点钞法

手持式单指单张点钞方法，是用一个手指一次点一张的方法。该种方法是点钞中最基本也是最常用的一种方法，适用范围广，使用频率较高，适用于收款、付款和整点各种新旧大小钞票。该种方法由于持票面小，能看到票面的 3/4，操作时易看清假币和挑选残破币，缺点是点一张记一个数，速度较慢。具体点钞方法如下：

（1）持钞。点钞时，上身坐直，双肩自然下垂，胸部稍挺，两小臂轻置在桌沿上。左手中指和无名指弯曲分开，夹住钞票一侧约 1/4 处，食指伸直托住钞票背面，拇指轻按在钞票正面，将钞票呈半扇面形，指尖压在钞票侧面约 1/3 处，钞票正面和侧面所形成的钝角之角尖正对脸部；右手拇指、食指和中指蘸水，准备点数（如图 2-1 所示）。

（2）清点。右手拇指在票上，食指、中指在票下，放在钞票右下角。用拇指向正下方轻轻捻动，每次捻出一张，接着用无名指将捻开的钞票迅速弹拨下来，一捻一弹，相互配合，连续动作，直至点完。在这一环节中，要注意右手拇指捻钞时，主要负责将钞券捻开，下钞主要靠无名指弹拨。拇指捻动钞票动作不宜过大，只用指头的第一关节做轻微动作，而无名指的弹拨动作要适当加大配合，做到"三分捻，七分弹"（如图 2-2 所示）。

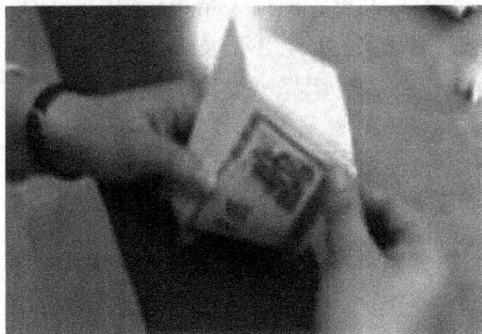

图 2-1　手持式单指单张点钞法持钞准备　　图 2-2　手持式单指单张点钞法清点方法

（3）挑残破券。在清点过程中，如发现残破券应按剔旧标准将其挑出。为了不影响点钞速度，点钞时不要急于抽出残破券，只要用右手中指、无名指夹住残破券将其折向外边，待点完 100 张后再残破券补上完整券。

（4）计数。在清点钞券的同时要计数。由于单指单张每次只捻一张钞券，计数也必须一张一张计，直至计到 100 张。从"1"到"100"的数中，绝大多数是两位数，计数速度往往跟不上捻钞速度，所以必须巧计。通常可采用分组计数法，分组计数法有两种方法：一种是1、2、3、4、5、6、7、8、9、1；1、2、3、4、5、6、7、8、9、2；…；1、2、3、4、5、6、7、8、9、10。这样正好100张。这种方法是把100个数编成10个组，每个组都由10个一位数组成，前面9个数都表示张数，最后一个数既表示这一组的第10张，又表示这个组的组序号码即第几组，这样在点数时计数的频率和捻钞的速度能基本吻合。另一种方法是0、2、3、4、5、6、7、8、9、10；1、2、3、4、5、6、7、8、9、10；…；9、2、3、4、5、6、7、8、9、10。这种计数方法的原则与前种相同，不同的是把组的号码放在每组数的前面。这两种计数方法既简捷迅速又省力好记，有利于准确计数。计数时要注意不要用嘴念出声来，要用心计，做到心、眼、手三者密切配合。

（5）扎把盖章。点钞完毕需要对所点钞票进行扎把，通常100张捆扎成一把。腰条纸要求扎在钞票的二分之一处，左右偏差不得超过二公分，同时要求扎紧，以提起第一张钞票不被抽出为宜。扎把完毕后出纳员应在腰条纸上加盖点钞员名章，表示对此把钞票的质量、数量负责。

2. 手持式单指多张点钞法

手持式单指多张点钞法，指点钞时一指同时点两张或两张以上钞票的方法，是在手持式单指单张的基础上发展起来的。它适用于收款、付款和整点工作，各种钞券的清点都能使用这种点钞方法。其优点是点钞效率高，记数简单省力；但是由于一指一次捻下几张钞券，除第一张外，后面几张看到的票面较少，不易发现残破券和假币。具体点钞方法如下：

（1）持钞。同手持式单指单张点钞法。

（2）清点。清点时右手拇指肚放在钞券的右上角，拇指尖略超过票面。如点双张，先用拇指肚捻下第1张，拇指尖捻下第2张；如点3张及3张以上时，同样先用拇指肚捻下第1张，然后依次捻下后面一张，用拇指尖捻下最后一张，要注意拇指均衡用力，捻的幅度也不要太大，食指、中指在钞券后面配合拇指捻动，无名指向怀里弹。为增大审视面，并保证左手切数准确，点数时眼睛要从左侧向右看，这样容易看清张数和残破券、假币。

（3）计数。由于一次捻下多张，应采用分组计数法，以每次点的张数为组。如点3张，即以3张为组计数，每捻3张计一个数，33组余1张就是100张；又如点5张，即以5张为组计数，每捻5张计一个数，20组就是100张，依此类推。

（4）扎把盖章。同手持式单指单张点钞法。

3. 手持式多指多张（四指四张）点钞法

手持式多指多张点钞法也称四指四张点钞法或手持式四指拨动点钞法。它适用于收款、付款和整点工作，是一种适用广泛，比较适合柜面收付款业务的点钞方法。它的优点是速度快、效率高，由于每指点一张，票面可视幅度较大，看得较为清楚，有利于识别假币和挑剔损伤券。

（1）持钞。钞券横立，左手持钞。持钞时，手心朝胸前，手指向下，中指在票前，食指、无名指、小指在后，将钞券夹紧；以中指为轴心五指自然弯曲，中指第二关节顶住钞券，向外用力，小指、无名指、食指、拇指同时向手心方向用力，将钞券压成"U"形，"U"口朝里；这里要注意食指和拇指要从右上侧将钞券往里下方轻压，打开微扇；手腕向里转动90度，使钞券的凹面向左但略朝里，凸面朝外向右；中指和无名指夹住钞券，食指移到钞券外侧面，用指尖管住钞券，以防下滑，大拇指轻轻按住钞券外上侧，既防钞券下滑又要配合右手清点。最后，左手将钞券移至胸前约20公分的位置，右手五指同时沾水，作好清点准备（如图2-3所示）。

图2-3　手持式多指多张点钞法持钞准备　　图2-4　手持式多指多张点钞法清点方法

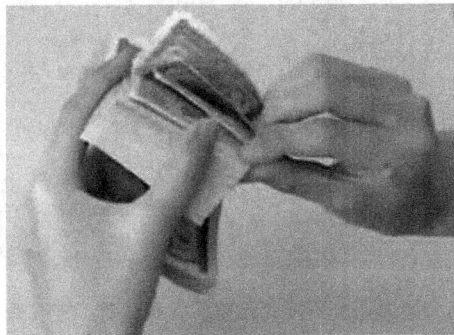

（2）清点。两只手摆放要自然，一般左手持钞略低，右手手腕抬起高于左手。清点时，右手拇指轻轻托住内上角里侧的少量钞券；其余四指自然并拢，弯曲成弓形；食指在上，中指、无名指、小指依次略低，四个指尖呈一条斜线。然后从小指开始，四个指尖依次顺序各捻下一张，四指共捻四张。用这种方法清点要注意这样几个方面：一是捻钞券时动作要连续，下张时一次一次连续不断，当食指捻下本次最后一张时，小指要紧紧跟上，每次之间不要间歇；二是捻钞的幅度要小，手指离票面不要过远，四个指头要一起动作，加快往返速度；三是四个指头与票面接触面要小，应用指尖接触票面进行捻动；四是右手拇指随着钞券的不断下捻向前移动，托住钞券，但不能离开钞券；五是在右手捻钞的同时左手要配合动作，每当右手捻下一次钞券，左手拇指就要推动一次，二指同时松开，使捻出的钞券自然下落，再按住未点的钞，往复动作，使下钞顺畅自如（如图2-4所示）。

（3）计数。采用分组计数法，以四个指头顺序捻下4张为一次，每次为一组，25次即25组即为100张。

（4）扎把盖章。同手持式单指单张点钞法。

4. 手持式五指五张点钞法

手持式五指五张点钞法也称手持式五指拨动点钞法，适用于收款、付款和整点工作。它的优点是效率高、计数省力，可减轻动力强度，但是这种方法要求五个手指依次动作，动作准度较大。

（1）持钞。钞券横立，用左手持钞。持钞时，左手小指、拇指放在票面前，其余三个手指放在票后，拇指用力把钞券压成瓦形，用右手退下腰条纸。左手将钞券右边向右手拍打一下，并用右手顺势将钞券推起。左手变换各手指位置，即用无名指、小指夹住钞券左下端，中指和食指按在钞券外侧，食指在上，中指在下，拇指轻压在钞券上外侧使钞券成瓦形（如图2-5所示）。

图2-5 手持式五指五张点钞法持钞准备

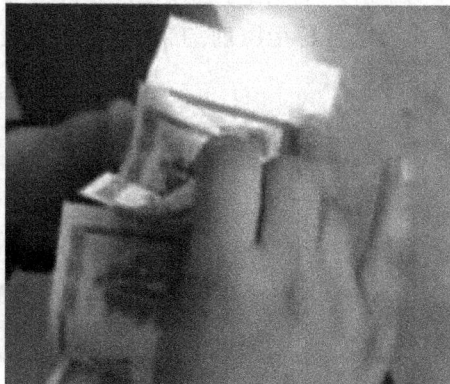

图2-6 手持式五指五张点钞法清点方法

（2）清点。右手五个指头沾水，从右角将钞券逐张向怀里方向拨动，以拇指开始，依次食指、中指、无名指、直至小指收尾为止。每指拨一张，一次为五张（如图2-6所示）。

（3）计数。采用分组计数，每5张为一组计一个数，计满20组即为100张。

以上介绍的五指拨动法是单向拨动，即右手始终是从拇指开始依次向怀里方向拨动，直至小指收尾止。五指拨动法也可里外双向拨动，即先从拇指开始向外拨动，食指、中指依次向怀里方向拨动，到小指收尾为止；再从拇指开始向外拨动，依次食指、中指向怀里拨动，直至小指收尾为止。这样来回拨动一次5张，点25个来回即为100张。这种点钞方法虽然难度较大，但速度快、效率高。

5. 扇面式点钞法

把钞票捻成扇面状进行清点的方法叫扇面点钞法，这种点钞方法适宜于清点新钞，不适宜于新、旧、残、破的混合钞票。其优点是点钞速度快，缺点是不便于挑选残破币，而且较费眼力，一般用于复点。

（1）持钞。上身坐直，先将钞票竖拿，左手拇指在钞票前，食指、中指同时从钞票后捏住钞票下角，其余两指弯曲靠向手心，右手拇指按住钞票下半部的中间，其余三指卷曲弯向手心，将钞票压成瓦形，以备开扇。

（2）开扇。开扇时要求双手相互配合一定要协调，以左手做轴，右手虎口卡住钞票右侧，拇指在前，其他四指从钞票后面将其压成瓦形，从右侧向左侧稍用力往胸前方向转过来向外甩动，这时左手拇指原地不动地从右向左捻动，左右手同时进行，保证扇面一次甩开，间隔均匀整齐。如有扇面不均匀的地方，要用双方持钞票抖开，左半部向左抖，右半部向右抖，直到抖动均匀为止（如图 2-7 所示）。

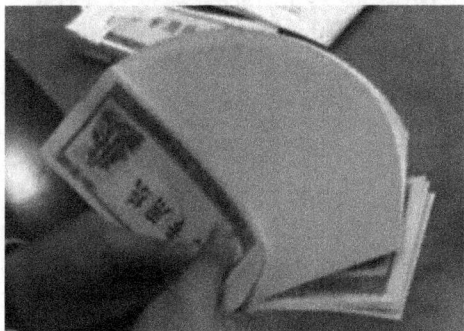

图 2-7　扇面式点钞法开扇　　　　　图 2-8　扇面式点钞法清点方法

（3）清点。用一手持票，另一手点数。点数时从打开扇面的一叠钞票的最后一张（从正面看）数起，可按五张以上至十多张的固定张数为一组点数。用拇指指尖将每组张数的钞票按开，食指紧随其后将已数钞票与未数钞票分开，拇指继续前移点数，直到完成整叠钞票的点数动作。计数方法是按组顺序计数（如图 2-8 所示）。

（4）计数。采用分组计数法，一次按 5 张为一组，计满 20 组为 100 张；一次按 10 张为一组，计满 10 组为 100 张。

（5）合扇。清点完毕合扇时，将左手向右手倒，右手托住钞票右侧向左合拢，左右手指向中间一起用力，使钞票竖立在桌面上，两手松拢轻墩，把钞票码齐，以便进行整理。

（6）扎把盖章。同手持式单指单张点钞法。

6. 手按式单指单张点钞法

该方法适用于整点新旧、大小钞票，尤其是适用于残破币较多的票币，也是初学者常常采用的方法之一。因为点钞时展开票面较大，容易注意票币的质感和外观，便于鉴别变造币和伪造币。这种方法劳动强度相对而言较大，速度也较慢，但十分准确。

（1）持钞。把钞票横放在桌上，正对点钞者，左手中指、无名指及小拇指按住钞票左上角，右手拇指托起右下角的部分钞票，右手无名指按住右上角，使钞票右边成凹形，右手的拇指、食指准备点数（如图 2-9 所示）。

（2）清点。用左手或右手的拇指托起钞票的一小部分，用左手或右手的食指捻动钞票，使最上面的一张与小叠钞票分离，用右手或左手拇指隔开这张已分离的钞票，同时计数。当按上述顺序清点第二张时，右手或左手食指将已点数的钞票隔开，如此动作循环往复，直到将钞票清点完毕。需清点的钞票张数过多，点数中双手把持不住时，可以将已点钞票翻扣在未点的钞票前面，然后再按上述要领继续清点未点钞票（如图 2-10 所示）。

图 2-9　手按式单指单张点钞法持钞准备　　　图 2-10　手按式单指单张点钞法清点方法

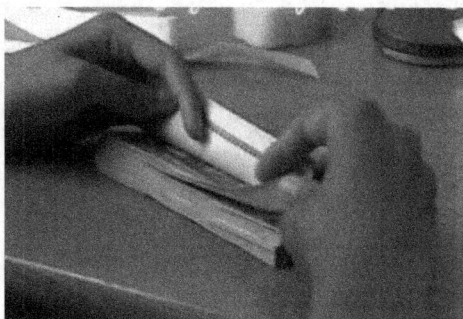

（3）计数。同手持式单指单张点钞法。

（4）扎把盖章。同手持式单指单张点钞法。

7. 手按式扳点点钞法

扳点法也叫手扳式点法，这种点钞方法适用于清点整把的钞票（如 100 张）。优点是速度较快，计数省力，点钞时主要是手指关节活动，劳动强度小。缺点是展开票面小，不易看到下端有角的钞票，也不适合于残破票较多的大捆钞票，因此比较适用于复点。

（1）持钞。把钞票竖放在桌上，正对点钞者，左手中指、无名指及小拇指按住钞票中段，右手拇指扳起右下角的部分钞票，使钞票右边成凹形，右手的拇指、食指准备点数（如图 2-11 所示）。

（2）清点。用左手的拇指托起钞票的一小部分，左手拇指在展开部分钞票的 1/3 外翻过 5 张送到左手食指与中指之间夹住，然后接着扳下一个 5 张。当按上述顺序清点第二组时，左手食指将已点数的钞票隔开，如此动作循环往复，直到将钞票清点完毕（如图 2-12 所示）。

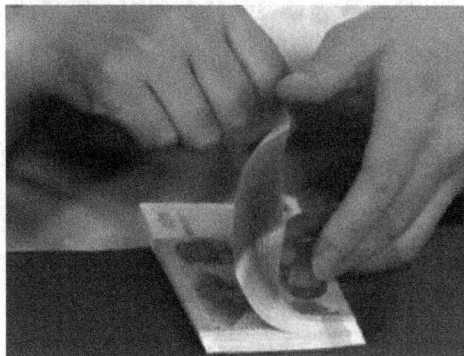

图 2-11　手扳式点钞法持钞准备　　　　图 2-12　手扳式点钞法清点方法

（3）计数。计数时，采用分组计数法，每5张为一组计一个数，计满20组即为100张。

（4）扎把盖章。同手持式单指单张点钞法。

三、钞票的整理和捆扎方法

1. 钞票的整理

钞票的整理包括两个方面：一是现金出纳人员在清点票币前，应先按券别将钞票分类，同时挑出残破币，然后按照完整券和残破币分别进行清点，同时进行真伪辨别；二是清点完一把钞票后，要进行捆扎前的整理，将券角拉平、钞票墩齐，然后再进行扎把。

2. 钞票的捆扎方法

点钞完毕后需要对所点钞票墩齐并进行扎把，通常是100张捆扎成一把，需使用牛皮纸腰条，最常用到的有两种方法，其具体操作方法介绍如下：

（1）半径拧扎法。左手横执已墩齐的钞票，钞票正面朝前，拇指按在票前，中指、无名指、小指在后，食指伸直在钞票的上侧。右手的拇指、食指和中指取腰条纸，拿住腰条的1/3处，把腰条搭在钞票的背面，用左手食指压住腰条，使腰条较短的一端在钞票的背面，较长一端在钞票的前面，用拇指和中指捏住腰条长的一端往下外绕半圈，用食指勾住腰条短的一端，将腰条的两端在钞票背面的中间合拢捏紧，然后用左手稍用力握住钞票的正面，捏成斜瓦型，左手腕向外转动，右手捏住腰条向内转动，然后双手还原的同时将右手中的腰条拧成半径，用食指将腰条掖在斜瓦里，使腰条卡在下部，再将钞票抚平。

（2）缠绕折掖法。左手横执已墩齐的钞票，钞票正面朝前，拇指按在票前，中指、无名指、小指在后，食指伸直在钞票的上侧。左手从长的方向拦腰握着钞票，使之成为瓦状（瓦状的幅度影响扎钞的松紧，在捆扎中幅度不能变）。右手握着腰条头将其从钞票的长的方向夹入钞票的中间（离一端1/3或1/4处），然后由内向外缠绕，将腰条一端留在票面上部，用右手食指和拇指捏住腰条向右折掖在钞票正面上侧。

当然随着科学技术的发展，现在已经有了钞票打捆机，经济条件允许的单位可以购买，但是钞票的捆扎不能因为有了机器而放松对出纳人员的要求，这是出纳人员的基本技能之一，在某些特殊场所还是必须使用的。

四、机器点钞的方法

机器点钞，就是用点钞机代替部分手工操作的点钞方式。因为其速度一般是手工点钞的2～3倍，所以减轻了劳动强度，从而提高了工作效率。

出纳人员在进行机器点钞之前，首先放置好点钞机，将点钞机放置在操作人员顺手的地方，一般是放置在操作人员的正前方或右上方。安放好后必须对点钞机进行调试和实验，力求转速均匀、下钞流畅、落钞整齐、点钞准确。机器点钞的步骤如下：

（1）打开开关。打开点钞机的电源开关和计数器开关。

（2）拆把。右手横执钞券，拇指在前，其余四指在背面，捏住钞券，并稍微用力使钞券成瓦型，用食指勾断腰条或者用左手将腰条褪下。

（3）清点。右手横握钞票，同时右手拇指在前，四指在后捏住钞票上侧，轻捻使钞票形成微扇面，即可将钞票放入下钞斗，这时不要用力，如果放钞方法不正确会影响点钞机的正常清点。钞票进入点钞机后，点钞人员的目光要迅速跟住运钞带，检查是否有夹杂券、破损券、假钞或者其他异物。看清计数器显示的数字并与应点金额相符后，以左手拇指、中指将钞票取出。紧跟着左手取出钞票的同时，右手立即将第二把钞票下钞。目前的点钞机一般都带有防伪功能，如果点钞时发现有伪钞，应立即取出伪钞，复位继续清点。

（4）计数。当下钞斗和传送带上的钞券下钞完毕时，要查看计数器显示是否为"100"。如反映的数字不是"100"，必须重新复点。在复点之前应先将数码显示器设置为"00"状态，并保管好原腰条。如经复点仍是原数，又无其他不正常因素时，说明该把钞票张数有误，应将钞票用新的腰条扎好，并写上张数，与原腰条一起妥善保管。

（5）扎把盖章。一把点完，计数器显示"100"，即可扎把。扎把完毕，点钞人员要在腰条的侧面盖上名章，名章要整齐、清晰，以明确责任。

任务三　真假人民币识别技能

🔒 想一想

出纳员李雅婷在收款过程中，发现一张面值为100元的假币，她应该怎么做？是退换给付款人还是将其没收？

众所周知，假币泛滥直接危害人民群众的利益，影响社会稳定，并扰乱金融秩序，严重危害金融安全。近年来随着经济的发展，假币在市场上出现频率大大增加，所以出纳人员必须掌握识别真假人民币的基本要领及常识，反复实践，摸索经验，不断提高对真假人民币的鉴别能力。

一、人民币认知

人民币是我国的法定货币，由中国人民银行发行，从1948年到2005年，我国共陆续发行了五套人民币。目前市场流通的主要是第四套和第五套人民币，而第五套人民币又分为1999年和2005年两个版本。

1. 第四套人民币的特点

第四套人民币从1987年4月27日开始发行，至1997年4月1日止，共有9种面额。包括：1角、2角、5角、1元、2元、5元、10元、50元、100元。第四套人民币具有以下一些特点：一是在设计、制版上采用了复杂的雕刻技术，不易造假；二是钞票用纸采用了满版古钱水印和固定人物头像水印，表现出明暗层次；三是首次使用安全线，工艺技术很高；四是采用了荧光油墨和磁性油墨，以及其他防伪技术。防伪性能的加强，也反映了我国印钞技术水平的提高。

2. 第五套人民币的特点

1999年，中国人民银行陆续发行第五套人民币（1999年版），共有1角、5角、1元、5元、10元、20元、50元、100元8种面额，其中1元有纸币、硬币2种。第五套人民币根据市场流通需要，增加了20元面额，取消了2元面额，使面额结构更加合理。2005年底，中国人民银行发行2005年版第五套人民币，主图案与1999保持一致，但变光数字、面额水印位置调整，背面面额数字加后缀"YUAN"等。

第五套人民币各面额正面均采用毛泽东同志新中国成立初期的头像，底衬采用了我国著名花卉图案，背面主景图案分别选用了人民大会堂、布达拉宫、桂林山水、长江三峡、泰山、杭州西湖。通过选用有代表性的寓有民族特色的图案，充分表现了我们伟大祖国悠久的历史和壮丽的山河，弘扬了伟大的民族文化。

第五套人民币与前四套人民币相比具有如下一些鲜明的特点：第一，第五套人民币是由中国人民银行首次完全独立设计与印制的货币，其印制技术已达到了国际先进水平；第二，第五套人民币通过有代表性的图案，进一步体现出我们伟大祖国悠久的历史和壮丽的山河，具有鲜明的民族性；第三，第五套人民币的主景人物、水印、面额数字均较以前放大，尤其是突出阿拉伯数字表示的面额，这样便于群众识别，会收到较好的社会效果；第四，第五套人民币应用了先进的科学技术，在防伪性能和适应货币处理现代化方面有了较大提高，可以说，这是一套科技含量较高的人民币；第五，第五套人民币在票幅尺寸上进行了调整，票幅宽度未变，长度缩小。

3. 第五套人民币的防伪特征

（1）水印。第五套人民币50元、100元为毛泽东人头像固定水印；1元、5元、10元和20元为花卉固定水印。

（2）红、蓝彩色纤维。在第五套人民币100元、50元的票面上，可看到纸张中有红色和蓝色纤维。

（3）安全线。第五套人民币100元、50元为磁性微文字安全线；20元、10元和5元为明暗相间的磁性安全线。

（4）手工雕刻头像。第五套人民币纸币正面主景毛泽东头像，均采用手工雕刻凹版印刷工艺，形象逼真、传神，凹凸感强。

（5）隐性面额数字。第五套人民纸币正面右上方有一装饰图案，将票面置于与眼睛接近平行的位置，面对光源作平面旋转 45 度或 90 度角，可看到面额数字字样。

（6）光变面额数字。第五套人民币 100 元正面左下方用新型油墨印刷了面额数字，当与票面垂直观察其为绿色，而倾斜一定角度则变为蓝色。

（7）阴阳互补对印图案。第五套人民币纸币正面左下角和背面右下方各有一圆形局部图案，透光观察，正背图案组成一个完整的古钱币图案。

（8）雕刻凹版印刷。第五套人民币中国人民银行行名、面额数字、盲文面额标记等均采用雕刻凹版印刷，用手指触摸有明显凹、凸感。

（9）号码（凸印）。第五套人民币 100 元为横竖双号码（1999 版），横号为黑色，竖号为蓝色；20 元为双色横号码，号码左半部分为红色，右半部分为黑色。

（10）胶印缩微文字。第五套人民币纸币多处印有胶印缩微文字 "RMB100" "RMB20" 等的字样。

（11）专用纸张。第五套人民币纸币采用特种原材料，由专用抄造设备抄制的印钞专用纸张印制，在紫外光下无荧光反应。

（12）变色荧光纤维。第五套人民币纸币在特定波长的紫外光下可以看到纸张中随机分布有黄色和蓝色荧光纤维。

（13）无色荧光图案。第五套人民币纸币在正面行名下方胶印底纹处，在特定波长的紫外光下可以看到面额字样，该图案采用无色荧光油墨印刷，可供机读。

（14）有色荧光图案。第五套人民币 100 元背面主景上方椭圆形图案中的红色纹线，在特定波长的紫外光下显现明亮的橘黄色；20 元券背面的中间在特定波长的紫外光下显现绿色荧光图案。

（15）胶印接线印刷。第五套人民币 100 元正面左侧的中国传统图案是用胶印接线技术印刷的，每根线均由两种以上的颜色组成。

（16）凹印接线印刷。第五套人民币 100 元背面面额数字 "100"、20 元正面左侧面额数字 "20" 是采用凹印接线技术印刷的，两种墨色对接自然完整。

（17）凹印缩微文字。第五套人民币纸币在正面右上方装饰图案中印有凹印缩微文字，在放大镜下，可看到 "RMB100" "RMB20" 等字样。

（18）磁性号码。用特定的检测仪检测，100 元的黑色横号码和 20 元的双色横号码中黑色号码有磁性，可供机读。

2005 年版 100 元人民币的主要防伪特征如图 2-13 所示。

二、假币的种类及特征

1. 假币的种类

假人民币指仿照真人民币纸张、图案、水印、安全线等原样，利用各种技术

假钞纸张较脆，无韧性，水印模糊，没有立体感。

真钞的正面左上有几处图案，包括国徽和中国人民银行等，用手摸，凹凸感会很明显。假钞的凹凸感不明显。

真钞的金属线，是完整的一条线。假钞中间一般有明显断续。

真钞右上角的100下面红色图案里的100字样，必须把钞票放得和眼睛接近平行，对着光源才能看到。假钞的100字样无须旋转角度即可看见。

真钞的中间偏左，最大的100字样左下有半个"孔方"古钱，正反各半个，对着光亮处可以看到一个完整的中国古钱标识。假钞几乎无法拼完整或有间隙。

真钞左下角的100字样在不同角度可以看到蓝和绿两种主要颜色。假钞无光变效果。

真钞左下100字样的右边空白处有一隐形的100字样，对光看具有透光性。假钞一般是黄色油墨印刷上的，不透光。

图 2-13　2005 年版 100 元人民币防伪特征

手段非法制作的伪币。假币按照其制作方法和手段，大体可分为两种类型，即伪造币和变造币。伪造币是依照人民币真钞的用纸、图案、水印和安全线等的原样，运用各种材料、器具、设备、技术手段模仿制造的人民币假钞；变造币是利用各种形式、技术、方法等，对人民币真钞进行加工处理，改变其原有形态，并使其升值的人民币假钞。

（1）伪造币。伪造币因仿制的手段不同而各有独自的特点，现按其不同的仿制手段分为：手绘假钞、蜡印假钞、石印假钞、手刻凸版假钞、拓印假钞、复印合成假钞、机制假钞、彩色复印假钞、照相假钞和剪贴假钞。

（2）变造币。变造币由于其对真币的加工处理方法不同，又可分为以下几种情形：一是涂改币，这是将真币票面金额用化学药剂涂掉，再用油墨或颜料加以涂改，使其面额增大的假钞；二是剪贴币，这是将真币剪贴拼凑成局部缺位，由5张拼成6张，或8张拼成10张，也有的是将票面金额部分进行挖补，使其面额增值；三是揭页币，这是将真币的纸层揭开，一分为二，再用其他纸张粘贴于背后的单面假钞。

2. 假币的特征（以第五套 100 元面额人民币为例，如图 2-14 所示）

假币的特征主要包括以下几个方面：

（1）纸张。采用普通书写纸，在紫外灯光照射下，票面呈蓝白色荧光反应。

（2）水印。用淡黄色油墨印在票面正、背面水印位置的表面，垂直观察，在票面的正背两面均可看到一个淡黄色毛泽东人头像印刷图案；迎光透视，固定人像水印轮廓模糊，没有浮雕立体效果。

（3）印刷。票面颜色较浅；采用胶版印刷，表面平滑，票面主要图案无凹版印刷效果，墨色平滑不厚实；票面主景线条粗糙，立体感差；票面线条均由网点组成，呈点状结构；无红、蓝彩色纤维。

（4）安全线。用无色油墨印在票面正面纸的表面，迎光透视，模糊不清；缩微文字模糊不清；无磁性。

（5）阴阳互补对印图案。古钱币阴阳互补对印图案错位、重叠。

（6）胶印缩微文字。胶印缩微文字模糊不清。

（7）凹印缩微文字。凹印缩微文字模糊不清。

（8）隐形面额数字。无隐形面额数字。

（9）光变油墨面额数字。光变油墨面额数字不变色。

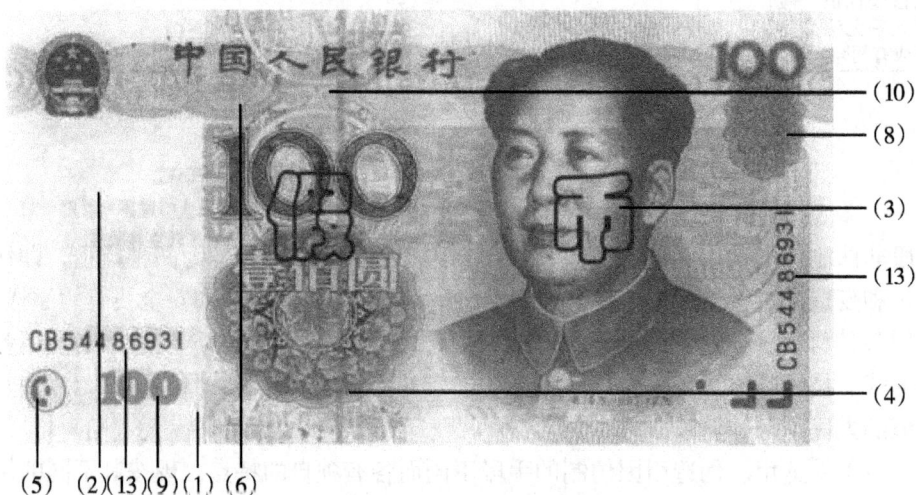

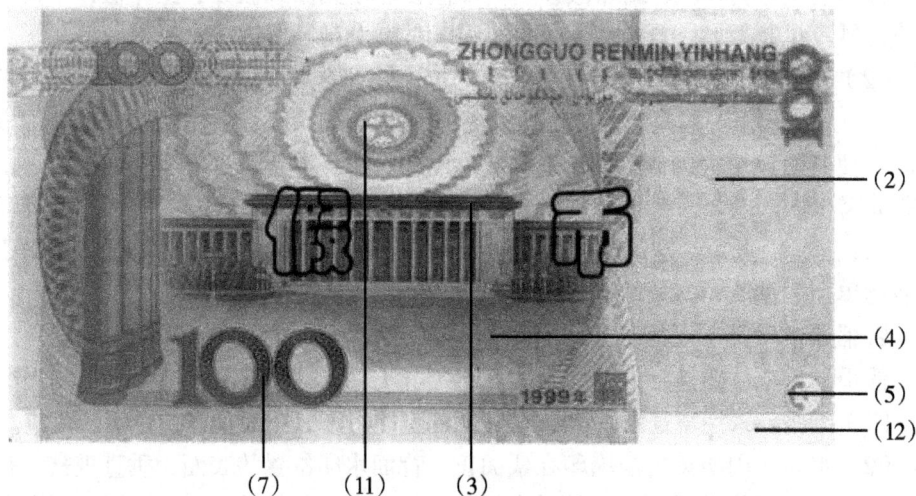

图2-14　假人民币的特征

（10）无色荧光油墨印刷图案。在紫外灯光照射下，无色荧光油墨"100"较暗淡，颜色浓度及荧光强度较差。

（11）有色荧光油墨印刷图案。在紫外灯光照射下，有色荧光油墨印刷图案色彩单一、较暗淡，颜色浓度及荧光强度较差。

（12）无色荧光纤维。无无色荧光纤维。

（13）冠字号码。横竖双号码中的黑色部分无磁性。

三、识别假币的方法（以第五套人民币为例）

对于第五套人民币纸币真伪的识别，通常采用"一看、二摸、三听、四测"的方法。

1.一看

"一看"，就是在掌握人民币特点的基础上，从以下几个方面进行观察：

第五套人民币各券别纸币的固定水印位于各券别纸币票面正面左侧的空白处，迎光透视，可以看到立体感很强的水印。100元、50元纸币的固定水印为毛泽东头像图案，20元、10元、5元纸币的固定水印为花卉图案。

（1）看水印（如图2-15所示）。

第五套人民币100元和50元人像水印　　　　第五套人民币10元花卉水印

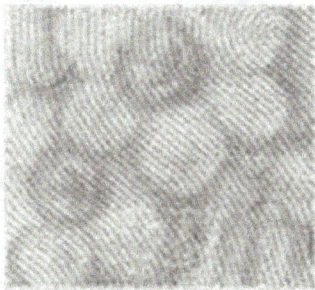

第五套人民币20元花卉水印　　　　第五套人民币5元花卉水印

图2-15　2005年版人民币水印特征

（2）看安全线（如图2-16所示）。第五套人民币纸币在各券别票面正面中间偏左，均有一条安全线。100元、50元纸币的安全线，迎光透视，分别可以看到缩微文字"RMB100""RMB50"的微小文字，仪器检测均有磁性；20元纸币，迎光透视，是一条明暗相间的安全线，10元、5元纸币安全线为全息磁性开窗式安全线，即安全线局部埋入纸张中，局部裸露在纸面上，开窗部分分别可以看到由微缩字符"￥10""￥5"组成的全息图案，仪器检测有磁性。

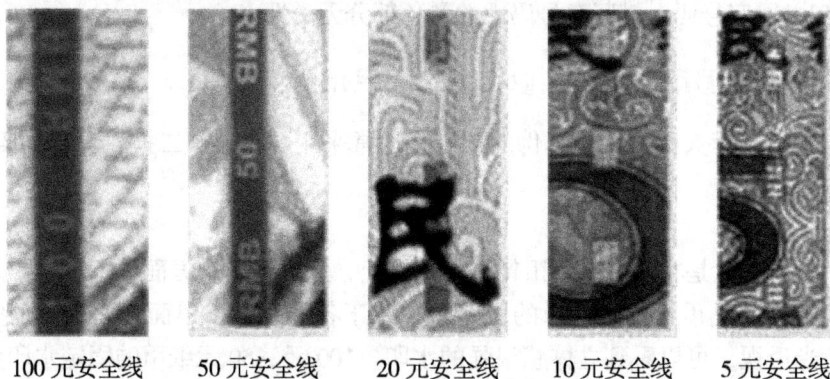

| 100元安全线 | 50元安全线 | 20元安全线 | 10元安全线 | 5元安全线 |

图2-16　2005年版人民币防伪安全性特征

（3）看光变油墨（如图2-17所示）。第五套人民币100元券和50元券正面左下方的面额数字采用光变墨印刷。将垂直观察的票面倾斜到一定角度时，100元券的面额数字会由绿变为蓝色；50元券的面额数字则会由金色变为绿色。

图2-17　2005年版人民币变色油墨特征

（4）看古钱币对接图案（如图2-18所示）。第五套人民币纸币的阴阳互补对印图案应用于100元、50元和10元券中。这三种券别的正面左下方和背面右下方都印有一个圆形局部图案，迎光透视，两幅图案准确对接，组合成一个完整的古钱币图案。

（5）用5倍以上放大镜观察票面，看图案线条、缩微文字是否清晰干净（如图2-19所示）。第五套人民币纸币各券别正面胶印图案中，多处均印有微缩文字，20元纸币背面也有该防伪措施。100元微缩文字为"RMB"和"RMB100"；50元为"50"和"RMB50"；20元为"RMB20"；10元为"RMB10"5元为"RMB5"和"5"字样。

图 2-18　2005 年版人民币古钱币图案

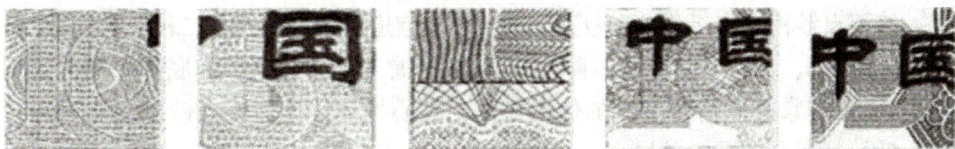

100 元微缩文字　　50 元微缩文字　　20 元微缩文字　　10 元微缩文字　　5 元微缩文字

图 2-19　2005 年版人民币微缩文字图案

2. 二摸

"二摸"，是对人民币的凹凸感和纸张的挺括度进行感觉。

一是摸人像、盲文点、中国人民银行行名等处是否有凹凸感。第五套人民币纸币各券别正面主景均为毛泽东头像，采用手工雕刻凹版印刷工艺，形象逼真、传神，凹凸感强，易于识别；

二是摸纸币是否薄厚适中，挺括度好。

3. 三听

"三听"，即通过抖动钞票使其发出声响，根据声音来分辨人民币真伪。人民币的纸张，具有挺括、耐折、不易撕裂的特点。手持钞票用力抖动、手指轻弹或两手一张一弛轻轻对称拉动，能听到清脆响亮的声音。

4. 四测

"四测"，即借助一些简单的工具和专用的仪器来分辨人民币真伪。如借助放大镜可以观察票面线条清晰度、胶、凹印缩微文字等；用紫外灯光照射票面，可以观察钞票纸张和油墨的荧光反映；用磁性检测仪可以检测黑色横号码的磁性。

任务四　出纳常用机具使用训练

🔒 **想一想**

做一名合格的出纳员除了具备基本的专业知识以外，还应该具备哪些基本技能？出纳工作日常涉及的保险柜、点钞机、POS 机、计算器、算盘等，你都会用吗？学会使用这些常用机具对出纳工作有什么具体帮助？

出纳在办理日常业务中常会使用一系列机具，应熟练使用机具，提高办事效率，如点钞机、支票打印机、电子支付密码器、保险柜和装订机等。各种出纳常用机具的使用技能的掌握与运用应结合各种机具的使用说明书来完成。初次使用时，要仔细阅读企业购买的各种机具的使用说明书，掌握其使用环境介绍、基本操作方法和日常维护等基础信息。

一、点钞机的使用技能

使用点钞机整点纸币，要做到二看（看清跑道、看清数字）、二清（券别分清、库箱内取清）、二防（防留张、防吃票）、二经常（经常查看机内底部、经常保养维修）。只有掌握点钞机基本的使用方法，精心操作，才能使点钞机保持正常运转，延长其寿命和减少差错。

1. 点钞机使用前的准备工作

（1）试机。出纳人员在使用点钞机之前，应首先放置好点钞机。点钞机应放置在操作人员顺手的地方，一般是放置在操作人员的正前方或右上方。安放好后必须对点钞机进行调试和实验，力求转速均匀、下钞流畅、落钞整齐、点钞准确。

（2）初始设置。打开点钞机的电源开关，使计数器显示为"0"，调整好点钞机，进行初始设置，设置传送带松紧度，打开防伪功能。

（3）放置钞票和工具。点钞机是连续作业，且速度较快，因此清点的钞票和操作用的工具摆放位置必须固定，这样才能忙而不乱。一般准备清点的钞票放在点钞机的右侧，按大小顺序排列，切不可大小夹杂排列。点完后的钞票放在点钞机的左侧，腰条纸应横放在清点好的钞票前面，其他工具放置要适当、顺手。

2. 点钞机的基本操作程序

（1）将计数器开关接合，看计数器显示数码管的读数是否为"00"。如果发现有数字时，必须按清零按钮，将数字消除并显示"00"。

（2）打开电动机开关，使整机运转，运转时没有金属撞击声。

（3）移动拨杆，根据清点钞票的面积调整接钞台的幅度。

（4）将清点的钞票拆把后，右手捏紧钞票，用拇指稍用力向下掀票面使钞票成梯形，再放入滑钞板内，一面注意滑钞板钞票平正、不要紧靠一边，以便出钞分张，一面准备另一把钞票。

（5）清点时，要让钞票自动下滑，千万不可用手往下压挤钞票，以免同时下滑双张。注意力应放在输钞带上，以监视不同券张的混杂，发现时立即关机捡出。

（6）滑钞板内钞票清点完毕，先观看计数器读数，然后用左手把接钞台的钞票取出，再复点一次，若无误，取出捆扎，用右手将另一把钞票放入，如此重复。

（7）光敏管的部位要时常清除积尘，以保持其灵敏度（部分机型出厂时光敏管的安装位置高于托钞板 1 毫米，以便于钞票清点时，自动刷去光敏管的积尘）。

二、保险柜的使用技能

保险柜是保存贵重物品或机密文件的有可靠的保险装置的铁柜，具有防火、防盗、防磁、防水及耐腐蚀的特点，市场上的保险柜多为防火和防盗保险柜。每一种保险柜都有其国家标准，依据不同的密码工作原理，防盗保险柜又可分为机械保险柜和电子保险柜两种，前者的特点是价格便宜，性能可靠，早期的保险柜多为机械保险柜。电子保险柜是将电子密码、IC 卡等智能控制方式的电子锁应用到保险柜中，价格较高，但安全性高。

为了保证财产的安全和完整，各单位出纳员都应配备专用保险柜，专门用于库存现金、各种有价证券、银行票据、印章及其他出纳票据等的保管。

1. 保险柜的操作方法

（1）机械保险柜的常规开法。首先按第一数字顺时针转动两圈对正标数，其次按第二数字逆时针转动一圈，继续转动对正标数，最后再顺时针转动对正第三数字标数就可开门，关门时随意转一下即可。转动时不需要从零开始，但是顺时就不能逆，错了重新开始。

（2）电子智能型保险柜的操作方法。通常是打开电源，输入正确密码，按确认键开门。如果需要更改密码，首先要打开电源，输入原密码按确认键，再按修改密码，输入新密码，再按确认键，则更改成功。

（3）防盗报警器的使用。首先接通电源，人离开时，先拨除钥匙，再把门关上。如果再插入钥匙或其他金属品，防盗报警器便发出报警响声，开门后关闭电源，报警停止。

2. 保险柜的管理

各单位应加强对保险柜的使用管理，制定保险柜使用办法，要求有关人员严格执行。一般来说，保险柜的使用应注意如下几点：

（1）保险柜的管理。保险柜一般由总会计师或财务处（科、股）长授权，由出纳员负责管理使用。

（2）保险柜钥匙的配备。保险柜要配备两把钥匙，一把由出纳员保管，供出纳员日常工作开启使用，出纳员不能将保险柜钥匙交由他人代为保管。另一把交由保卫部门封存，或由单位总会计师或财务处（科、股）长负责保管，以备特殊情况下经有关领导批准后开启使用。

（3）保险柜的开启。保险柜只能由出纳员开启使用，非出纳不得开启保险柜。如果单位总会计师或财务处（科、股）长需要对出纳员工作进行检查，如检查库存现金限额、核对实际库存现金数额，或有其他特殊情况需要开启保险柜的，应按规定的程序由总会计师或财务处（科、股）长开启，在一般情况下不得任意开启由出纳员掌管使用的保险柜。

（4）财物的保管。每日终了后，出纳员应将其使用的空白支票（包括现金支票和转账支票）、收据、印章等放入保险柜内。保险柜内存放的现金应设置和登记现金日记账，其他有价证券、存折、票据等应按种类造册登记，贵重物品应按种类设置备查簿登记其质量、重量和金额等，所有财物应与账簿记录核对相符。按规定，保险柜内不得存放私人财物。

（5）保险柜密码。出纳员应将自己保管使用的保险柜密码严格保密，不得向他人泄露，以防为他人利用。出纳员调动岗位，新出纳员应更换使用新的密码。

（6）保险柜的维护。保险柜应放置在隐蔽、干燥之处，注意通风、防湿、防潮、防虫和防鼠；保险柜外要经常擦抹干净，保险柜内财物应保持整洁卫生、存放整齐。一旦保险柜发生故障，应到公安机关指定的维修点进行修理，以防泄密或失盗。

（7）保险柜被盗的处理。出纳员发现保险柜被盗后应保护好现场，迅速报告公安机关（或保卫部门），待公安机关勘查现场时才能清理财物被盗情况。节假日满两天以上或出纳员离开两天以上没有派人代其工作的，应在保险柜锁孔处贴上封条，出纳员到位工作时揭封。如发现封条被撕掉或锁孔处被弄坏，也应迅速向公安机关或保卫部门报告，以使公安机关或保卫部门及时查清情况，防止不法分子进一步作案。

3. 使用保险柜的应注意事项

（1）机械保险柜开门时，转动密码锁需要静心，记清方向及圈数，切勿用力过猛，如果转错，不可倒回，需重新开始。

（2）更改保险柜密码时，最好在保险柜门打开的情况下进行，密码设置完毕后，应输入新密码操作几次，确认无误后，方可将保险柜锁上。

（3）切勿把说明书和应急钥匙锁入保险柜。

（4）报警器使用时，对内部的各开关及电子元件不要随意调整，发现声音变小，表明电池已用完，应及时更换，如果经常误报，可将灵敏度适当调低。

三、电子计算器的使用技能

电子计算器作为一种先进和专业的计算工具，以其价格低廉、携带方便、计算迅速等特点，已经在经济工作和生活中得到了广泛的应用，成为不可缺少的计算工具。

1. 电子计算器的类别

电子计算器按其功能和容量不同可以分为普通型和高级型两类：

（1）普通型电子计算器。普通型电子计算器可以完成加、减、乘、除四则运算，还可以计算百分比和开方。这种计算器功能比较简单，容量也比较小，显示位数在12位以下。由于计算器操作简单，便于携带，适用于日常的一般运算，因此在国内外应用极为普遍。

（2）高级型电子计算器。

①科学型计算器。又称函数型计算器，除了具备普通计算器的功能外，还具有三角函数、指数函数、反三角函数、对数、倒数、阶乘等方面的运算。这类计算器的功能较多，操作简便，适合大、中专院校的学生和一般科技工作者、工程师等在日常计算工作中使用。

②专用型计算器。这类计算器除了具有一般的四则运算外，还有专门为某些特殊应用设计的专用功能键。目前这类计算器应用最多的是一种供财会人员专门使用的计算器，它具有自动累加、增值和贬值百分比计算，很适合于财会工作、销售工作。

③多功能型计算器。这类计算器除了具有一般的四则运算外，还具有一些特殊功能，如带有日历和计时功能、带报数功能、带收音机功能、可奏乐、可玩游戏等。

2. 电子计算器的功能键

计算器的各种功能键输入各种信息，利用功能键完成各种运算，不同的计算器按键的个数和位置有所不同，但计算器的基本功能键使用如下：

（1）开关键。计算器键盘上"ON/OFF"键，其功能是接通电源或关闭电源。

（2）清除键。计算器键盘上"AC"键，表示总清除，清除计算器中的一切运算数据；"CE""C"键是部分清除键，用来清除最后输入的数字或运算符号。

（3）数据输入键。计算器键盘上"0～9"数字和"."小数点输入键，用来输入计算时的具体数字；"+/−"符号键，用来表示正数或负数；"π"符号键，表示圆周率，每按一下，可输入"3.1415926"。

（4）运算键。"+、−、×、÷"四则运算键，是进行加、减、乘、除基本算数运算的按钮；"="键，每按动一下，可显示计算结果；"%"百分比键，用于求百分数的计算。

（5）函数键。

"1/X"倒数键，其作用是把显示器中的数字取倒数。如6的倒数，只要按"6"，再按"1/X"，就可得到结果。

"X^2"平方键，求数字的平方时使用。如求6的平方，只要按"6"，再按"X^2"，就可得到结果。

"$\sqrt{\ }$"开平方键，进行开平方运算，先输入数字，再按此键，就可求得结果。

"log"常用对数键，求以10为底的对数时使用。

"hyp"双曲函数键，利用此键与相应的三角函数键，可以求出双曲函数的值。

"ln"自然对数键，求以e为底的对数时使用。

"sin、cos、tan"三角函数键，分别求正弦、余弦、正切函数，先输入某数，再按三角函数键即可。

（6）存储键。

"SUM"或"M+"存储累计键，这个键可以代替等号显示运算结果，能把显示数据存入存储器和原存储器相加后，存入存储器。

"MC" 存储数据清除键，清除存储器中的数值时使用。这个键无论何时按下，都和正在运算的过程无关，它只清除存储器内的数值。

"STO" 数据存储输入键，按下此键，计算器自动把显示器的数字存储到存储器。

"RCL" 或 "MR" 数据存储调出键，若存储器中有存储数据，按此键，可将数据调出，重新显示在显示屏上，并用于各种运算。

"EXC" 或 "MX" 存储数与显示数交换键，按此键可以将显示器所显示的数和存储器中的数相交换。

四、电子支付密码器的使用技能

近年来，犯罪分子伪造银行票据进行诈骗资金的案件时有发生，造成了银行和客户资金的损失。原因在于签章容易伪造，银行难以识别票据真伪。目前银行的票据验证，仍然在沿用传统的图章印鉴方式。即企业客户在银行开户时，必须将其所用的图章样本交银行备案。企业在开具票据如支票时，除填写借、贷方的账号、日期和金额等要素外，最重要的是加盖预留银行印鉴作为票据合法和真伪的唯一鉴别。

电子支付密码系统是近年来在金融领域广泛使用的高科技使用技术，它的核心技术由中国人民银行和国家密码管理委员会联合管理。它为银行和企事业单位加快资金的周转、有效防范金融风险提供了有力的技术手段。

1. 电子支付密码器认知

电子支付密码又称电子印鉴，是一种先进的防伪及身份识别技术，目前已被广泛应用于银行支票防伪、同城实时清算等系统中。

电子支付密码器外形如电子计算器，是一种小巧、便于携带的小型设备。当用户要开具票据时，只要在电子支付密码器上输入票据的号码、日期和金额等要素，电子支付密码器就会计算出一串数字并且显示出来，用户将这串数字抄写在票据上交给银行，银行将票据上的同样的要素输入计算机，并且根据用户账号找到相对应的用户预留密钥，然后执行与电子支付密码器相同的加密计算，将计算出的结果与票据上的数字串进行比较就可知票据的真伪。

2. 电子支付密码系统的业务流程

（1）客户申请使用电子支付密码器。根据客户的申请，经开户行审核后，对发放给客户的电子支付密码器进行初始化，由开户行支付密码校验机的校验卡将加密算法参数、密码器程序解密密钥、密码器浮动调用参数等公有参数和开户账号设置在密码器内并产生银行账户密钥注入电子支付密码器，客户在电子支付密码器中预留密钥并上送支付密码校验机的校验卡。

（2）客户签发结算票据。客户签发结算票据时，将票据的诸要素输入电子支付密码器，由电子支付密码器计算出该票据的支付密码，将支付密码填写在结算票据的特定位置。

（3）支付密码的认证。受理行受理该结算票据后，将票据的诸要素及支付密码输入计算机，计算机将所有输入要素送交该结算票据的开户行票据校验机，进行票据的真伪核验，并返回票据的核验结果。

3. 电子支付密码系统的模式

在使用电子支付密码系统方面，各银行针对自身的实际情况，建立了不同的应用模式。主要有下列几种：

（1）密码签模式。由银行按照支票号码、用户账号等参数进行一次加密计算得到一组支付密码，并将其打印出来交给用户。在使用时，用户将这些支付密码抄写到支票上即可。其优点是简单，成本低；缺点是防伪能力差。

（2）单一的电子支付密码器。这种模式已经具备了典型的电子支付密码器应用的各种要素。用户使用电子支付密码器，输入支票号码、金额和日期等要素，将电子支付密码器计算出的结果抄写到支票上，然后由银行执行同样的运算以验证真伪。

在这种模式中，用户的预留密钥以及加密算法均存放于电子支付密码器中。由于成本和工艺技术的限制，电子支付密码器本身的安全防伪能力有限，这些核心机密能够被掌握一定技术的人员获得。如果用户密钥甚至银行的加密算法失密，其后果不堪设想。

这种使用单一的电子支付密码器模式应用比较广泛，但随着技术的不断发展，并且由于其自身潜在的不安全性，必然会被一种更安全、更方便的应用模式替代。

（3）使用 IC 卡的电子支付密码器。IC 卡也称智能卡，是 20 世纪 70 年代末开始兴起的一种先进的存储技术。在一张名片大小的卡片内安装了一小片集成电路，这片电路能够存储数据，进行复杂的数学计算，其功能相当于一台超小型的计算机。具备运算能力的 IC 卡也称为 CPU 卡。

在使用 IC 卡的电子支付密码器模式中，采用了双重加密手段。由于 IC 卡具有强大的加密计算机能力和堡垒式的防止非授权访问能力，使用 IC 卡的加密运算功能对由电子支付密码器的用户密钥以及银行加密算法被攻破，犯罪分子仍然无法获得所有的核心机密数据，也无法达到伪造支票数据的目的。而想要攻破 IC 卡的安全防卫体系，从现有的技术能力来看，需要付出的代价是非常高的。

随着现在电子技术的不断进步，IC 卡的成本也迅速下降，高成本已经不再是 IC 卡电子支付密码器推广使用的主要障碍。IC 卡电子支付密码器代表了电子支付密码系统的发展方向。

业务技能测试

数字书写练习

1.将人民币小写数字金额写成大写数字金额

（1）￥2 456.08　　　　　　　　应写成：

（2）￥900 006.08　　　　　　　应写成：

（3）￥100 066.00　　　　　　　应写成：

（4）￥52 400.08　　　　　　　　应写成：

（5）￥230 146.00　　　　　　　应写成：

（6）￥309 236.60　　　　　　　应写成：

（7）￥23 006 400.20　　　　　　应写成：

（8）￥26 000.20　　　　　　　　应写成：

（9）￥766 006 045.00　　　　　应写成：

（10）￥2 400.20　　　　　　　　应写成：

2.将小写数字日期写成大写数字日期

（1）2010 年 10 月 10 日　　　　应写成：

（2）2011 年 2 月 12 日　　　　　应写成：

（3）2012 年 5 月 20 日　　　　　应写成：

（4）2013 年 11 月 7 日　　　　　应写成：

（5）2014 年 12 月 30 日　　　　应写成：

3.将人民币大写数字金额写成小写数字金额

（1）人民币玖佰叁拾元五角整　　应写成：

（2）人民币贰拾万零陆佰元整　　应写成：

（3）人民币捌仟零叁万元零伍分　应写成：

（4）人民币陆仟元零壹分　　　　应写成：

（5）人民币贰拾万零陆元整　　　应写成：

实训操作

一、手工点钞测试

实训目标：掌握一种手工点钞方法技巧，并且完成整个点钞工作全过程。

实训要求：每分钟完成200张点钞券清点，并准确扎把。

实训工具：点钞练功券、腰条。

实训成果：各组分别练习，教师讲评点钞方法技巧。

手工点钞技能量化指标参考

点钞方法	等 级	3分钟张数	100张所用时间
单指单张点钞法	1	700张以上	22秒以下
	2	600~699	24秒以下
	3	500~599	26秒以下
多指多张点钞法	1	1 000张以上	17秒以下
	2	800~899	20秒以下
	3	700~799	22秒以下
扇面点钞法	1	1 000张以上	17秒以下
	2	800~899	20秒以下
	3	700~799	22秒以下

二、真假人民币辨别

实训目标：会识别第五套人民币的真币和假币。

实训要求：利用人民币识别方法，鉴别真假人民币。

实训工具：第五套人民币真币和假币多张。

实训成果：各组给出鉴别结论，教师点评。

三、出纳常用机具使用测试

实训目标：会使用出纳常用机具。

实训要求：会用点钞机清点钞票，会正常使用和管理保险柜，会使用财务人员专用计算器。

实训工具：点钞机、保险柜、计算器。

实训成果：各组总结使用这些机具应注意的事项，教师补充。

项目三　现金业务处理

【知识与技能目标】

通过本项目的学习，学生会按业务处理流程进行现金收入、支出业务的核算与处理，能对日常现金的业务清查结果进行处理，会编制有关现金收付业务的原始凭证和记账凭证，正确登记现金日记账。

【核心能力培养】

会正确处理现金业务，完成现金业务核算和日常现金管理。

任务导入

　　李鸣是某高职院校 2010 届会计专业毕业生，应聘到鸿昌公司任出纳工作。5 月份某天，业务员王刚准备去上海出差，拿来经领导签字的借款单，向出纳员李鸣借款 5 000 元。李鸣审核借款单后将 5 000 元现金支付给了王刚，借款单留在李鸣处。王刚出差回来报销差旅费 4 600 元，将差旅费报销单和余款 400 元交给出纳，出纳员李鸣审核报销单无误后，将原借款单退还给王刚，编制付款凭证，并在现金日记账上登记现金减少 4 600 元。

　　问题：①李鸣的业务操作流程是否正确？

　　　　　②如果不对，正确的做法应该是什么？

任务一　现金认知

想一想

　　石家庄市宏泰机械有限责任公司库存现金限额为 50 000 元，3 月 20 日其库存现金为 100 000 元，出纳员按总经理的批示从中提取 20 000 元存入个人银行卡，从中借给兄弟单位 50 000 元发工资，将其中 10 000 元存入单位信用卡账户。3 月 25 日，直接从当天的现金收入中提取 30 000 元向农户收购农副产品。

　　问：①根据《现金管理暂行条例》，宏泰公司出纳员的此种处理是否正确？

　　　　②如不正确，该如何处理？

现金是企业流动性最强的资产，企业现金管理的好坏直接关系到企业运营，因此管理现金是出纳人员非常重要的一项工作。企业必须按照国务院颁发的《现金管理暂行条例》的规定，严格遵守国家有关现金的管理制度办理现金业务，正确进行现金核算，监督现金使用的合法性和合理性。

一、现金的概念

按国际惯例解释，"现金"是指随时可作为流通与支付手段的票证，不论是法定货币还是信用票据，只要具有购买力或支付能力，均可视为现金。国内从理论上讲，现金有广义与狭义之分，广义的现金是指除了库存现金外，还包括银行存款和其他符合现金定义的票证；狭义现金又称库存现金，是指由出纳人员保管，存放在企业保险柜的用于日常零星开支的库存现款。本书中提到的现金仅指库存现金。

二、现金管理规定

出纳员身处管理现金和使用现金的"前沿阵地"，负有直接的、重要的现金管理职责。因此，要切实执行好现金管理制度，按照国务院颁布的《现金管理暂行条例》正确进行现金收支核算。

1. 库存现金限额管理

库存现金限额是指为了保证企业日常零星开支的需要，允许企业留存现金的最高限额。国家规定由开户银行根据企业实际需要，核定企业三天至五天的日常零星开支所需的合理限额。边远地区和交通不便地区的企业的库存现金限额，可以多于五天，但不得超过十五天的日常零星开支。需要增加或者减少库存现金限额的，应当向开户银行提出申请，由开户银行核定。经核定的库存现金限额，企业必须严格遵守。超过限额的部分出纳员必须及时送存银行，库存现金低于限额时，可以签发现金支票从银行提取现金补足限额。

2. 现金管理原则

（1）收付合法原则。收付合法原则是指各单位在收付现金时必须符合国家的有关方针、政策和规章制度的规定。所谓合法，一是现金的来源和使用必须合法，二是现金收付必须在合法的范围内进行。

（2）钱账分管原则。钱账分管原则即管钱的不管账，管账的不管钱。

企业应配备专职的出纳人员负责办理现金收付业务和现金保管业务，实行不相容职务相分离，任何非出纳人员均不得经管现金。出纳人员也不得兼任稽核、会计档案保管和收入、支出、费用和债权债务账目的登记工作。

为保护现金的安全，会计工作岗位要有明确的分工，在财会部门内部建立相互制约和监督的机制，这样便于相互核对账目，防止贪污盗窃和错账差款的发生。

（3）收付两清原则。为了避免在现金收付过程中发生差错，防止收付发生长、短款，现金收付时一定要做到复核。不论工作多忙、金额大小或对象的熟悉程度，出纳人员对收付的现金都要进行复核或特殊情况由另外一名会计人员复核，切实做到现金收付不出差错。要做到收付款当面点清，对来财会部门取交现金的人员，要督促他们当面点清，如有差错当面解决，以保证收付两清。

（4）日清月结原则。所谓日清月结，就是出纳人员办理现金出纳业务，必须做到按日清理，按月结账。日清月结是出纳人员办理现金业务的基本原则和要求，也是避免长、短款的重要措施。

3. 现金收支规定

根据《现金管理暂行条例》的规定，企业的现金收支应当依照下列规定办理：

（1）不准超限额存放现金。企业的现金收入应于当日送存开户银行，当日送存确有困难的，由开户银行确定送存时间。

（2）不准未经批准坐支现金。企业支付现金时，可以从本单位库存现金限额中支付或者从开户银行提取，不得从本单位的现金收入中直接支付（即坐支）。因特殊情况需要坐支现金的，应当事先报经开户银行审查批准，由开户银行核定坐支范围和限额。坐支单位应当定期向开户银行报送坐支金额和使用情况。

（3）不准谎报用途套取现金。企业从开户银行提取现金，应当在现金支票写明用途，由本单位财会部门负责人签章，经开户银行审核后，予以支付现金。

（4）不准利用银行账户代其他单位和个人存入或支取现金。

（5）不准将单位收入的现金以个人名义存入银行，即不得"公款私存"。

（6）不准保留账外公款，即不得私设"小金库"。

（7）不准用不符合财务制度的凭证顶替库存现金，即不得"白条抵库"。

（8）不准单位之间相互借用现金。

任务二　现金收入业务处理

🔒 **想一想**

王明是一名刚刚毕业的会计专业大专学生，毕业后在一家公司当出纳员。一天，会计主管杨乐乐让王明去银行支取现金3 000元。王明做了如下工作：首先填开现金支票；然后持现金支票到银行取款；收到现金后马上回到公司；最后将现金放在自己的抽屉里。

问：①王明提取现金的工作步骤对吗？如果不对，问题在哪里？

②试着说一说提取现金应注意的事项。

一、现金收入的使用范围

按照国务院 1988 年发布的《现金管理暂行条例》的规定，开户单位可以在下列范围收入现金：

（1）交回借支差旅费余款、归还备用金、罚款和押金等个人的交款。

（2）对个人或不能转账的单位的销售收入。

（3）不足结算起点的小额收款。

二、现金收入业务处理

按现金收入的来源不同，现金收入的处理程序和具体核算也有所不同。

（一）出纳直接收款业务的处理

1. 出纳直接收款业务的处理流程

直接收款是指交款人持现金直接到出纳部门缴款，出纳人员根据有关收款凭证办理收款事宜，具体处理程序如下（见图 3-1）：

（1）受理收款业务，查看收款依据手续是否齐全，明确收款的原因是否合理、合法。

（2）按照收款凭证的金额当面清点现金和检查现金真伪，做到收付两清。

（3）开具收款原始凭证如收据、发票，并在收款原始凭证上加盖"现金收讫"章或收款专用章、财务专用章。

（4）根据收款原始凭证的记账联作为原始凭证，编制记账凭证。

（5）复核人审核记账凭证。

（6）根据审核无误的收款凭证登记现金日记账，在收款凭证上库存现金或者合计栏后画"√"。

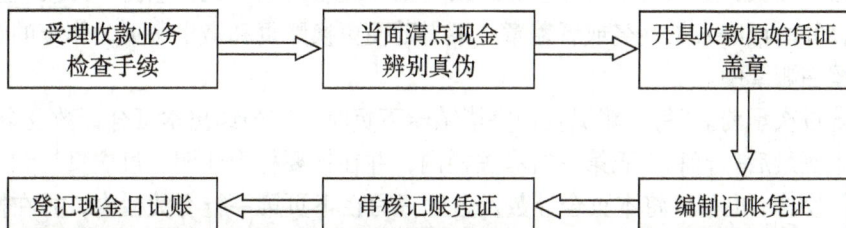

图 3-1　出纳部门直接收款的程序

2. 出纳直接收款业务的账务处理

（1）账户设置。为了核算现金的增减变动及结余情况，企业应设置"库存现金"账户。该账户属于资产类，借方登记现金的增加额，贷方登记现金的减少额，期末余额在借方反映企业现金的结存数。

在实行定额备用金制度的企业中，各部门或人员领取的内部周转使用的备用金应设置"其他应收款"账户进行核算。

（2）现金日记账的设置。为了详细反映现金收支及结存情况，企业应设置"现金日记账"进行序时记录。手工记账单位的现金日记账必须采用订本式账簿，一般使用设有"借方（或收入）""贷方（或支出）"及"余额（或结余）"三栏式账页。

（3）现金日记账的登记要求。

①在启用新会计账簿时，应首先填写在扉页上印制的"账簿使用登记表"中的启用说明，其中包括单位名称、账簿名称、账簿编号、起止日期、单位负责人、主管会计、审核人员和记账人员等项目，并加盖单位公章。在会计人员工作发生变更时，应办理交接手续并填写"账簿使用登记表"中的有关交接栏目。

②书写规范。在登记书写时，不要滥造简化字，不得使用同音异义字，不得写怪字体；摘要文字紧靠左线；数字要写在金额栏内，不得越格错位、参差不齐；文字、数字字体大小适中，紧靠下线书写，上面要留有适当空距，一般应占格宽的1/2，以备按规定的方法改错。记录金额时，如为没有角分的整数，应分别在角分栏内写上"0"，不得省略不写，或以"一"号代替。

③正常使用蓝黑墨水。登记账簿要用蓝黑墨水或者碳素墨水书写，不得使用圆珠笔（银行的复写账簿除外）或者铅笔书写。在会计的记账书写中，数字的颜色是重要的语素之一，它同数字和文字一起传达出会计信息。特殊记账可使用红墨水：按照红字冲账的记账凭证，冲销错误记录；在不设借贷等栏的多栏式账页中，登记减少数；在三栏式账户的余额栏前，如未印明余额方向的，在余额栏内登记负数余额；根据国家统一会计制度的规定可以用红字登记的其他会计记录。在这几种情况下使用红色墨水记账是会计工作中的惯例。

④连续登记。现金日记账应按页次顺序连续登记，不得跳行、隔页。如果发生跳行、隔页，应当将空行、空页划线注销，或者注明"此行空白""此页空白"字样，并由记账人员签名或者盖章。不得随便更换账页和撤出账页，作废的账页也要留在账簿中。

⑤过次承前。"每一账页登记完毕结转下页时，应当结出本页合计数及余额，写在本页最后一行和下页第一行有关栏内，并在摘要栏内注明'过次页'和'承前页'字样；也可以将本页合计数及金额只写在下页第一行有关栏内，并在摘要栏内注明'承前页'字样。"也就是说，"过次页"和"承前页"的方法有两种：一是在本页最后一行内结出发生额合计数及余额，然后过次页并在次页第一行承前页；二是只在次页第一行承前页写出发生额合计数及余额，不在上页最后一行结出发生额合计数及余额后过次页。

⑤严禁刮、擦、挖、补，或使用化学药物清除字迹。发现差错必须根据差错的具体情况采用划线更正、红字更正、补充登记等方法更正。

⑥定期打印。《会计基础工作规范》第61条对实行会计电算化的单位提出了

打印上的要求："发生收款和付款业务的，在输入收款凭证和付款凭证的当天必须打印出现金日记账和银行存款日记账，并与库存现金核对无误。"这是因为在以机器或其他磁性介质储存的状态下，各种资料或数据的直观性不强，而且信息处理的过程不明，不便于进行某些会计操作和进行内部或外部审计，对会计信息的安全和完整也不利。

（4）现金日记账的登记方法。现金日记账的登记工作由出纳人员负责。登记现金日记账时，出纳人员应根据审核无误的有关现金收款凭证、现金付款凭证或提取现金的银行存款付款凭证，逐项填写"日期""凭证编号""摘要""金额"各栏，一般说来，对于没有余额的账户，在余额栏内标注的"0"应当放在"元"位。在实际工作中，如果企业是由会计编制记账凭证的情况下，出纳人员应根据复核无误、手续完备的记账凭证直接登记现金日记账。

现金日记账要按经济业务发生的顺序逐日逐笔连续登记。每日终了，应分别计算现金收入和支出的合计数，结出余额，同时将余额与出纳员的库存现金核对，即通常说的"日清"。月终同样要计算现金收、付和结存的合计数，通常称为"月结"。现金日记账应定期与现金总账核对，做到账账相符。

3. 直接收款业务核算举例

（1）企业收取不能转账的单位的销售收入。

【案例3-1】2012年2月10日，石家庄喜多有限公司销售奶糖给祥隆泰超市，取得现金收入468元，石家庄喜多公司出纳员的账务处理程序如下：

①出纳员收取现金并清点，检查现金真伪。

②根据销售内容开具销售发票，在发票上加盖"现金收讫"章（如图3-2所示）。

本票防伪标志为"河北省国家税务局"监制											

河北省石家庄市商业企业发票

发票联

2012 年 2 月 10 日

发票代码：2130606265
发票号码：450987

客户名称：祥隆泰超市

货物品名及规格	单 位	数 量	单 价	金 额						
				万	仟	佰	拾	元	角	分
奶糖	箱	2	234		4	6	8	0	0	

现金收讫

360841001112324

金额合计（大写） 万 仟 肆 佰 陆 拾 捌 元 零 角 零 分 ￥ 4 6 8 0 0

开票单位（盖章） 收款人：赵 杰

第三联 记账联

图3-2 出纳员填写发票

③出纳员或会计员根据发票的记账联（见图3-2）作为原始凭证，编制记账凭证，并交由复核人审核签字（如图3-3所示）。

收 款 凭 证　　　　　　现收字第 24 号

2012 年 2 月 10 日　　　　借方科目：**库存现金**

摘　要	贷　方		金　额										√
	总账科目	明细科目	亿	千	百	十	万	千	百	十	元	角	分
销售商品	主营业务收入	奶糖						4	6	8	0	0	
合　计　金　额							¥	4	6	8	0	0	√

附单据1张

会计主管：　　　记账：　　　审核：张 帅　　　制单：赵 杰

图 3-3　出纳员填制记账凭证

④出纳员根据审核无误的收款凭证（见图3-3）登记现金日记账（如图3-4所示），在收款凭证上库存现金或者合计栏后画"√"（如图3-3所示）。

现金日记账　　　　　　第 2 页

2012年		凭　证		摘　要	对方科目	借　方	贷　方	余　额
月	日	种类	号数					
2	1			承前页				1 648.00
	10	现收	24	销售商品	主营业务收入	468.00		
				本日小计		468.00		2 116.00

图 3-4　出纳员登记现金日记账

（2）企业收到不足结算起点的小额款项。

【案例3-2】2012年2月11日，石家庄喜多有限公司收到员工张志华交来电脑押金1 000元，石家庄喜多公司出纳员的账务处理程序如下：

①出纳员收取现金并清点，检查现金真伪。

②出纳员开具收款收据，在收据上加盖"现金收讫"章（如图 3-5 所示），将第二联收据联交给付款人。收据一般是一式三联，分为存根、付款方收据和收款方记账联三联。

收 款 收 据　　　　　　　　　　　　NO.002138

日期　　2012 年 2 月 11 日

今收到　销售部　张志华	
人民币（大写）：壹仟元整	小写：¥1 000.00
收款事由：电脑押金	**现金收讫**

收款单位（盖章）：　　会计主管：**王一明**　　审核人：**张帅**　　收款人：**赵杰**

第三联　记账联

图 3-5　出纳员填写收据

③出纳员或会计员以收据的第三联记账联（如图 3-5 所示）作为原始凭证，编制记账凭证，并交由复核人审核签字（如图 3-6 所示）。

收 款 凭 证　　　　　　　　　　现收字第 25 号

2012 年 2 月 11 日　　　　　　　借方科目：**库存现金**

摘　要	贷　　方		金　　额										√
	总账科目	明细科目	亿	千	百	十	万	千	百	十	元	角	分	
收到电脑押金	其他应付款	张志华					1	0	0	0	0	0	
合 计 金 额						¥	1	0	0	0	0	0	√

附单据 1 张

会计主管：　　记账：　　审核：**张帅**　　制单：**赵杰**

图 3-6　出纳员填制记账凭证

④出纳员根据审核无误的收款凭证（见图 3-6）登记现金日记账（如图 3-7 所示），在收款凭证库存现金或者合计栏后画"√"（如图 3-6 所示）。

现金日记账　　　　　　　　第2页

2012年		凭证		摘　要	对方科目	借　方	贷　方	余　额
月	日	种类	号数					
2	1			承前页				1 648.00
	10	现收	24	销售商品	主营业务收入	468.00		
				本日小计		468.00		2 116.00
	11	现收	25	收到电脑押金	其他应付款	1 000.00		

图3-7　出纳员登记现金日记账

（3）报销差旅费，收到借支差旅费剩余款。

【案例3-3】2012年2月11日，石家庄喜多有限公司业务员孔卫国出差归来报销差旅费1 672元，交回余款328元，石家庄喜多公司出纳员的账务处理程序如下：

①出纳员指导出差人员填写"差旅费报销单"及粘贴相关凭证，由于出差报销的单据往往较多，应将报销单据阶梯式粘贴在"单据（报销）粘单"上。粘贴的单据不要超出粘贴单和装订线，然后将"差旅费报销单"贴在已经粘好报销单据的粘单上。

②出差人员将差旅费报销单送审核人员审核，并经单位领导审核签字（如图3-8所示）。

差 旅 费 报 销 单

部门：销售部　　　　　　　　2012年2月11日

出差人	孔卫国				事　由			订货会				
出差时间	起止地点	火车	汽车	轮船	飞机	市内车费	住宿费	其他	住勤费 天数	标准	金额	合计金额
1月28日	石家庄至杭州	150				50	800	100	4	100	400	1 500
2月1日	杭州至石家庄	150				22						172
合　计		300				72	800	100			400	1 672
报销金额	人民币（大写）壹仟陆佰柒拾贰元整				￥1 672.00							
原借款	￥2 000.00	报销金额	￥1 672.00	应退还	￥328.00		应找补					
审批人意见		同意报销　　郭昭阳　2011.12.2										

会计主管：王一明　　　会计：张帅　　　出纳：赵杰　　　报销人：孔卫国

图3-8　差旅费报销单（所附原始凭证略）

③出纳员对填写的"差旅费报销单"和原始凭证进行复核，如有错误需要进行修改。

④出纳员收回差旅费余款，并当面清点现金，检查现金真伪。

⑤出纳员开具收款收据，在收据上加盖"现金收讫"章或收款专用章、财务专用章（如图3-9所示），将第二联收据联交给付款人。

收款收据

NO.002138

日期 2012年2月11日

今收到 销售部 孔卫国		
人民币（大写）：叁佰贰拾捌元整	小写：¥328.00	
收款事由：出差归来，退还差旅费余款		现金收讫

第三联 记账联

收款单位（盖章）: 会计主管：王一明 审核人：张帅 收款人：赵杰

图3-9 出纳员填写收据

⑥出纳员或会计员以收据的第三联记账联（见图3-9）作为原始凭证，编制记账凭证，并交由复核人审核签字（如图3-10所示）。

收款凭证

现收字第26号

2012年2月11日　　　　　　借方科目：**库存现金**

摘 要	贷 方		金 额										√
	总账科目	明细科目	亿	千	百	十	万	千	百	十	元	角	分	
收回差旅费余款	其他应收款	孔卫国						3	2	8	0	0	
合 计 金 额							¥	3	2	8	0	0	√

附单据1张

会计主管: 记账: 审核：张帅 制单：赵杰

图3-10 出纳员填制记账凭证

⑦出纳员根据审核无误的收款凭证（见图3-10）登记现金日记账（如图3-11所示），在收款凭证上库存现金或者合计栏后画"√"（如图3-10所示）。

现金日记账　　　　　　　　　　　　第2页

2012年		凭　证		摘　要	对方科目	借　方	贷　方	余　额
月	日	种类	号数					
2	1			承前页				1 648.00
	10	现收	24	销售商品	主营业务收入	468.00		2 116.00
				本日小计		468.00		2 116.00
	11	现收	25	收到电脑押金	其他应付款	1 000.00		
	11	现收	26	收回差旅费余款	其他应收款	328.00		

图 3-11　出纳员登记现金日记账

（二）从银行提取现金业务的处理

1. 提取现金业务的流程

当单位需要使用现金发放工资，或者出纳保管的库存现金少于限额需要补充现金时，除了按照规定可以使用非业务性现金收入坐支外，均应填制现金支票，从银行提取现金。具体处理程序如下（见图3-12）：

（1）签发现金支票。按照现金支票的填制要求填写现金支票，并交印鉴管理员在支票票面上加盖预留银行印鉴。

（2）将填好的现金支票从裁剪线处裁剪，将支票存根作为提取现金的原始凭证。将票面交给银行，作为提取现金的凭证。

（3）收取现金后，根据取款数额当场清点现金数量。注意现金是否破损及其真伪，确认无误后才能离开柜台。

（4）取回现金后及时存入出纳专用保险柜。

（5）根据现金支票存根编制记账凭证，应编制银行存款付款凭证。

（6）根据审核的记账凭证登记现金日记账和银行存款日记账，并在记账凭证上画"√"。

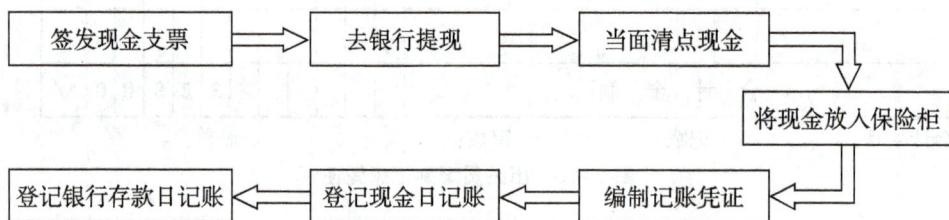

签发现金支票 → 去银行提现 → 当面清点现金 → 将现金放入保险柜

登记银行存款日记账 ← 登记现金日记账 ← 编制记账凭证 ←

图 3-12　从银行提取现金业务流程

2. 提取现金业务的账务处理

（1）现金支票认知。现金支票是专门用于支取现金的一种支票，由存款人签发，委托开户银行向收款人支付一定数额的现金。支票正面分为左右两部分，左边是支票存根，作为减少银行存款的原始凭证，右边是支票票面，提取现金或者转账付款时交予银行。开户单位应按现金的开支范围签发现金支票，现金支票的金额起点为 100 元，其付款方式是见票即付。现金支票票样见图 3-13 及图 3-14。

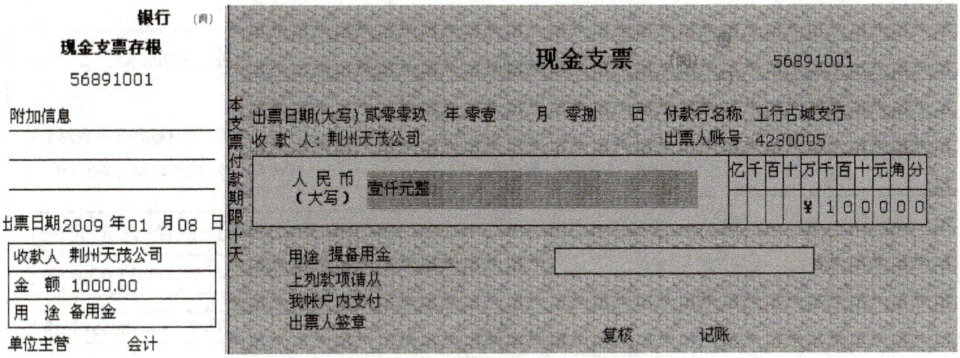

图 3-13　现金支票票样正面

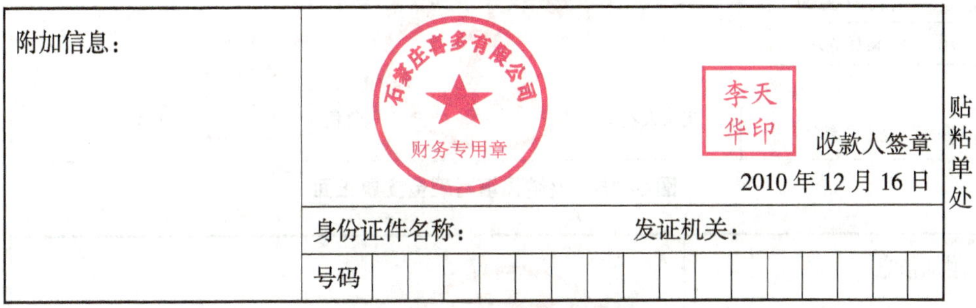

图 3-14　现金支票票样背面

（2）现金支票的填写。签发现金支票时应认真填写支票的有关内容，如日期、款项用途、取款金额、签发单位账号、收款人名称（开户单位签发现金支票支取现金，是以自己为收款人），并加盖预留银行印鉴等。

现金支票的具体填写要求如下：支票的正面和背面的填写必须用碳素墨水或蓝黑墨水按支票排定的号码顺序填写，书写要认真，不能潦草，也不能用蓝墨水，更不能用红墨水；填写签发日期，应准确填写大写的实际出票日期，不得补填或预填日期；收款人名称填写应与预留印鉴名称保持一致；如收款人为个人，可填写个人名称；大小写金额必须按规定书写，如有错误，不得更改，须作废重填；收款人和金额如果是授权补记，这两个项目在开票时可以不填；用途栏应填清真实用途；签章不能缺漏，必须与银行预留印鉴相符。

3.提取现金业务核算举例

（1）提取现金。

【案例3-4】2012年2月11日，石家庄喜多有限公司出纳员从银行提取2 000元现金备用，石家庄喜多公司出纳员的账务处理程序如下：

①出纳员签发现金支票，交印鉴保管员加盖预留银行印鉴后到银行取款（如图3-15所示）。提取现金业务的收款人为单位，出纳员除了在现金支票正面加盖预留银行印鉴外，还要在现金支票背面背书栏加盖预留银行印鉴（如图3-16所示）。

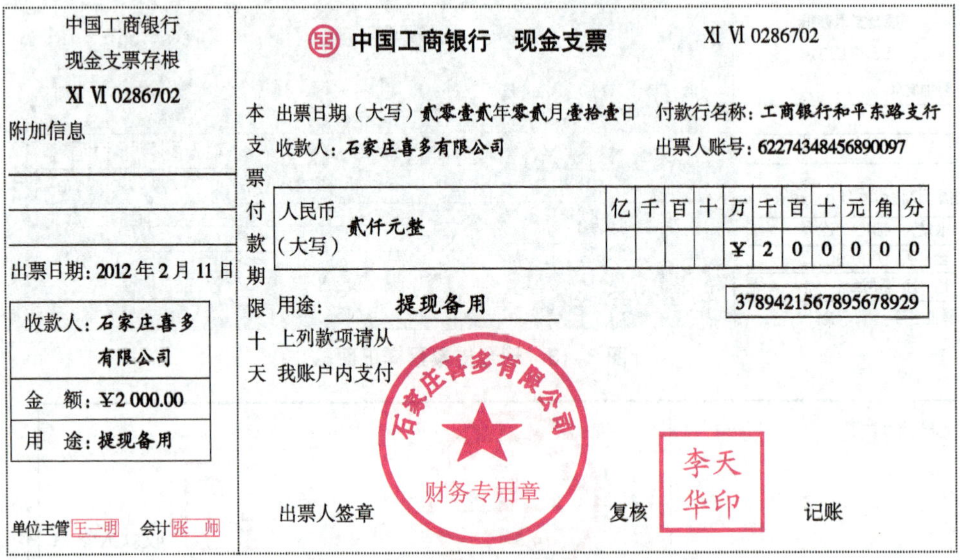

图3-15　出纳员填写现金支票正面

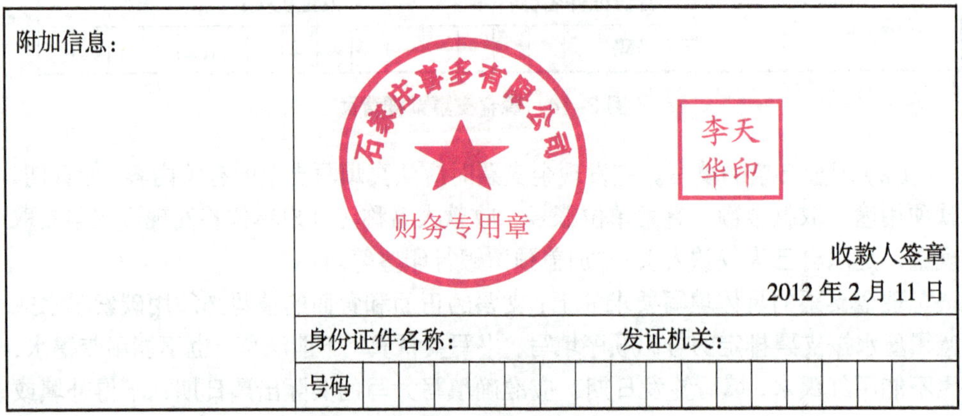

图3-16　出纳员填写现金支票背面

②出纳员将填好的现金支票从裁剪线处裁剪，将支票存根作为提取现金的原始凭证（见图3-17）。将票面正联交给银行，作为提取现金的凭证。

中国工商银行
现金支票存根
XI VI 0286702

附加信息

_____

出票日期　2012 年 2 月 11 日

收款人: **石家庄喜多有限公司**

金　额: **￥2 000.00**

用　途: **提现备用**

备　注:

单位主管 王一明　　会计 张 帅

图 3-17　现金支票存根

③出纳员收取现金后,根据取款数额当场清点现金数量。清点时应有双方在场,注意现金是否破损,辨别真伪,确认无误后才能离开柜台。

④出纳员取回现金后及时存入出纳专用保险柜。

⑤出纳员或会计员根据现金支票存根编制记账凭证,从银行提取现金只编制银行存款付款凭证,不再编制现金收款凭证(见图 3-18)。

付 款 凭 证　　　　　　　银付字第 16 号

2012 年 2 月 11 日　　　　　　贷方科目: **银行存款**

摘　要	借　　方		金　　　额										√	
	总账科目	明细科目	亿	千	百	十	万	千	百	十	元	角	分	√
提取现金备用	库存现金							2	0	0	0	0	0	√
合 计 金 额							￥	2	0	0	0	0	0	√

附单据 1 张

会计主管:　　　　记账:　　　　审核: 张 帅　　　　制单: 赵 杰

图 3-18　出纳员填制记账凭证

⑥出纳员根据审核无误的记账凭证(见图 3-18)登记现金日记账(如图 3-19所示)和银行存款日记账(如图 3-20所示),并在记账凭证上画"√"(见图 3-18)。

现金日记账 第2页

2012年		凭证		摘要	对方科目	借方	贷方	余额
月	日	种类	号数					
2	1			承前页				1 648.00
	10	现收	24	销售商品	主营业务收入	468.00		2 116.00
				本日小计		468.00		2 116.00
	11	现收	25	收到电脑押金	其他应付款	1 000.00		
	11	现收	26	收回差旅费余款	其他应收款	328.00		
	11	银付	16	提取现金备用	银行存款	2 000.00		
				本日小计		3 328.00		5 444.00

图3-19 出纳员登记现金日记账

银行存款日记账 第1页

2012年		凭证		摘要	对方科目	借方	贷方	余额
月	日	种类	号数					
2	8			收到货款	主营业务收入	64 800.00		
	11	银付	16	提取现金备用	库存现金		2 000.00	

图3-20 出纳员登记银行存款日记账

（三）收银员、营业员收款后缴款给出纳员的业务处理

1. 收银员、营业员收款后缴款给出纳员的业务流程

在零售商店、商场、超市、餐饮娱乐等商品流通企业，由于收款频繁，一般采取由收银员、营业员分散或者集中收款，定时向出纳部门缴款，出纳员具体处理流程如下（见图3-21）：

（1）出纳员受理收款业务，查看收款依据（收款清单）和原始凭证手续是否齐全。

（2）计算、确定应收款的金额，如果应收金额中包括已预收款项，从中扣减。

（3）根据收款金额收取现金，当面清点和检查现金真伪。

（4）开出收款收据，在收据或者收款清单上加盖"现金收讫"章，或收款专用章、财务专用章。

（5）根据收款收据编制记账凭证。

（6）根据审核无误的记账凭证登记现金日记账，并在记账凭证上画"√"。

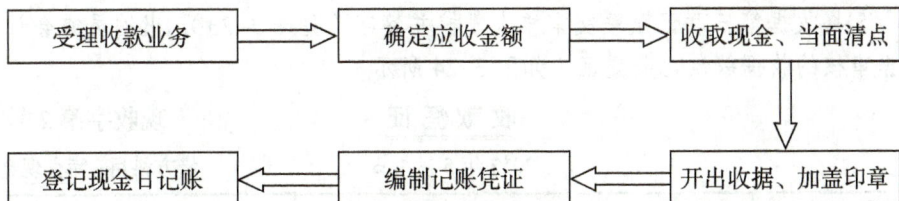

图 3-21 收银员、营业员收款后缴款给出纳员的业务流程

2. 收银员、营业员收款后缴款给出纳员的业务核算举例

（1）收银员、营业员收款后缴款给出纳员。

【案例 3-5】2012 年 5 月 1 日，百盛商场营业柜台收银员送来当日销货款现金收入 4 701 元，百盛商场出纳员办理收款业务的账务处理程序如下：

①出纳员受理收款业务，查看收款依据（收款清单）和原始凭证手续是否齐全（见图 3-22）。

百盛商场商品销售日报表

柜组：好孩子童装柜　　　　　　　2012 年 5 月 1 日

商品类别	品名或规格	计量单位	数量	单　价	金　额	备　注
内衣	1023	套	50	22.50	1 125.00	
外衣	2013	件	30	80.00	2 400.00	
外衣	2014	件	12	98.00	1 176.00	
合　计　金　额					￥4 701.00	

实物负责人：李　明　　　　　复核：王　红　　　　　制表：王月梅

图 3-22 出纳员查看收款清单（所附原始凭证略）

②计算、确定应收款的金额。

③根据审核无误的收款清单（见图 3-22）收取现金，当面清点和检查现金真伪。

④开出收款收据，在收据或者收款清单上加盖"现金收讫"章（如图 3-23 所示），将第二联盖章后交收款人。

百盛商场内部交款单

柜组：好孩子童装柜　　　　　　　2012 年 5 月 1 日

交款项目	交款金额分析	金　额	
销货款	现金	4 701.00	第三联：记账联
	现金收讫		
合计	人民币（大写）肆仟柒佰零壹元整	￥4 701.00	

缴款人：王月梅　　　收款人：张乐乐　　　复核：王　红　　　制单：刘　玲

图 3-23 出纳员开具收款收据

⑤将收据第三联记账联交审核人复核并签字（见图3-23），出纳员或会计员根据审核的收据编制记账凭证（如图3-24所示）。

收 款 凭 证　　　　　　　　　　　　**现收字第2号**

2012 年 5 月 1 日　　　　　　　　借方科目：**库存现金**

摘　要	贷　方		金　额	√
	总账科目	明细科目	亿 千 百 十 万 千 百 十 元 角 分	
收到销货款	主营业务收入	好孩子童装柜	4 7 0 1 0 0	√
	合　计　金　额		¥ 4 7 0 1 0 0	√

附单据1张

会计主管：　　　　记账：　　　　审核：王　红　　　　制单：张乐乐

图3-24　出纳员填制记账凭证

⑥出纳员根据审核无误的记账凭证登记现金日记账（如图3-25所示），并在记账凭证上画"√"（见图3-24）。

现金日记账　　　　　　　　　　　　　第8页

2012年		凭　证		摘　要	对方科目	借　方	贷　方	余　额
月	日	种类	号数					
5	1			承前页				2 800.00
	1	现收	1	销售商品	主营业务收入	3 200.00		6 000.00
	1	现收	2	收到销货款	主营业务收入	4 701.00		
				本日小计		7 901.00		10 701.00

图3-25　出纳员登记现金日记账

任务三　现金支付业务处理

🔒 **想一想**

石家庄宏泰机械有限责任公司前欠新飞有限公司货款 13 400 元，因新飞有限公司购买材料急需现金，于是出纳员赵丽敏开出金额为 13 400 元的现金支票一张，交给新飞公司采购员刘磊，用于偿还前欠货款。

问题：①赵丽敏的做法对吗？如果不对，问题在哪里？

　　　　②试着找找本案中还有哪些不妥的地方？

一、现金支付的使用范围

按照国务院发布的《现金管理暂行条例》规定，开户单位可以在下列范围内支付现金：

（1）职工工资、津贴。

（2）个人劳务报酬。

（3）根据国家规定，颁发给个人的科学技术、文化艺术、体育等各种奖金。

（4）各种劳保、福利费用以及国家规定的对个人的其他支出。

（5）向个人收购农副产品和其他物资的价款。

（6）出差人员必须随身携带的差旅费。

（7）结算起点以下的零星支出。

（8）中国人民银行确定需要支付现金的其他支出。

出纳员必须严格按照国家规定的开支范围使用现金。除上述第（5）、（6）项外，企业支付给个人的款项，超过使用现金限额的部分，应当以现金支票或者银行本票支付；因采购地点不固定，交通不便，生产或者市场急需，抢险救灾以及其他特殊情况必须使用现金的，开户单位应当向开户银行提出申请，由本单位财会部门负责人签字盖章，经开户银行审核后，予以支付现金。

现金结算起点为1 000元，结算起点的调整，由中国人民银行确定并报国务院备案。

二、现金支付的方式

在出纳工作中，现金支付有直接支付现金和支付现金支票两种基本方式。

直接支付现金，是指出纳人员根据有关支出凭证直接支付现金，减少库存现金的数量。使用这种方式支付现金，出纳部门或人员要事先做好现金储备，在不超过库存现金限额的情况下，保障现金的支付。

支付现金支票，是指出纳人员根据审核无误的有关凭证，将填好的现金支票交给收款人，由收款人直接到开户银行提取现金的支付方式，主要适用于大宗的现金付款业务。

三、现金支付业务处理

（一）主动支付现金业务的处理

1. 主动支付现金业务的处理流程

主动支付是指出纳部门主动将现金付给收款单位和个人，如发放工资、奖金、薪金、津贴以及福利等现金支出，其具体处理程序如下（见图 3-26）：

（1）根据有关的资料编制付款原始凭证，如工资计算汇总表、福利费发放表等，并计算出付款金额，如果库存现金不足应立即从银行提取。

（2）根据付款金额清点现金，按部门或个人分别装袋。

（3）发放现金，如果是直接发放给收款人的，要当面清点并由收款人签收（签字或盖章）；如果是他人代为收款的，由代收人签收。

（4）根据付款单等原始凭证编制记账凭证。

（5）根据审核无误的记账凭证登记现金日记账。

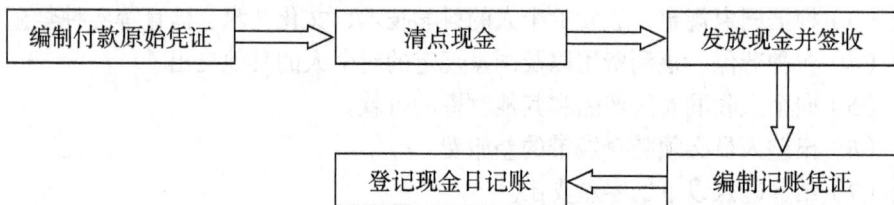

图 3-26　主动支付现金的处理程序

2. 主动支付现金业务的核算

（1）出纳员发放员工福利费。

【案例 3-6】2012 年 12 月 31 日，石家庄宏泰机械有限责任公司，用现金发放员工福利费 3 900 元，石家庄宏泰机械有限责任公司出纳员的账务处理程序如下：

①出纳员根据有关资料编制"福利费发放表"（见表 3-1），并计算出付款金额，如果库存现金不足应立即从银行提取。

表 3-1　出纳员编制福利费发放表

石家庄宏泰机械有限责任公司　职工福利费发放汇总表

2012 年 12 月 31 日　　　　　　　　　　　　　　　单位：元

部　门	职　务	姓　名	金　额	签　名
管理部	经　理	赵栋梁	500.00	
管理部	副经理	王一明	300.00	
管理部	经理助理	姜　辉	200.00	
财务部	主　管	张　军	300.00	
财务部	会　计	肖　力	100.00	
财务部	出　纳	李红艳	100.00	
生产部	车间主任	赵　才	200.00	
生产部	车间主任	杨乐乐	200.00	
生产部	车间主任	李　娜	200.00	

续表

部 门	职 务	姓 名	金 额	签 名
销售部	经理	黄莉	500.00	
销售部	副经理	段红雨	300.00	
销售部	业务员	孙晓丽	100.00	
销售部	业务员	张宁宇	100.00	
采购部	经理	刘晓磊	500.00	
采购部	副经理	陆羽	300.00	
合 计	人民币（大写）叁仟玖佰元整		￥3 900.00	

会计主管：　　　　记账：　　　　审核：　　　　制单：李红艳

②根据付款金额清点现金，按部门或个人分别装袋。

③发放现金，如果是直接发放给收款人的，要当面清点并由收款人签收（签字或盖章）；如果是他人代为收款的，由代收人签收（见表3-2）。

表3-2　收款人签收福利费

石家庄宏泰机械有限责任公司　职工福利费发放汇总表

部 门	职 务	姓 名	金 额	签 名
管理部	经理	赵栋梁	500.00	赵栋梁
管理部	副经理	王一明	300.00	赵栋梁
管理部	经理助理	姜辉	200.00	赵栋梁
财务部	主管	张军	300.00	张军
财务部	会计	肖力	100.00	肖力
财务部	出纳	李红艳	100.00	李红艳
生产部	车间主任	赵才	200.00	赵才
生产部	车间主任	杨乐乐	200.00	杨乐乐
生产部	车间主任	李娜	200.00	李娜
销售部	经理	黄莉	500.00	黄莉
销售部	副经理	段红雨	300.00	段红雨
销售部	业务员	孙晓丽	100.00	孙晓丽
销售部	业务员	张宁宇	100.00	张宁宇
采购部	经理	刘晓磊	500.00	刘晓磊
采购部	副经理	陆羽	300.00	陆羽
合 计	人民币（大写）叁仟玖佰元整		￥3 900.00	

会计主管：　　　　记账：　　　　审核：肖力　　　　制单：李红艳

④出纳员或会计员根据审核的"福利费汇总表"（见表3-2）编制记账凭证（如图3-27所示）。

付款凭证　　　　　　　**现付字第 20 号**

2012 年 12 月 31 日　　　　　　贷方科目：**库存现金**

摘　要	借　方		金　额	√
	总账科目	明细科目	亿 千 百 十 万 千 百 十 元 角 分	
发放福利费	应付职工薪酬	职工福利	3 9 0 0 0 0 √	附单据1张
合　计　金　额			¥ 3 9 0 0 0 0 √	

会计主管：　　　　记账：　　　　审核：肖　力　　　　制单：李红艳

图 3-27　出纳员填制记账凭证

⑤出纳员根据审核无误的记账凭证登记现金日记账（如图3-28所示），并在记账凭证上画"√"（见图3-27）。

现金日记账　　　　　　　**第 8 页**

2012年		凭　证		摘　要	对方科目	借　方	贷　方	余　额
月	日	种类	号数					
12	1			承前页				2 800.00
	31	银付	19	提取现金	银行存款	5 000.00		7 800.00
	31	现付	20	发放福利费	应付职工薪酬		3 900.00	
				本日小计		5 000.00	3 900.00	3 900.00

图 3-28　出纳员登记现金日记账

（二）被动支付现金业务的处理

1. 被动支付现金业务的处理流程

被动支付是指收款单位或个人持有关凭据如报销单、借支单、发票等，到出纳部门领报现金，被动支付现金的处理程序如下（见图3-29）：

（1）出纳员受理付款业务，查看付款凭据如报销单据、借据、其他单位和个人的收款收据等。

（2）审核付款原始凭证，注意查看有无审批在审核无误的付款原始凭证上加盖"现金付讫"印章，如果金额较大可以签发现金支票。

（3）支付现金并进行复点，并要求收款人当面点清，或交付现金支票。

（4）根据原始凭证或现金支票存根编制记账凭证。

（5）根据记账凭证登记现金日记账或银行存款日记账。

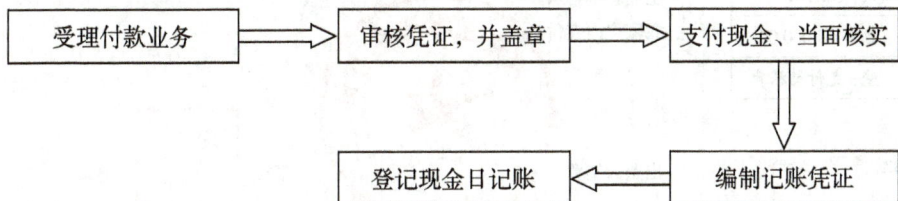

图 3-29　被动支付现金处理流程

2. 被动支付现金业务的核算

（1）出差人员借支差旅费。

【案例 3-7】2012 年 8 月 6 日，石家庄宏泰有限公司销售员孔卫国参加昆明订货会预借差旅费 5 000 元，付现金支票，石家庄宏泰有限责任公司出纳员的业务处理流程如下：

①出纳员受理付款业务，查看借款单内容是否完整，审批手续是否完备（见图 3-30）。

借 款 单

2012 年 8 月 6 日

部门	销售部	借款人		孔卫国	领导批示意见	同意借支，返回报销。 姜辉　2011.12.6
项　目		借款理由		去昆明参加订货会		
		借款金额		伍仟元整		
核准借款金额		人民币（大写）	伍仟元整		￥5 000.00	

会计主管：王　辉　　　　　出纳：李红艳　　　　　借款人：孔卫国

图 3-30　出纳员审核借款单

②出纳员签发现金支票（如图 3-31 所示）。

中国工商银行
现金支票存根
XI VI 0670285
附加信息

出票日期：2012年8月6日

收款人：	孔卫国
金　额：	¥5 000.00
用　途：	支付差旅费

单位主管 王一明　会计 张　帅

本支票付款期限十天

中国工商银行　现金支票　　XI VI 0670528

出票日期（大写）贰零壹贰年捌月零陆日　付款行名称：工商银行红旗大街支行

收款人：孔卫国　出票人账号：6434845227689097

人民币（大写）	千	百	十	万	千	百	十	元	角	分
伍仟元整				¥	5	0	0	0	0	0

用途：支付差旅费　　1567895378942678929

上列款项请从
我账户内支付

出票人签章　石家庄宏泰有限公司 财务专用章　复核　赵栋梁印　记账

图 3–31　出纳员签发现金支票

③出纳员将现金支票存根联裁下（见图3–32）和借款单（见图3–30）作为原始凭证记账。

中国工商银行
现金支票存根
XI VI 0670285
附加信息

出票日期：2012年8月6日

收款人：	孔卫国
金　额：	¥5 000.00
用　途：	支付差旅费

单位主管 王一明　　会计 张　帅

图 3–32　现金支票存根

④出纳员或会计员根据现金支票存根（见图3–32）编制记账凭证（见图3–33）。

付 款 凭 证　　　　　银付字第 8 号

2012 年 8 月 6 日　　　　　贷方科目：**银行存款**

摘 要	借 方		金 额	√
	总账科目	明细科目	亿 千 百 十 万 千 百 十 元 角 分	
支付差旅费	其他应收款	孔卫国	5 0 0 0 0 0	√ 附单据2张
合 计 金 额			¥ 5 0 0 0 0 0	√

会计主管：　　记账：　　审核：肖 力　　制单：李红艳

图 3-33　出纳员填制记账凭证

⑤出纳员根据审核无误的付款凭证登记银行存款日记账（如图 3-34 所示），并在记账凭证上画"√"（见图 3-33）。

银行存款日记账　　　　　第 67 页

2012年		凭 证		摘 要	对方科目	借 方	贷 方	余 额
月	日	种类	号数					
8	6			承前页				12 800.00
	6	银收	7	收到销货款	主营业务收入	34 000.00		
	6	现付	8	支付差旅费	其他应收款		5 000.00	
				本日小计		34 000.00	5 000.00	41 800.00

图 3-34　出纳员登记银行存款日记账

（2）报销办公用品费。

【案例 3-8】2012 年 8 月 7 日，石家庄宏泰有限公司办公室刘静茹报销办公用品费 740 元，石家庄宏泰有限公司出纳员的账务处理程序如下：

①出纳员受理付款业务，指导购买人填写报销单，查看报销凭证购货发票，并将报销单粘贴在发票上，经办人负责将报销单送经审核人员和单位领导审核签名。

②出纳员对填写的报销单和发票进行复核，在审核无误的报销单上加盖"现金付讫"印章（见图 3-35 和图 3-36）。

费用报销单

2012 年 8 月 7 日

报销部门	办公室	报销人		刘静茹		
报销项目	附凭证张数	支出金额	核销金额	备注		
办公费	1	740.00	740.00			
				领导审批	同意报销。赵栋梁 2012.8.7	
核销金额合计	人民币（大写）：柒佰肆拾元整			小写：¥740.00		
原借款：		应补款：		应退款：		

会计主管：王一明　　　　　复核：肖 力　　　　　出纳：李红艳

图 3-35　出纳员审核报销单

河北省石家庄市商业企业发票

发票联
2012 年 8 月 6 日

客户名称：石家庄宏泰有限公司

发票代码：2130606299

发票号码：450995

品名及规格	单位	数量	单价	金额						
				万	仟	佰	拾	元	角	分
笔记本	个	100	2.50			2	5	0	0	0
签字笔		300	1.20			3	6	0	0	0
计算器	个	10	13			1	3	0	0	0
合计		人民币柒佰肆拾元整			¥	7	4	0	0	0

开票单位（盖章）　　　收款人：马军霞　　　开票人：张 娜

图 3-36　出纳员审核发票

③支付现金并进行复点，并要求收款人当面点清。

④出纳员或会计员根据费用报销单和发票（见图3-35及图3-36）编制记账凭证（如图3-37所示）。

1

付 款 凭 证　　　　　　　　现付字第 8 号

2012 年 8 月 7 日　　　　　　　贷方科目：**库存现金**

摘　要	借　方		金　额											√
	总账科目	明细科目	亿	千	百	十	万	千	百	十	元	角	分	
报销办公费	管理费用	办公费						7	4	0	0	0		√
合　计　金　额								¥	7	4	0	0	0	√

附单据 2 张

会计主管：　　　记账：　　　审核：肖 力　　　制单：李红艳

图 3-37　出纳员填制记账凭证

⑤出纳员根据审核无误的付款凭证登记现金日记账（如图 3-38 所示），并在记账凭证上画"√"（见图 3-37）。

现金日记账　　　　　　　　　　　第 6 页

2012 年		凭　证		摘　要	对方科目	借　方	贷　方	余　额
月	日	种类	号数					
8	6			承前页				2 800.00
	7	现收	7	提取现金	银行存款	5 000.00		
	7	现付	8	报销办公费	管理费用		740.00	
				本日小计		5 000.00	740.00	7 060.00

图 3-38　出纳员登记现金日记账

（3）报销差旅费，补足余款。

【案例 3-9】2012 年 8 月 11 日，石家庄宏泰有限公司业务员孔卫国出差归来报销差旅费 5 060 元，不足部分用现金支付，石家庄宏泰有限公司出纳员的账务处理程序如下：

①出纳员指导出差人员填写"差旅费报销单"及粘贴相关凭证，将报销单据阶梯式粘贴在"单据（报销）粘单"上，然后将"差旅费报销单"贴在已经粘好报销单据的粘单上。

②出差人员将差旅费报销单送审核人员审核，并经单位领导审核签字（如图 3-39 所示）。

差旅费报销单

部门：**销售部**　　　　　　　　　　2012 年 8 月 11 日

出差人	孔卫国					事　由				订货会			
出差时间	起止地点	火车	汽车	轮船	飞机	市内车费	住宿费	其他	住勤费			合计金额
									天数	标准	金额	
8 月 6 日	石家庄至昆明				1 200	120			6	100	600	1 920
8 月 11 日	昆明至石家庄				1 200	140	1 600	200				3 140
合　计					2 400	260	1 600	200			600	5 060
报销金额	人民币（大写）伍仟零陆拾元整　　　¥5 060.00											
原借款	¥5 000.00	报销金额		¥5 060.00		应退还				应找补		¥60.00
审批人意见		同意报销，补足尾款。　　　　赵栋梁　2012.8.11										

会计主管：王一明　　　　会计：肖力　　　　出纳：李红艳　　　　报销人：孔卫国

图 3-39　差旅费报销单（所附原始凭证略）

③出纳员对填写的"差旅费报销单"和原始凭证进行复核，如有错误需要进行更正。

④出纳员开具支付凭证，在支付凭证上加盖"现金付讫"章（如图 3-40 所示）。

⑤出纳员支付余款，并当面清点现金，要求收款人清点确认。

石家庄宏泰有限公司支付证明单　　　　　NO.038021

日期　2012 年 8 月 11 日

部　门	姓　名	事　由	金　额									
			亿	千	百	十	万	千	百	十	元	角	分
销售部	孔卫国	补足差旅费余款									6	0	0	0
合　计　金　额										¥	6	0	0	0

会计主管：王一明　　　　审核人：肖力　　　　收款人：李红艳

图 3-40　出纳员开具支付证明单

⑥出纳员或会计员以支付证明单（见图 3-40）作为原始凭证，编制记账凭证，并交由复核人审核签字（如图 3-41 所示）。

付 款 凭 证　　　　　　　　　　　**现付字第9号**

2012 年 8 月 11 日　　　　　　　　　　贷方科目：**库存现金**

摘　要	借　　方		金　　额	√
	总账科目	明细科目	亿 千 百 十 万 千 百 十 元 角 分	
补足差旅费余款	销售费用	差旅费	6 0 0 0	
合　计　金　额			￥ 6 0 0 0	√

附单据1张

会计主管：　　　记账：　　　审核：肖　力　　　制单：李红艳

图 3-41　出纳员填制记账凭证

⑦出纳员根据审核无误的付款凭证（见图 3-41）登记现金日记账（如图 3-42 所示），在付款凭证上合计栏后画"√"（见图 3-41）。

现金日记账　　　　　　　　　　　第 6 页

2012年		凭　证		摘　要	对方科目	借　方	贷　方	余　额
月	日	种类	号数					
8	6			承前页				2 800.00
	7	现收	7	提取现金	银行存款	5 000.00		
	7	现付	8	报销办公费	管理费用		740.00	
				本日小计		5 000.00	740.00	7 060.00
	11	现付	9	补足差旅费余款	销售费用		60.00	

图 3-42　出纳员填写现金日记账

（三）将现金送存银行业务的处理

1. 将现金送存银行业务的处理流程

按照规定，各单位必须按银行核定的库存现金限额保管、使用现金。在日常现金收支业务中，除了按规定可以坐支的现金和非业务性零星收入现金，可以用于补充库存现金限额外，其他业务活动收到的现金及超过库存现金限额的现金，必须及时存入银行。具体处理流程如下（见图 3-43）：

（1）清点存款数额。必须按照货币票面分别清点，按照每 100 张进行整理。

（2）填写现金存款单（解款单）。现金存款单一式三联，一联回单，银行确认收款后盖章，退回存款单位，作为原始凭证，另两联由银行留存。

（3）向银行送交已整理好的现金和"现金存款单"。

（4）根据"现金存款单"回单联编制记账凭证。

（5）根据审核无误的记账凭证登记日记账。

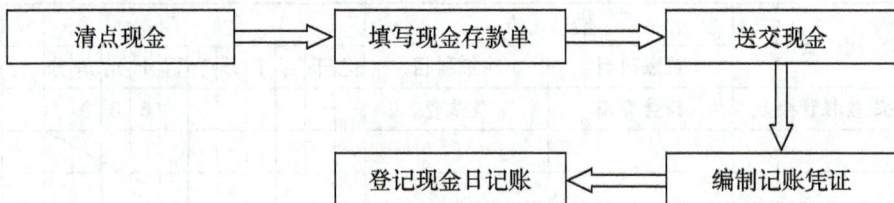

图 3-43　将现金送存银行流程

2. 将现金送存银行业务的核算举例

（1）将超额现金送存银行。

【**案例 3-10**】2012 年 8 月 11 日，石家庄宏泰有限公司出纳员将超过限额的库存现金 3 500 元送存银行。石家庄宏泰有限公司的账务处理程序如下：

①出纳员清点存款数额。

②出纳员填写现金存款单（交款单）（如图 3-44 所示）。

中国工商银行　现金交款单（回单）1

2012 年 8 月 11 日

存款人	全　　称	石家庄宏泰有限公司		款项来源			超额库存现金								
	账　　户	33323214782555555			亿	千	百	十	万	千	百	十	元	角	分
	开户银行	石家庄工行和平东路支行													
金额大写		人民币叁仟伍佰元整							￥	3	5	0	0	0	0
票面	张数	亿	千	百	十	万	千	百	十	元	角	分	收款银行盖章		
一百元	10						1	0	0	0	0	0			
五十元	20						1	0	0	0	0	0			
二十元	35							7	0	0	0	0			
十元	75							7	5	0	0	0			
五元	10								5	0	0	0			
一元															
五角															
一角													经办　复核		

收款银行盖章区域内容：
中国工商银行
和平路支行
2012.08.11
收讫

图 3-44　出纳员填写现金存款单

③出纳员向银行送交已整理好的现金和"现金存款单"。

④出纳员或会计员根据"现金存款单"回单联（见图 3-44）编制记账凭证（如图 3-45 所示），向银行送存现金只编制现金付款凭证，不能编制银行存款收款凭证。

付 款 凭 证　　　　　　　　**现付字第 10 号**

2012 年 8 月 11 日　　　　贷方科目：**库存现金**

摘　要	借　方		金　额										√
	总账科目	明细科目	亿	千	百	十	万	千	百	十	元	角 分	
向银行送存现金	银行存款						3	5	0	0	0	0	附单据1张
合　计　金　额						￥	3	5	0	0	0	0	√

会计主管：　　记账：　　审核：肖　力　　制单：李红艳

图 3-45　出纳员填制记账凭证

⑤出纳员根据审核无误的付款凭证（见图 3-45）登记现金日记账（如图 3-46 所示），在付款凭证上合计栏后画"√"（见图 3-45）。

现金日记账　　　　　　　　**第 6 页**

2012年		凭证		摘　要	对方科目	借　方	贷　方	余　额
月	日	种类	号数					
8	6			承前页				2 800.00
	7	现收	7	提取现金	银行存款	5 000.00		
	7	现付	8	报销办公费	管理费用		740.00	
				本日小计		5 000.00	740.00	7 060.00
	11	现付	9	补足差旅费余款	销售费用		60.00	
	11	现收	8	收到违约金	营业外收入	3 500.00		
	11	现付	10	向银行送存现金	银行存款		3 500.00	

图 3-46　出纳员登记现金日记账

⑥登记银行存款日记账（略）。

任务四　现金的保管和清查

想一想

石家庄宏泰有限公司在 2012 年底进行财产清查，发现银行存款、库存现金账面数额与实有数额不符，经查该公司财会部门将支票和预留银行印鉴全部交给出纳员李红艳一人保管，出纳员利用职务之便，填写现金支票将大量银行存款取出进行消费。

问题：①石家庄宏泰有限公司的做法对吗？

　　　②如果不对，问题在哪里？

一、现金的保管

（一）库存现金的保管

库存现金是企业流动性最强的资产，无须变现即可直接使用，库存现金也是不法分子谋取的最直接目标。因此企业应根据《现金管理暂行条例》建立健全的现金保管制度，防止由于制度不严、工作疏忽而给企业单位造成损失。库存现金的保管制度主要包括以下几点：

（1）超过库存限额的现金应在下班前送存银行。

（2）库存现金，包括纸币和铸币，应实行分类保管。出纳员对库存票币分别按照纸币的票面金额和铸币的币面金额，以及整数和零数分类保管。

（3）除工作时需要的小量备用金可放在出纳员的抽屉内外，限额内的库存现金当日核对清楚后，一律放在出纳专用的保险柜内，不得随意存放。

（4）每天下班前要进行现金盘点，并与现金日记账核对，根据企业需要编制现金日报表。

（5）库存现金低于限额时，出纳员可以当天签发现金支票从银行提取现金补足限额。

（6）企业的库存现金不准以个人名义存入银行，防止有关人员利用公款私存取得利息收入。

（7）出纳员不得将库存现金出借给没有办理手续或没经主管人员批准的个人或部门。

（二）票据的保管

1.银行结算票据的保管

企业的空白支票和收到的银行结算票据一般由出纳员保管，出纳员应将空白支票和收到外单位的支票、银行汇票、银行本票和商业汇票等银行结算票据存放在出纳专用的保险柜内。企业应建立票据备查簿，及时办理到期票据。为防止舞弊贪污等行为的发生，企业应建立票、印分管制度，对于票据的具体管理规定，见本书项目四银行结算业务处理。

2. 企业空白内部单据的保管

企业空白内部单据的保管包括空白收据和空白支付证明单等。出纳员应将企业空白内部单据存放在出纳专用的保险柜内。如空白收据一经填制，并加盖印章后，就可成为办理结算的书面证明，因此出纳人员应按规定保管和使用。出纳人员在使用企业内部单据时应注意以下几点：

（1）不得将企业空白内部单据带出本单位使用。

（2）不得转借、赠送和买卖企业空白内部单据。

（3）不得弄虚作假、开具实物与票面不相符的单据，不得开具存根联与其他联次不符的单据。

（4）作废的单据要加盖"作废"戳记，各联次要连同存根一起保管，不得撕毁、丢失。

（5）出纳员再次领用单据时，需将已用完的单据存根交还保管人员核销，留待以后备查。

3. 印章的保管

与出纳工作有关的印章主要包括：支票印鉴、收付款专用章等。支票印鉴一般由会计人员或指定人员专人保管。根据内部会计控制规范规定，支票印鉴应至少由两人以上保管。规定由出纳员保管的印章应存放在出纳专用的保险柜内，不得随意存放或将印章带出本单位使用。

二、现金的清查

为了加强现金管理，保证账实相符，防止发生差错、丢失、贪污、盗窃以及侵占挪用等问题发生，企业应对库存现金进行定期或不定期清查。现金清查是指对库存现金的盘点和核对，包括出纳人员每日终了清点现金和清查小组定期和不定期的突击清查核对。

（一）现金清查的方法

库存现金清查的主要方法是实地盘点法，即以库存现金实有数与现金日记账的账面余额进行核对。每日业务终了，出纳人员应清点现金，同时应结出现金日记账的收支和结存余额，并检查现金实际库存与现金日记账的余额是否相符，做到当日账当日结清。

日清月结是出纳员办理现金出纳工作的基本原则和要求，也是避免出现长款、短款的重要措施。所谓日清月结就是出纳员办理现金出纳业务必须做到按日清理，按月结账。这里所说的按日清理，按月结账，是指出纳员应对当日的经济业务进行清理，全部登记日记账，结出库存现金账面余额，并与库存现金实地盘点数核对相符。

清查现金时，出纳人员必须在场，清查的目的主要是检查是否有挪用、"白条抵库"、超限额留存现金以及账实是否相等。

（二）现金清查的程序（见图3-47）

现金清查的程序主要包括以下六个步骤：

（1）清查前，出纳员先将所有凭证入账，并结出"现金日记账"余额，将余额填写在"现金盘点报告表"中。

（2）清查人员对库存现金的实有数进行清点，按券别分别清点其数量，然后加总，即可得出当日现金的实存数。

（3）清查人员将盘点得出的实存数和现金日记账账面余额进行核对，看两者是否相符，如发现有长款或短款，应进一步查明原因，及时进行处理。

（4）清查后根据清查结果编制库存现金盘点报告表。

（5）将清查结果汇报给有关领导，对于账实不符的情况按领导的批示意见处理，将账实不符的库存现金盘点报告表传递给会计人员编制记账凭证。

（6）根据审核无误的记账凭证登记现金日记账。

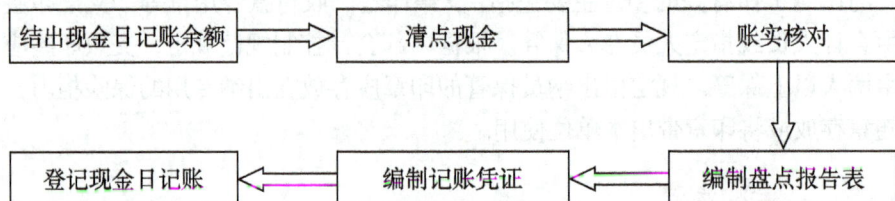

图3-47　现金清查流程

（三）现金清查的账务处理

库存现金清查的结果有三种：一是长款，二是短款，三是相符。所谓长款，指现金实存数大于账存数；所谓短款，是指现金实存数小于账面余额。如果经查明长款属于记账错误、单据丢失等，应及时更正错账或补办手续，如属少付他人款项则应查明原因后将款项退还原主，如果确实无法退还，应经过一定审批手续，将款项作为单位的收益；对于短款，如查明属于记账错误应及时更正错账；如果属于出纳员工作疏忽或业务水平问题，一般应按规定由过失人赔偿。

1.设置账户

根据《企业会计制度》的规定，每日终了结算现金收支、财产清查等发现的有待查明原因的现金短缺或溢余，应通过"待处理财产损溢"科目核算。属于现金短缺的金额，借记"待处理财产损溢——待处理流动资产损溢"科目，贷记"现金"科目；属于现金溢余，按实际溢余的金额，借记"库存现金"科目，贷记"待处理财产损溢——待处理流动资产损溢"科目，待查明原因后做相应的账务处理。

2. 现金盘盈的账务处理

现金盘盈又称现金溢余或现金长款，发生库存现金盘盈后，应查明盘盈的原因，及时办理现金入账手续，调整现金账簿记录。借记"库存现金"账户，贷记"待处理财产损溢——待处理流动资产损溢"账户。并经有关部门批准后，借记"待处理财产损溢——待处理流动资产损溢"账户，贷记相关账户。

（1）无法查明原因的库存现金盘盈，贷方计入"营业外收入"。

（2）应支付给有关单位的库存现金盘盈，贷方计入"其他应付款"。

【案例3-11】2012年12月31日，华联实业公司进行库存现金的清查，账务处理程序如下：

①清查前，出纳员先将所有凭证入账，并结出"现金日记账"余额，将余额填写在"现金盘点报告表"中。

②清查人员对库存现金的实有数进行清点。

③清查人员将盘点得出的实存数和现金日记账账面余额进行核对，发现现金长款50元。

④清查后根据清查结果编制库存现金盘点报告表（见表3-3）。

表3-3　库存现金盘点报告表

库存现金盘点报告表

单位名称：华联实业公司　　　　　盘点日期　2012年12月31日

清 点 现 金												核对账目	
票面	张数	亿	千	百	十	万	千	百	十	元	角	分	项目	金　额
100元	30					3	0	0	0	0	0		现金账面余额	¥3 555.00
50元	10					5	0	0	0	0	0		实点现金	¥3 605.00
20元	4						8	0	0	0	0		长款或短款	¥50.00
10元	2						2	0	0	0	0		备注：	
5元	1							5	0	0	0		其中40元系出纳员结算时多	
2元	0												收甲单位货款，另外10元无	
1元	0												法查明原因，请按规定进行处	
5角	0												理。	
1角	0													
实点现金合计					¥	3	6	0	5	0	0	0	王一明 2012.12.31	

盘点人签章：张　芳　　　　　　　出纳员签章：杨乐乐

⑤将清查结果汇报给有关领导，经查其中 40 元是在与甲单位结算时多收的现金，另外 10 元无法查明原因，将账实不符的库存现金盘点报告表（见表 3-3）传递给出纳员或者会计人员编制记账凭证（如图 3-48 及图 3-49 所示）。

收 款 凭 证　　　　　　**现收字第 10 号**

2012 年 12 月 31 日　　　　　借方科目：**库存现金**

摘　要	贷　方		金　额										√
	总账科目	明细科目	亿	千	百	十	万	千	百	十	元	角	分
库存现金盘盈	待处理财产损溢	待处理流动资产损溢							5	0	0	0	
合　计　金　额									¥	5	0	0	0	√

附单据 1 张

会计主管：　　　　记账：　　　　审核：黄　静　　　　制单：杨乐乐

图 3-48　出纳员填制记账凭证

转 账 凭 证

2012 年 12 月 31 日　　　　　　　　转字第 30 号

摘　要	会 计 科 目		借方金额							贷方金额							记账符号
	总账科目	明细科目	十	万	千	百	十	元	角	分	十	万	千	百	十	元	角	分	
库存现金盘盈	待处理财产损溢	待处理流动资产损溢				5	0	0	0									
	营业外收入	现金溢余												1	0	0	0	
	其他应付款	应付现金溢余												4	0	0	0	
合　计						¥	5	0	0	0				¥	5	0	0	0	

附单据 1 张

会计主管：　　　　记账：　　　　审核：杨乐乐　　　　制单：黄　静

图 3-49　会计员填制记账凭证

⑥出纳员根据审核无误的收款凭证（见图3-48）登记现金日记账（如图3-50所示），在收款凭证合计栏后画"√"（见图3-48）。

现金日记账　　　　　　　　　　　　　　　　第29页

2012年		凭　证		摘　要	对方科目	借　方	贷　方	余　额
月	日	种类	号数					
12	30			承前页				2 800.00
	31	现收	10	库存现金盘盈	待处理财产损溢	50.00		
				本日小计		50.00		2 850.00

图 3-50　出纳员登记现金日记账

3. 现金盘亏的账务处理

现金盘亏又称现金短缺或现金短款，发生库存现金盘亏后，应查明盘亏的原因，调整现金账簿记录。借记"待处理财产损溢——待处理流动资产损溢"账户，贷记"库存现金"账户，并经有关部门批准后，借记相关账户，贷记"待处理财产损溢——待处理流动资产损溢"账户。

（1）属于责任人赔偿的部分，比如保险公司赔偿或者出纳员赔偿部分，借方计入"其他应收款"。

（2）超过责任人赔偿的部分，以及无法查明原因的库存现金盘亏，借方计入"管理费用"。

【**案例3-12**】2012年12月31日，荆楚公司由李嶂带领清查组对出纳王平的库存现金进行清查，并编制了"库存现金盘点报告表"，账务处理程序如下：

①清查前，出纳员先将所有凭证入账，并结出"现金日记账"余额，将余额填写在"现金盘点报告表"中。

②清查人员对库存现金的实有数进行清点。

③清查人员将盘点得出的实存数和现金日记账账面余额进行核对，发现现金短款100元。

④清查后根据清查结果编制库存现金盘点报告表（见表3-4）。

表3-4 库存现金盘点报告表

库存现金盘点报告表

单位名称：荆楚公司　　　　盘点日期　2012年12月31日

清　点　现　金													核对账目	
票面	张数	亿	千	百	十	万	千	百	十	元	角	分	项　目	金　额
100元	50					5	0	0	0	0	0	0	现金账面余额	￥5 515.00
50元	8						4	0	0	0	0	0	实点现金	￥5 415.00
20元	0												长款或短款	￥100.00
10元	1							1	0	0	0	0	备注：	
5元	1								5	0	0	0	系出纳员疏忽造成，由出纳员	
2元	0												王平赔偿，请按规定进行处	
1元	0												理。	
5角	0													
1角	0													李　嶂
实点现金合计						￥	5	4	1	5	0	0		2012.12.31

盘点人签章：李　嶂　　　　出纳员签章：王　平

⑤将清查结果汇报给有关领导，将账实不符的库存现金盘点报告表（见表3-4）传递给出纳员或者会计人员编制记账凭证（如图3-51及图3-52所示）。

付款凭证　　　　现付字第22号

2012年12月31日　　　　贷方科目：库存现金

摘　要	借　方		金　额											√
	总账科目	明细科目	亿	千	百	十	万	千	百	十	元	角	分	
库存现金盘亏	待处理财产损溢	待处理流动资产损溢							1	0	0	0	0	
合　计　金　额								￥	1	0	0	0	0	√

附单据1张

会计主管：　　　记账：　　　审核：刘晓东　　　制单：王　平

图3-51　出纳员填制记账凭证

转 账 凭 证

2012 年 12 月 31 日   转字第 45 号

摘 要	会 计 科 目		借方金额								贷方金额								记账 符号
	总账科目	明细科目	十	万	千	百	十	元	角	分	十	万	千	百	十	元	角	分	
库存 现金盘亏	其他 应收款	王平			1	0	0	0	0										
	待处理 财产损溢	待处理流动 资产损溢											1	0	0	0	0		
合 计					¥	1	0	0	0	0			¥	1	0	0	0	0	

会计主管：   记账：   审核：王 平   制单：刘晓东

附单据 1 张

图 3-52 会计员填制记账凭证

⑥出纳员根据审核无误的付款凭证（见图 3-51）登记现金日记账（如图 3-53 所示），在付款凭证合计栏后画"√"（见图 3-51）。

现金日记账   第 34 页

2012 年		凭 证		摘 要	对方科目	借 方	贷 方	余 额
月	日	种类	号数					
12	30			承前页				8 020.00
	31	现付	22	库存现金盘亏	待处理财产损溢		100.00	
				本日小计			100.00	7 920.00

图 3-53 出纳员登记现金日记账

业务技能测试

一、单项选择题

1.下列说法正确的是（   ）。

   A.企业现金收入应于当月送存开户银行

   B.企业可以在本单位的现金收入中直接支付

   C.企业收入现金可以存入个人账户

   D.超过库存限额的现金应在下班前送存银行

2.下列各项中，根据《现金管理暂行条例》规定，不能用现金结算的是（   ）。

   A.职工工资和津贴

   B.交回借支差旅费余额

   C.结算起点以上的零星支出

   D.向个人收购农副产品和其他物资的价款

3.现金日记账的账页格式有（   ）。

   A.卡片式　　　　B.三栏式　　　　C.数量金额式　　　　D.横线登记式

4.现金短款在查明原因后，属于责任人或保险公司赔偿的部分，应记入（   ）。

   A.其他应付款　　B.其他应收款　　C.应收账款　　　　D.预收账款

二、多项选择题

1.下列属于现金收款业务原始凭证的有（   ）。

   A.增值税专用发票　　　　　　　B.普通发票

   C.收据　　　　　　　　　　　　D.借款单

2.下列属于现金付款业务原始凭证的有（   ）。

   A.医药费收据　　　　　　　　　B.差旅费报销单

   C.现金送款单　　　　　　　　　D.现金支票存根

3.根据《现金管理条例》的有关规定，下列业务可以使用现金结算的是（   ）。

   A.各种劳保、福利费用　　　　　B.职工工资、津贴

   C.个人劳务报酬　　　　　　　　D.出差人员随身携带的差旅费

4.下列关于现金清查说法正确的是（   ）。

   A.现金清查一般采用实地盘点法

   B.现金溢余金额超过应付给有关的单位或人员的部分，贷记"营业外收入"
     账户

   C.在现金长、短款未查明原因前，会计人员不做任何会计处理

   D.在现金短款查明原因后，属于责任人或保险公司赔偿的部分，借记"其

他应收款"

5. 下列关于印章的保管说法正确的有（　　　）。

    A. 支票和印鉴可以由同一个人保管

    B. 负责保管印鉴的人员不得将印鉴带出工作单位使用

    C. 如需要更换印鉴，只要本单位同意即可

    D. 支票印鉴至少由两个人保管

6. 根据《现金管理条例》的规定，下列说法正确的是（　　　）。

    A. 不准未经批准坐支现金　　　　B. 不准谎报用途套取现金

    C. 不准违法留存现金　　　　　　D. 单位之间可以借用现金

实训操作

一、实训操作题

实训资料：北京华阳有限公司为一般纳税人企业，增值税税率为17%，假设你是华阳有限公司的出纳员，2012年9月发生的经济业务如下：

（1）3月6日以现金支付办公用品费326元。

（2）3月10日从银行提取现金1 500元以备零星开支。

（3）3月10日司机报销汽油费、路桥费526元，以现金支付。

（4）3月12日出售产品，收到现金585元（其中增值税额85元）。

（5）3月15日盘点库存现金发现长款100元。

（6）3月16日经理刘山借支差旅费2 000元，差旅费以现金付讫。

（8）3月20日经理刘山出差归来报销差旅费2 530元，不足部分以现金补足。

（9）3月25日收到甲单位预付货款200元，预付款以现金收讫。

（10）3月26日以现金支付医务室购买药品费用580元。

实训目标：作为华阳有限公司的出纳员，你应该如何进行账务处理？

实训要求：学生分组，分别扮演不同角色（出纳、会计、业务人员和银行职员等），按正确流程处理现金业务。

实训成果：熟练掌握记账凭证、现金日记账的编制。

二、案例分析题

1.某日，出纳员王丽临近下班前，收到销售部交来现金5 000元。正巧王丽急着下班办事，就将5 000元放在办公桌的抽屉内。王丽的做法对吗？

2.你和新力公司的王宇是好朋友，王宇来借收据，你应该怎么做？

3.米奇公司出纳员刘明和业务部张强是好朋友，一日张强急需用钱向刘明借5 000元，但刘明自己没有，于是刘明就从公司库存现金拿了5 000元借给张强。你对这件事有何看法？

4.会计主管把空白支票和印鉴都交给你保管，你应该怎么做？

5.某甲（个人）和某乙（单位）签订了一份农副产品购销合同，价款1 000元，双方在结算方式上产生了分歧，某甲说可以用现金结算，某乙说只能用支票转账结算。你认为该如何结算？

6.2012年9月29日，某企业从现金收入中直接支取12 000元用于发放职工福利。会计科科长赵某称当时曾口头向公司经理反映这样做不妥，但公司经理仍要求其办理。根据以上事实，指出其做法不对之处，并说明理由。

项目四　银行结算业务处理

【知识与技能目标】

　　通过本项目的学习，学生会按业务处理流程开设银行账户，会使用支票、本票、银行汇票和商业汇票等票据进行结算及账务处理，会根据汇兑、委托收款、托收承付和信用卡等结算方式的流程处理银行结算业务，会编制银行存款余额调节表，会编制有关银行存款收付业务的原始凭证和记账凭证，正确登记银行存款日记账。

【核心能力培养】

　　正确处理银行票据结算和支付结算，完成银行存款业务核算和日常银行存款账户的管理。

任务导入

　　昌盛公司是一家食品加工企业，公司前景广阔，现准备开设一分公司，继续招聘一名出纳员，2010届高职院校会计专业毕业生刘颖到该公司应聘，被昌盛公司录用，到分公司担任出纳员。

　　问题：①刘颖该如何开设银行账户？

　　　　　②面对众多的银行结算业务，她该如何选择结算方法并办理结算业务？

任务一　银行账户开设管理

想一想

　　个体工商户王平在一家银行办理业务时，看到银行营业大厅中贴有单位结算账户办理年检的通知，他就在想："以我本人名字开立的账户是个人结算账户还是单位结算账户？这账户是否要参加年检？"

　　问：你能回答他的问题吗？

银行存款是指企事业单位存放在银行或其他金融机构中的货币资金。按照国家的有关规，凡是独立核算的单位都必须开立银行账户，单位之间的经济往来，除按《现金管理暂行条例》规定的范围可以使用现金外，都应当通过开户银行进行转账结算。

为了加强对银行结算账户的管理，规范银行结算账户的开立和使用，中国人民银行于 1994 年颁布了《银行账户管理办法》。但随着我国社会主义市场经济的日益发展，金融改革的不断深化，《银行账户管理办法》已不能适应经济发展的需要，为了维护经济、金融秩序稳定，中国人民银行于 2003 年 4 月 10 日颁布《人民币银行结算账户管理办法》（以下简称《账户管理办法》），自同年 9 月 1 日起施行，1994 年发布的《银行账户管理办法》同时废止。

一、银行结算账户认知

（一）银行结算账户的概念

根据《账户管理办法》的规定，人民币银行结算账户（以下简称银行结算账户），是指银行为存款人开立的用于办理现金存取、转账结算等资金收付活动的人民币活期存款账户。它是存款人办理存、贷款和资金收付活动的基础。凡新办的企业或公司在取得工商行政管理部门颁发的法人营业执照后，可选择离办公场地近，办事工作效率高的银行申请开设自己的结算账户。对于非现金使用范围的开支，都要通过银行账户办理。

按照存款人的不同，银行结算账户可分为单位银行结算账户和个人银行结算账户，本书主要介绍单位银行结算账户。

单位银行结算账户是指存款人以单位名称开立的银行结算账户。个体工商户凭营业执照以字号或经营者姓名开立的银行结算账户纳入单位银行结算账户管理。

（二）单位银行结算账户的分类

根据《账户管理办法》的规定，单位银行结算账户按用途分为基本存款账户、一般存款账户、专用存款账户和临时存款账户。

1. 基本存款账户

基本存款账户是企业单位的主办账户，单位日常经营活动的资金收付及其工资、奖金和日常现金的支取，必须通过该账户办理。单位只能在银行开立一个基本存款账户，其他银行结算账户的开立必须凭基本存款账户开户登记证办理开户手续，并由银行在开户登记证上进行相应登记。

2. 一般存款账户

一般存款账户是存款人在基本存款账户以外的银行借款转存、与基本存款账户的存款人不在同一地点的附属非独立核算单位开立的账户。存款人可以通过本账户办理转账结算和现金缴存，但不能办理现金支取业务。

3. 专用存款账户

专用存款账户是单位按照法律、行政法规和规章，对其特定用途资金进行专项管理和使用而开立的银行结算账户，遵循专款专用、专户存储、专项管理原则。

4. 临时存款账户

临时存款账户是指存款人因临时经营活动需要开立的账户，存款人可以通过该账户办理转账结算和根据国家现金管理规定办理现金收付，注册验资的临时存款账户在验资期间只收不付。该账户应根据有关开户证明文件确定的期限或存款人的需要确定其有效期限，最长不得超过 2 年。

人民币银行结算账户的分类如图 4-1 所示。

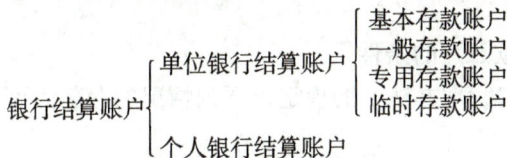

$$
银行结算账户\begin{cases}单位银行结算账户\begin{cases}基本存款账户\\一般存款账户\\专用存款账户\\临时存款账户\end{cases}\\个人银行结算账户\end{cases}
$$

图 4-1 银行结算账户分类

二、银行结算账户的开立

（一）基本存款账户的开立

1. 开立基本存款账户的条件

根据《银行账户管理办法》的规定，可以申请开立基本存款账户的存款人有：

（1）企业法人；

（2）企业法人内部独立核算的单位；

（3）管理财政预算资金和预算外资金的财政部门；

（4）实行财政管理的行政机关、事业单位；

（5）县级（含）以上军队、武警单位；

（6）外国驻华机构；

（7）社会团体；

（8）单位附设的食堂、招待所、幼儿园；

（9）外地常设机构；

（10）私营企业、个体经营户、承包户。

2. 开立基本存款账户的证明文件

单位申请开立基本存款账户，应向银行出具下列证明文件：

（1）企业法人应出具企业法人营业执照正本，非法人企业应出具企业营业执照正本；

（2）独立核算的附属机构，应出具其主管部门的基本存款账户开户登记证和批文；

（3）单位为从事生产、经营活动纳税人的，还应出具税务部门颁发的税务登记证；

（4）承包双方签订的承包协议；

（5）个人居民身份证和户口簿，法人代表的身份证原件和复印件；

（6）技术质量监督局核发的法人机构代码表原件及复印件；

（7）企业公章、预留银行印鉴；

（8）开户申请书；

（9）单位财务人员的会计从业资格证书；

（10）中国人民银行当地分支机构核发的开户许可证。

（二）一般存款账户的开立

1. 开立一般存款账户的条件

根据《银行账户管理办法》的规定，下列情况的存款人可以申请开立一般存款账户：

（1）在基本存款账户以外的银行取得借款的单位和个人。

（2）与基本存款账户的存款人不在同一地点的附属非独立核算单位。

2. 开立一般存款账户的证明文件

单位申请开立一般存款账户，应向银行出具其开立基本存款账户规定的证明文件、基本存款账户开户许可证和下列证明文件：

（1）有关借款合同或借款借据；

（2）基本存款账户的存款人同意其附属的非独立核算单位开户的证明。

（三）专用存款账户的开立

1. 开立专用存款账户的条件

根据《银行账户管理办法》的规定，下列情况的存款人可以申请开立专用存款账户：

（1）存款人基本建设资金；

（2）更新改造资金；

（3）特定用途、需要专户管理的资金。

（4）粮棉的收购资金、党团费用、社会保险费等。

2. 开立专用存款账户的证明文件

单位申请开立专用存款账户，应填制开户申请书并向银行出具其开立基本存款账户规定的证明文件、基本存款账户开户许可证和有关部门批准立项的文件或者国家有关文件的规定等证明文件。

（四）临时存款账户的开立

1. 开立临时存款账户的条件

根据《银行账户管理办法》的规定，下列情况的存款人可以申请开立临时存款账户：

（1）在外地设立临时机构；

（2）临时经营活动的需要。

2. 开立临时存款账户的证明文件

单位申请开立临时存款账户，应向银行出具下列证明文件：

（1）在外地设立临时机构，应出具其驻在地主管部门同意设立临时机构的批文；

（2）异地建筑施工及安装单位，应出具其营业执照正本或其隶属单位的营业执照正本，以及施工及安装地建设主管部门核发的许可证或建筑施工及安装合同。

（3）异地从事临时经营活动的单位，应出具其营业执照正本以及临时经营地工商行政管理部门的批文。

（4）注册验资资金，应出具工商行政管理部门核发的企业名称预先核准通知书或有关部门的批文。其中（2）、（3）项还应出具其基本存款账户开户许可证。

（五）异地银行结算账户的开立

开立银行结算账户，一般应在注册地开立，单位有下列情形之一的，可以在异地开立有关银行结算账户：

（1）营业执照注册地与经营地不在同一行政区域需要开立基本存款账户的；

（2）办理异地借款和其他结算需要开立一般存款账户的；

（3）单位因附属的非独立核算单位或派出机构发生的收入汇缴或业务支出需要开立专用存款账户的；

（4）异地临时经营活动需要开立临时存款账户的。

三、开立银行结算账户的流程

企业申请开立单位银行结算账户时，应按照中国人民银行的规定填写开户申请书，然后将开户申请书以及相关的证明文件送交银行审核，待银行核准后，单位应与银行签订银行结算账户管理协议，并将盖有存款人印章的"印鉴卡片"送交银行留存，建立单位预留银行印鉴，经银行审核同意后由银行发出开户许可。出纳作为银行与企业的沟通桥梁，应在开户前了解清楚开户需要提供的文件并将相关资料准备好。

1. 填写单位开户申请表

各单位要求在银行开立账户，必须向开户行提出申请，填写"单位开户申请表"。填写完毕后，要加盖本单位公章。

2. 提交有关的证明文件

3. 填制并提交印鉴卡片

开户单位在提交开户申请表和有关证明文件的同时，还应填写预留印鉴卡片。印鉴卡片上的户名、地址、电话号码与申请表上的一致；在卡片上要加盖开户单位财务专用章、单位负责人或财务机构负责人印章。

4. 开户银行审查

开户银行根据有关规定对开户单位提交的开户申请书、有关证明、印鉴卡片、会计人员的"会计从业资格证书"等文件进行审查。经银行审查同意后，银行确定账号并登记开户，颁发开户许可证。

5. 购买银行结算凭证

开户手续完成后，出纳人员可根据业务需要购买各种结算凭证，如支票、银行进账单、电汇单等。在购买时，开户单位在账户上的存款余额不得低于1 000元人民币。

四、银行结算账户的变更和撤销

1. 银行结算账户的变更

企业单位的账户信息资料是银行为单位开立银行结算账户的重要依据和历史记录，是银行为单位提供支付结算服务的必要条件。如果单位的账户信息资料发生变更而企业的出纳人员不及时到开户银行办理变更手续，会影响到企业资金的收付结算以及资金的安全。

根据《银行账户管理办法》的规定，有下列情况之一的，存款人可以变更银行结算账户：

（1）账户名称的变更。开户单位由于种种原因需变更账户名称，应向银行交验上级主管部门批准的正式函件，企业单位和个体工商户需要向银行交验工商行政管理部门登记注册的新执照，经银行调查属实后，根据不同情况变更账户名称或撤销原账户并开立新账户。

（2）账户号码的变更。账户号码的变更大多数情况是开户银行本身的管理原因造成的，一般会给一个新旧账户同时有效的过渡期，出纳人员在接到银行的变更账号的通知后，应当及时将新号码通知有关客户，以避免不必要的麻烦。

（3）预留印鉴的更换。若开户单位由于人事变动等原因，要更换单位财务专用章、财务主管印鉴或出纳人员印鉴的，只需填写"更换印鉴申请书"，出具有关证明，在银行审查同意后，重新填写印鉴卡片，并注销原预留的印鉴卡片。

（4）账户的迁移。开户单位的办公地点或经营场所发生搬迁时，应到银行办理迁移账户手续。如在同城，由迁出行出具证明，迁入行凭此开立新账户；如搬迁他城，应重新按规定办理开户手续。在搬迁过程中，可允许暂时保留原账户，但在搬迁结束，单位已在当地恢复生产经营时，原账户应在一个月内撤销。

单位更改名称，但不改变开户银行及账号的，出纳人员应于5个工作日内向开户银行提出银行结算账户的变更申请，按要求填写由开户银行统一印制的"变更银行结算账户内容申请书"，并连同相关证明文件提交银行，由开户银行办理变更手续。

单位的法定代表人或主要负责人、住址以及其他开户资料发生变更的，出纳人员应于 5 个工作日内书面通知开户银行并提供有关证明。

2. 银行结算账户的撤销

撤销是指单位因开户资格或其他原因终止银行结算账户使用的行为。有下列情形之一的单位，应向开户银行提出撤销银行结算账户的申请：

（1）被撤并、解散、宣告破产或关闭的；

（2）注销、被吊销营业执照的；

（3）因迁址需要变更开户银行的；

（4）其他原因需要撤销银行结算账户的。

有以上（1）、（2）项情形的单位，因已丧失经济主体的地位或不具备营业资格不能从事经济活动，应于 5 个工作日内主动向开户银行提出撤销银行结算账户的申请。超过规定期限未主动办理撤销银行结算账户手续的，银行有权停止其银行结算账户的对外支付。各单位在银行的账户连续一年没有发生收、付款活动，银行以为无继续存在的必要时，即通知单位在一个月内，向银行办理销户手续，逾期未办，视同自愿销户，余数未取者，银行在年终时做收益处理。

单位申请撤销银行结算账户时，应填写由银行统一印制的"撤销银行结算账户申请书"，同时单位必须与开户银行核对银行结算账户存款余额，交回各种重要空白票据及结算凭证和开户许可证，经银行核对无误后方可办理销户手续。销户后由于未交回空白重要凭证而产生的一切责任，由销户单位全部承担。单位尚未清偿其开户银行债务的，不得申请撤销。

五、银行结算账户的使用规定及结算纪律

1. 银行结算账户的使用规定

（1）认真贯彻执行国家的政策、法令，遵守银行信贷、结算和现金管理的有关规定。银行检查时，开户单位应提供账户使用情况的有关资料。

（2）各单位在银行开立的账户，只供本单位业务经营范围内的资金收付，不得出租、出借或转让给其他单位或个人使用。

（3）各种收付款凭证，必须如实填明款项来源或用途，不得巧立名目，弄虚作假，套取现金，套购物资，严禁利用账户从事非法活动。

（4）各单位在银行的账户必须有足够的资金保证支付，不准签发空头或远期的支付凭证，不得骗取银行信用开具虚假付款凭证。

（5）正确、及时记载和银行的往来账务，并定期核对。发现不符，应及时与银行联系，查对清楚。

2. 违反银行结算账户使用规定的处罚

（1）若单位出租和转让账户，除依法责令其纠正外，还要按规定对该行为发生的金额处以 5% 但不低于 1 000 元的罚款，并没收出租账户的非法所得。

（2）若单位违反了开立银行结算账户的规定，首先要被责令限期撤销该账户，其次还要被处以 5 000 ~ 10 000 元的罚款。

3. 银行结算纪律

根据《支付结算办法》及有关规定，单位和个人必须遵守的结算纪律可以归纳为"四不准"：

（1）不准套取银行信用，签发空头支票、印章与预留印鉴不符支票和远期支票；

（2）不准无理拒付，任意占用他人资金；

（3）不准利用多头开户转移资金、逃避债务；

（4）不准违反规定开立和使用账户。

这"四不准"要求单位和个人只准在银行账户余额内按照规定向收款单位和个人支付款项；对应该支付给其他单位的款项必须依约履行义务；遵守国家有关账户管理的规定，严守信用，信守合同等。

六、银行结算方式的分类

根据《支付结算办法》的规定，企业可以选用的银行结算方式通常包括支票、银行汇票、银行本票、商业汇票、汇兑、委托收款和异地托收承付结算方式等七种。根据结算形式的不同，可以划分为票据结算和支付凭证结算等两大类；根据结算地点的不同，可以划分为同城结算方式、异地结算方式和通用结算方式等三大类。

现行结算方式的具体分类如表 4-1 所示。

表 4-1　结算方式分类表

结算方式分类	支付结算办法		适用区域	适用范围
银行结算	票据结算	银行本票	同城结算	单位、个人各种款项
		银行汇票	异地结算	单位、个人各种款项
		支　票	通用结算	单位、个人各种款项
		商业汇票		开立银行账户的法人及其他组织之间具有真实的交易关系
	支付结算	汇　兑	通用结算	单位、个人各种款项
		委托收款		凭付款人债务证明办理的款项
		信 用 卡		消费性支出
		托收承付	异地结算	国有企业、供销合作社、城乡集体所有制工业企业
现金结算	按《现金管理暂行条例》的规定，确定现金的使用范围			

七、银行存款的账务处理

1. 账户设置

为了核算银行存款的增减变动及结余情况，企业应设置"银行存款"账户。该账户属于资产类，借方登记银行存款的增加额，贷方登记银行存款的减少额，期末余额在借方反映银行存款的结存数。

为了详细反映银行存款收支及结存情况，企业应设置"银行存款日记账"进行序时登记。银行存款日记账必须采用订本式账簿，一般使用设有"借方（或收入）""贷方（或支出）"和"余额（或结余）"三栏式账页。

2. 银行存款日记账的登记要求

（1）在启用新会计账簿时，应首先填写在扉页上印制的"账簿使用登记表"中的启用说明，其中包括单位名称、账簿名称、账簿编号、起止日期、单位负责人、主管会计、审核人员和记账人员等项目，并加盖单位公章。在会计人员工作发生变更时，应办理交接手续并填写"账簿使用登记表"中的有关交接栏目。

（2）书写规范。在登记书写时，不要滥造简化字，不得使用同音异义字，不得写怪字体；摘要文字紧靠左线；数字要写在金额栏内，不得越格错位、参差不齐；文字、数字字体大小适中，紧靠下线书写，上面要留有适当空距，一般应占格宽的1/2，以备按规定的方法改错。记录金额时，如为没有角分的整数，应分别在角分栏内写上"0"，不得省略不写，或以"—"号代替。

（3）正常使用蓝黑墨水。登记账簿要用蓝黑墨水或者碳素墨水书写，不得使用圆珠笔（银行的复写账簿除外）或者铅笔书写。

（4）连续登记。银行存款日记账应按页次顺序连续登记，不得跳行、隔页。如果发生跳行、隔页，应当将空行、空页划线注销，或者注明"此行空白""此页空白"字样，并由记账人员签名或者盖章。

（5）过次承前。每一账页登记完毕结转下页时，应当结出本页合计数及余额，写在本页最后一行和下页第一行有关栏内，并在摘要栏内注明"过次页"和"承前页"字样；也可以将本页合计数及金额只写在下页第一行有关栏内，并在摘要栏内注明"承前页"字样。也就是说，"过次页"和"承前页"的方法有两种：一是在本页最后一行内结出发生额合计数及余额，然后过次页并在次页第一行承前页；二是只在次页第一行承前页写出发生额合计数及余额，不在上页最后一行结出发生额合计数及余额后过次页。

3. 银行存款日记账的登记与结账

银行存款日记账的登记工作由出纳人员负责。登记银行存款日记账时，出纳人员应根据审核无误的有关银行收款凭证、银行付款凭证或提取现金的现金付款凭证，逐项填写"日期""凭证编号""摘要"和"金额"各栏。一般来说，对于没有余额的账户，在余额栏内标注的"0"应当放在"元"位。银行存款日记账要按经济业务发生的顺序逐日逐笔连续登记。每日终了，应分别计算银行存款收入和支出的合计数，结出余额，银行存款日记账应定期与银行对账单核对，做到账账相符。

根据《会计基础工作规范》的要求，银行存款日记账必须逐日结出余额，并且需要按月结计发生额。每月末结账时，应在当月最后一笔记录的下面通栏划红单线，分别结出借方和贷方本月发生额合计数，并结算出月末余额（计算本月末余额时，应用银行存款日记账本月初余额加上本月收入合计数额减去本月付出合计数额求得）。在摘要栏注明"本月合计"字样，再在"本月合计"行下面通栏划红单线。年度终了结账时，要将银行存款日记账余额结转下年。结转的方法是：12月末按上述月结方法办理月结后，在"本月合计"数下划一条通栏双红线，在次行的摘要栏注明"结转下年"字样，将其余额直接记入新银行存款日记账第一行余额栏内，并在摘要栏注明"上年结转"字样，原银行存款日记账保持不变。

4. 银行存款收入的账务处理

银行存款收入业务的处理程序如下：

（1）由会计主管人员或指定专门人员审签银行存款收入的原始凭证及结算票据。

（2）对需要送存银行的票据，审核无误后由出纳人员填制"进账单"，连同收到的票据送交开户银行办理进账。

（3）根据银行结算凭证的收账通知等审核无误的原始凭证，编制银行存款收款凭证或现金付款凭证。

（4）银行存款收款凭证及所附银行结算凭证，经过会计稽核人员稽核后，登记银行存款日记账。

5. 银行存款支出的账务处理

银行存款支出业务的处理程序如下：

（1）由会计主管人员或指定专门人员审核银行存款支出的原始凭证及结算票据（如购货合同、购货发票、银行贷款还款凭证及手续费结算凭证等）的合法性、真实性和准确性。

（2）填写付出票据登记簿，详细记载付款日期、结算种类、内容及付款金额等，并填写支票或结算凭证，到开户银行办理结算手续。

（3）根据银行结算凭证的付款通知等审核无误的原始凭证，编制银行存款付款凭证。

（4）银行存款付款凭证及所附银行结算凭证，经会计稽核人员稽核后，登记银行存款日记账。

任务二　支票结算业务处理

🔒 **想一想**

2012年4月2日，合力汽车修配厂派人持现金到外地某市购货，因结算困难，该修配厂以现金6 750元向本地某单位换取了该单位限额为6 500元的转账支票一张，余250元作为手续费，由该单位收取，待修配厂使用该支票购货时，因该单位存款不足，遭银行拒付，同时银行还以该单位开空头支票，对其罚款65元，后修配厂要求该单位返还现金6 750元，并赔偿经济损失，双方发生争执，修配厂起诉至人民法院。

问：①银行处理是否正确，为什么？

②修配厂和单位违反了哪些规定，应怎样处理？

一、支票的认知

1.支票的概念

支票是出票人签发的，委托办理存款业务的银行或其他金融机构，在见票时无条件支付确定的金额给收款人或者持票人的票据。

支票结算具有简便、灵活、迅速和可靠等特点。

首先，使用支票办理结算手续简便，只要付款人在银行有足够的存款，他就可以签发支票给收款人，银行凭支票就可以办理款项的划拨或现金的支付。

其次，支票可以由付款人向收款人签发以直接办理结算，也可以由付款人出票委托银行主动付款给收款人，另外转账支票在指定的区域内还可以背书转让。

再次，使用转账支票办理结算时，收款人将转账支票和进账单送交银行，一般当天或次日即可入账，而使用现金支票当时即可取得现金。

最后，各单位必须在银行存款余额内签发支票，收款人凭支票才能取得款项，一般不存在得不到正常支付的情况。

2.支票的种类

（1）现金支票，即支票上印有"现金"字样，现金支票只能用于支取现金。格式见图4-2。

（2）转账支票，即支票上印有"转账"字样，转账支票只能用于转账，不能支取现金。格式见图4-3。

（3）普通支票，即支票上未印有"现金"或"转账"字样。普通支票可以用于支取现金，也可以用于转账；在普通支票左上角划有两条平行线的，为划线支票，只能用于转账，不能用于支取现金。格式见图4-4。

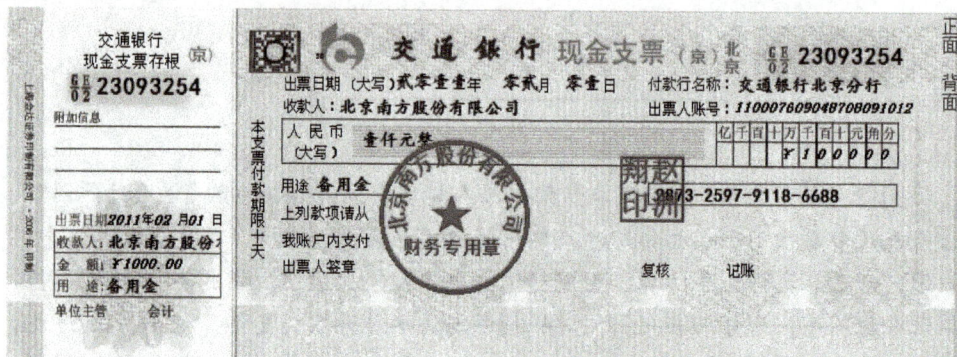

图 4-2　现金支票正面

图 4-3　转账支票正面

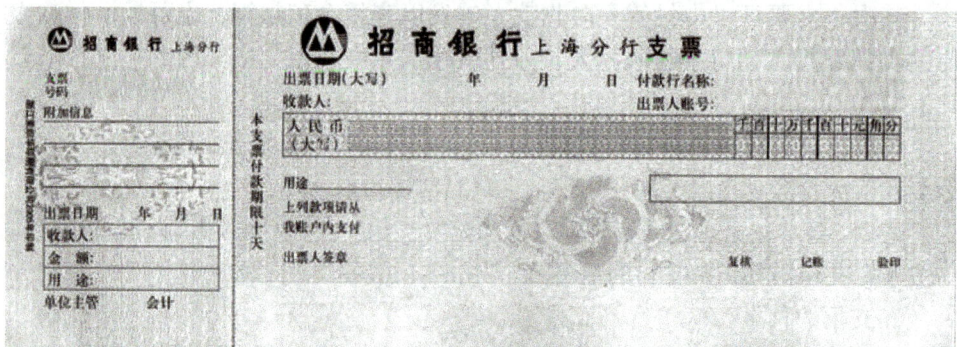

图 4-4　普通支票正面

二、支票结算的基本规定

1.支票的使用范围

按照规定,凡是在银行开立账户的企事业单位和机关、团体在同一城市或票据交换地区的商品交易、劳务供应、债务清偿和其他款项结算均可使用支票。2006年12月18日,支票影像交换系统(CIS)在北京、天津、上海、河北、广东和深圳六地成功试点运行。在此基础上，2007 年 6 月 25 日，中国人民银行完成了影像交换系统在全国的推广建设，实现了支票在全国范围的互通使用，此后拿着任何一家银行的支票就可以在全国各地潇洒地签单消费了。

根据中国人民银行规定，异地使用支票款项最快可在 2 至 3 小时之内到账，一般在银行受理支票之日起 3 个工作日内均可到账。为防范支付风险，异地使用支票的单笔金额上限为 50 万元，同时在票面右下方必须记载 12 位银行机构代码。

2. 支票的有效期

支票的提示付款期限为自出票之日起 10 天，支票签发次日开始计算有效期，异地使用的支票，其提示付款的期限由中国人民银行另行规定。若支票的到期日遇法定节假日可顺延，超过提示付款期限的，持票人开户行不予受理，付款人不予付款；付款人不予付款的，出票人仍应当对持票人承担票据责任。

3. 支票的书写和加盖印鉴

签发支票要用墨汁或碳素墨水（或使用支票打印机）认真填写；支票上各项内容要填写齐全，内容要真实，字迹要清晰，数字要标准，大小写金额要一致。支票大小写金额和收款人、出票时间三处不得涂改，其他内容如有改动须由签发人加盖预留银行印签以证明。对约定使用支付密码作为支付票据金额的，出票人可在小写金额栏下方的空格中记载支付密码。

支票上的金额可以由出票人授权补记，未补记前的支票，不得使用。支票上未记载收款人名称的，经出票人授权，可以补记。支票上未记载付款地的，付款人的营业场所为付款地。支票上未记载出票地的，出票人的营业场所、住所或者经常居住地为出票地。出票人可以在支票上记载自己为收款人。

支票的出票日期应使用规范的中文大写填写。在填写月、日时，月份为壹、贰和壹拾的，日为壹至玖以及壹拾、贰拾和叁拾的，应在其前加"零"；日为拾壹至拾玖的，应在其前面加"壹"。

例如：2 月 12 日，应写成零贰月壹拾贰日；10 月 20 日，应写成零壹拾月零贰拾日。票据出票日期使用小写填写的，银行不予受理。大写日期未按要求规范填写的，银行可予受理；但由此造成损失的，由出票人自行承担。

4. 支票的结算起点

支票结算的金额起点为 100 元，起点以下的款项结算一般不适用支票，但缴纳公用事业费、基本养老保险基金、住房公积金等，可不受金额起点的限制。

5. 支票的管理规定

（1）支票、预留银行印鉴和支票密码单应分别由专人保管。

（2）不准签发远期支票，即签发当日以后日期的支票。因为签发远期支票容易造成空头支票，所以银行禁止签发远期支票。

（3）不准出租、出借支票。

（4）银行结算账户结清时，必须将全部剩余空白支票交回。

（5）付款单位必须在其银行存款余额内签发支票，不得签发空头支票（指签发的支票金额超过银行存款余额），对于签发空头支票，银行要处以占支票金额5%但不低于1 000元的罚金。签发缺印鉴或错账号的支票及签发的支票印鉴不符、账号户名不符、密码号不符的，银行处以出票支票金额5%但不低于1 000元的罚款；持票人有权要求出票人支付出票金额2%的赔偿金。

6. 支票的挂失

已签发的普通支票和现金支票遗失，如因遗失、被盗等原因而丧失的，可以向银行申请挂失；挂失前已经支付的，银行不予受理。已经签发的转账支票遗失或被盗等，由于这种支票可以直接持票购买商品，银行不受理挂失，所以失票人不能向银行申请挂失止付，但可以请求收款人及其开户银行协助防范。如果丧失的支票超过有效期或者挂失之前已经由付款银行支付票款的，由此所造成的一切损失，均应由失票人自行负责。对遗失的空白现金支票、空白转账支票，银行也不受理挂失。

已签发的普通支票和现金支票遗失或被盗，出票人应当出具公函或有关证明，填写两联挂失止付申请书（可以用进账单代替），加盖预留银行的签名式样和印鉴，向开户银行申请挂失止付。银行查明该支票确未支付，经收取一定的挂失手续费后受理挂失，在挂失人账户中用红笔注明支票号码及挂失的日期。收款人将收到的可以直接支取现金的支票遗失或被盗等，也应当出具公函或有关证明，填写两联挂失止付申请书，经付款人签章证明后，到收款人开户银行申请挂失止付。值得注意的是：失票人填写挂失止付通知书需记载的事项包括：票据丧失的时间、地点、原因、票据号码、收款人姓名、付款人姓名、金额、出票日期等，支票欠缺需记载事项之一的，银行不予受理挂失。

《票据法》第15条第3款规定："失票人应当在通知挂失止付后3日内，也可以在票据丧失后，依法向人民法院申请公示催告，或者向人民法院提起诉讼。"即可以背书转让的票据的持票人在票据被盗、遗失或灭失时，须以书面形式向票据支付地（即付款地）的基层人民法院提出公示催告申请。在失票人向人民法院提交的申请书上，应写明票据类别、票面金额、出票人、付款人和背书人等票据主要内容，并说明票据丧失的情形，同时提出有关证据，以证明自己确属丧失的票据的持票人，有权提出申请。

挂失止付并不是票据丧失后采取的必经措施，而只是一种暂时的预防措施，最终还要通过申请公示催告或提起普通诉讼。

7. 支票的背书

背书是指收款人在票据背面或粘单上记载有关事项并签章的票据行为。以背书转让的票据，背书应当连续。背书连续，是指在票据转让中，转让票据的背书人与受让票据的被背书人在票据上的签章依次前后衔接，即第一次背书的背书人为票据的收款人；第二次背书的背书人为第一次背书的被背书人，依此类推。

（1）现金支票背书。

①收款人持现金支票提示付款时，收款人如为个人，按照银行规定交验收款人有关身份证明，并在支票背面填写收款人姓名、身份证明名称和身份证明号码等（如图4-5所示）。

附加信息：																
												收款人签章				
												年　月　日				
身份证件名称：身份证				发证机关：石家庄市桥西公安分局												
号码	1	3	0	2	3	4	1	9	9	1	0	3	2	4	1	2	3	4

图4-5　收款人为个人的现金支票背书

②收款人如果是为提取现金而签发的现金支票，收款人是本单位，代表单位取款的出纳员除了按上述操作及填写外，还要在支票背面背书人签章栏加盖预留银行印鉴（如图4-6所示）。

附加信息：																
												收款人签章				
												2012 年 2 月 11 日				
身份证件名称：身份证				发证机关：石家庄市桥西公安分局												
号码	1	3	1	1	3	4	1	9	8	9	0	9	1	4	8	8	8	8

图4-6　提取现金的现金支票背书

（2）转账支票背书

①委托收款背书。委托收款背书是指持票人以行使票据上的权利为目的，而授予被背书人以代理权的背书。其性质为非转让背书，或称行为背书，不因背书而转让票据权利。持票人做委托收款背书时，应在支票背面背书人栏内签章加盖预留银行印鉴；在背书栏内清晰记载"委托收款"字样，表明委托收款的意思；在被背书人栏记载被背书人名称，即委托人的开户行；填写背书日期，背书日期

属相对应记载事项，一般应予记载，如果未记载，法律推定为票据到期日前背书（如图 4-7 所示）。

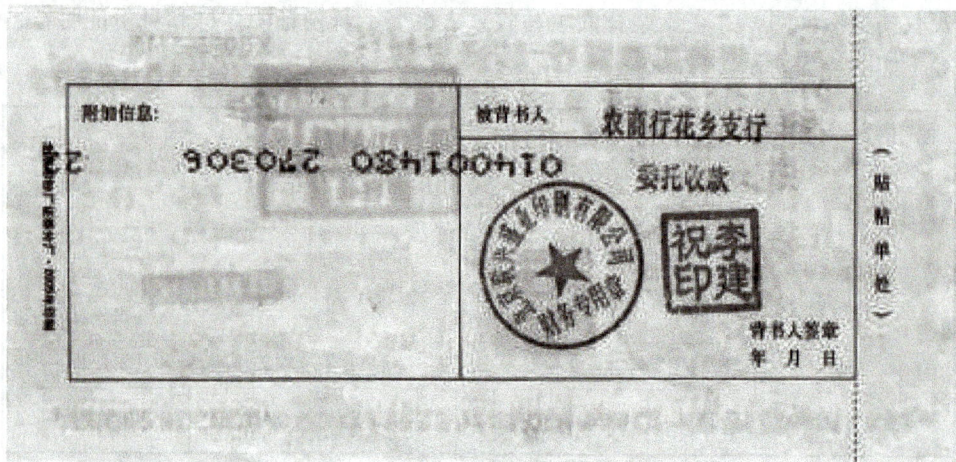

图 4-7　委托收款背书

②转让背书。转让背书是指支票持票人将支票权利转让给他人的一种票据行为。持票人将支票背书转让时，应在支票背面背书栏内签章加盖预留银行印鉴；记载被背书人名称，即收款单位名称；记载背书日期（如图 4-8 所示）。

附加信息：	被背书人 石家庄宏发商贸有限公司

	背书人签章
	2012 年 8 月 11 日

图 4-8　转让背书

（3）背书的管理规定。

①票据出票人在票据正面记载"不得转让"字样的，票据不得转让，其直接后手再背书转让的，原出票人对直接后手的被背书人不承担保证责任，对被背书人提示付款或委托收款的票据。

②背书不得附有条件，票据法规定，背书附有条件的，所附条件不具有汇票上的效力。

③背书记载"委托收款"字样的，被背书人有权代背书人行使被委托的汇票权利。

三、支票结算的业务处理

支票结算应设置"银行存款"账户，无论现金支票还是转账支票的结算都是通过"银行存款"账户完成的。该账户属于资产类，借方登记银行存款的增加数，贷方登记银行存款的减少数，期末借方余额反应企业银行存款的结存数。

（一）现金支票的结算流程

1. 签发现金支票的流程

（1）出纳人员填写现金支票。如本单位为收款人，按要求正确填写现金支票正面和背面，并加盖预留银行印鉴。

（2）出纳员将填好的现金支票从裁剪线处裁剪，将支票存根作为提取现金的原始凭证。

（3）出纳员或会计员根据现金支票存根编制记账凭证。

（4）出纳员根据审核无误的记账凭证登记现金日记账、银行存款日记账。

2. 签发现金支票的业务核算

【案例4-1】2012年12月7日，石家庄天客隆有限公司提取现金5 000元备用，现金日记账期初余额为1 648.00元，银行存款日记账的期初余额为64 800.00元。

要求：出纳办理提现业务。

①出纳员签发现金支票，交印鉴保管员加盖预留银行印鉴后到银行取款（如图4-9所示）。

提取现金业务的收款人为本单位的，出纳员除了在现金支票正面加盖预留银行印鉴外，还要在现金支票背面背书栏加盖预留银行印鉴（如图4-10所示）。

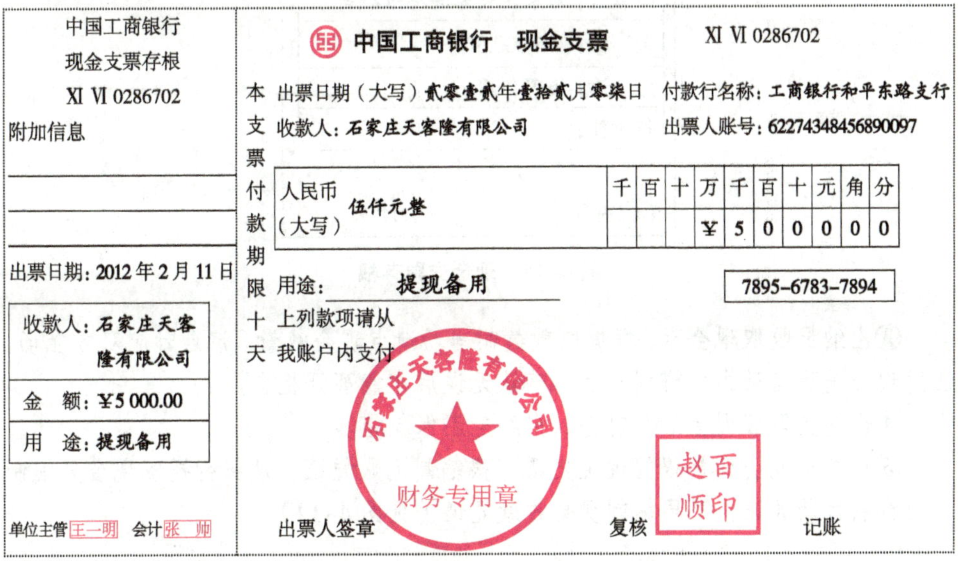

图 4-9　出纳员填写现金支票正面

附加信息：	
	石家庄天客隆有限公司 财务专用章
	赵百顺印
	收款人签章 2012 年 12 月 7 日
身份证件名称：	发证机关：
号码	

图 4-10　出纳员填写现金支票背面

　　②出纳员将填好的现金支票从裁剪线处裁剪，将支票存根作为提取现金的原始凭证（见图 4-11）。将支票正联交给银行，作为提取现金的凭证。

中国工商银行
现金支票存根
XI VI 0286702

附加信息

_____

出票日期：2012 年 12 月 7 日

收款人：石家庄天客隆有限公司
金　额：￥5 000.00
用　途：提现备用
备　注：

单位主管 王一明　　　会计 张帅

图 4-11　现金支票存根

　　③出纳员收取现金后，根据取款数额当场清点现金数量。清点时应双方在场，注意现金是否有破损，辨别真伪，确认无误后才能离开柜台。

　　④出纳员取回现金后及时存入出纳专用保险柜。

　　⑤出纳员或会计员根据现金支票存根编制记账凭证，从银行提取现金只编制银行存款付款凭证，不再编制现金收款凭证（见图 4-12）。

付 款 凭 证

银付字第 16 号

2012 年 12 月 7 日　　　　　　　　贷方科目：**银行存款**

摘　要	借　方		金　额										√
	总账科目	明细科目	亿	千	百	十	万	千	百	十	元	角	分	
提取现金备用	库存现金							5	0	0	0	0	0	√
合　计　金　额							¥	5	0	0	0	0	0	√

附单据 1 张

会计主管：　　　　记账：　　　　审核：刘海燕　　　　制单：张　杰

图 4-12　出纳员填制记账凭证

⑥出纳员根据审核无误的记账凭证，登记现金日记账（如图 4-13 所示）和银行存款日记账（如图 4-14 所示）。

现金日记账

第 2 页

2012 年		凭　证		摘　要	对方科目	借　方	贷　方	余　额
月	日	种类	号数					
12	1			承前页				1 648.00
	7	银付	16	提取现金备用	银行存款	5 000.00		
				本日小计		5 000.00		6 648.00

图 4-13　出纳员登记现金日记账

银行存款日记账

第 76 页

2012 年		凭　证		摘　要	对方科目	借　方	贷　方	余　额
月	日	种类	号数					
12	6			承前页				64 800.00
	7	银付	16	提取现金备用	库存现金		5 000.00	
				本日小计			5 000.00	59 800.00

图 4-14　出纳员登记银行存款日记账

（二）转账支票的结算流程

1. 转账支票的传递流程

（1）借记支票的传递流程（如图4-15所示）。由收款人（持票人）提示付款的支票称作借记支票，通常企业收受的支票都属于借记支票。付款单位使用转账支票办理转账时，直接将转账支票交给收款单位，收款单位出纳人员填写一式三联的进账单（分别是回单联、贷方凭证和收账通知），委托其开户行代收。银行当即盖章后退回进账单第一联（回单）给收款单位，办妥转账后再将进账单第三联（收账通知）退回收款单位。

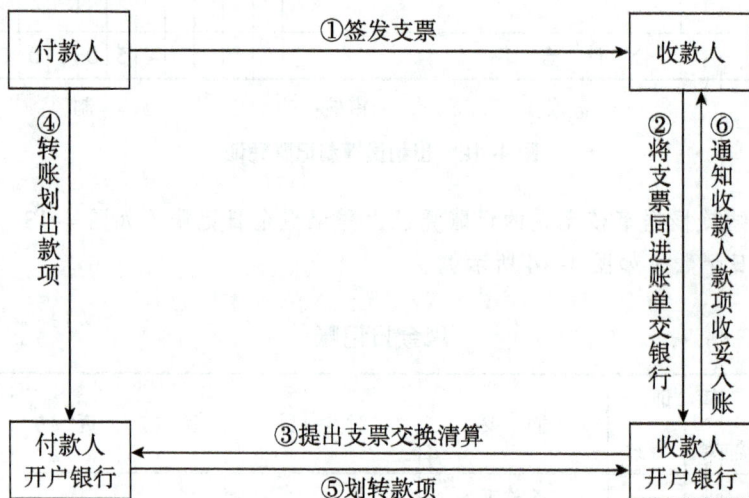

图4-15　借记支票处理程序图

（2）贷记支票的传递流程（如图4-16所示）。由付款人提示付款的支票称作贷记支票。企业购买商品或接受劳务后，由付款单位签发支票直接交付付款单位开户银行办理款项划拨的，付款单位财务部门应填制一式三联进账单，委托其开户银行将款项划转给收款单位。在进账单上，本单位为付款人，对方单位为收款人。填制完后连同转账支票一并送本单位开户银行。银行接到转账支票和进账单后按规定进行审查，审查无误后在三联进账单上加盖"转讫"章，将进账单第一联（回单）退回付款单位。办妥转账后，将进账单第三联（收账通知）送收款单位，收款单位收到银行转来的进账单后，编制银行存款收款凭证，确认银行存款收款。

2. 付款方签发转账支票的业务流程

（1）借记支票的业务处理流程。

①出纳员正确填写转账支票。企业根据购买商品的实际情况签发转账支票，要求出纳员正确填写，并加盖预留银行印鉴。

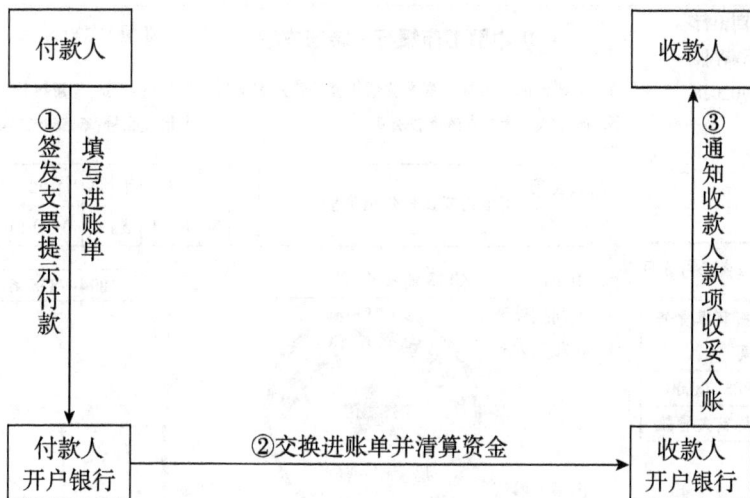

图 4-16 贷记支票处理程序图

②出纳员或会计员编制记账凭证。将加盖预留银行印鉴的支票正联交给收款单位，将支票存根联撕下，作为编制记账凭证的依据。

③登记银行存款日记账。出纳员根据审核无误的记账凭证，登记银行存款日记账。

（2）贷记支票的业务处理流程。

①出纳员填写转账支票和一式三联的银行进账单。

②传递凭证。付款单位出纳员将支票正联和银行进账单交给开户行，退回的进账单回单和支票存根为编制记账凭证的依据。

③出纳员或会计员编制记账凭证。

④登记银行存款日记账。出纳员根据审核无误的记账凭证，登记银行存款日记账。

（3）付款方出纳账务处理。

【案例 4-2】2012 年 12 月 8 日，苏中吉达有限责任公司开出转账支票（如图 4-17 所示）归还前欠黄河有限责任公司货款 885 500.00 元。请付款方出纳——苏中吉达有限责任公司办理相关业务。

①填写支票。正确填写转账支票（如图 4-17 所示），并由印鉴管理人员加盖预留银行印鉴。

②出纳员或会计员编制记账凭证。将加盖预留银行印鉴的支票正联交给收款单位，将支票存根联撕下（见图 4-18），作为编制记账凭证的依据，出纳员编制付款凭证（如图 4-19 所示）。

中国工商银行 现金支票存根 XI VI 6702028 附加信息 _____ _____ _____ 出票日期：2012 年 2 月 8 日 收款人：**黄河有限责任 公司** 金　额：¥885 500.00 用　途：偿还前欠货款 单位主管 **罗新艳**　会计 **王宇飞**	中国工商银行　转账支票　　　　XI VI 6702028 本支票付款期限十天

出票日期（大写）**贰零壹贰年壹拾贰月零捌日**　付款行名称：**工商银行苏州路支行**
收款人：**黄河有限责任公司**　出票人账号：**64568922743094807**

人民币（大写）	**捌拾捌万伍仟伍佰元整**	千	百	十	万	千	百	十	元	角	分
			¥	8	8	5	5	0	0	0	0

用途：　**偿还前欠货款**　　　　　1894–7895–6783

上列款项请从我账户内支付

出票人签章　　　　复核 **王长沙印**　　记账

图 4-17　出纳员签发转账支票

中国工商银行 现金支票存根 XI VI 6702028
附加信息 _____ _____ _____
出票日期：2012 年 12 月 8 日
收款人：**黄河有限责任公司**
金　额：¥885 500.00
用　途：**偿还前欠货款**
备　注：
单位主管 **罗新艳**　　会计 **王宇飞**

图 4-18　转账支票存根

付 款 凭 证　　　　　　　银付字第 17 号
2012 年 12 月 8 日　　　　　贷方科目：**银行存款**

摘　要	借　方		金　额										√	
	总账科目	明细科目	亿	千	百	十	万	千	百	十	元	角	分	
偿还前欠货款	应付账款	黄河有限责任公司				8	8	5	5	0	0	0	0	√
合 计 金 额			¥		8	8	5	5	0	0	0	0		√

附单据1张

会计主管：　　　记账：　　　审核：**王宇飞**　　　制单：**刘文秀**

图 4-19　出纳员填制记账凭证

③登记银行存款日记账。出纳员根据审核无误的记账凭证，登记银行存款日记账（如图 4-20 所示）。

银行存款日记账　　　　　　　　　　第 76 页

2012年		凭证		摘要	对方科目	借方	贷方	余额
月	日	种类	号数					
12	6			承前页				1 064 800.00
	8	银付	17	偿还前欠货款	应付账款		885 500.00	
				本日小计			885 500.00	179 300.00

图 4-20　出纳员登记银行存款日记账

3. 收款方收受转账支票的业务流程

（1）借记支票的业务处理流程。

①出纳员审核收到的转账支票。出纳人员收到的转账支票，应注意审核的内容是：支票收款人或被背书人是否是本单位；支票签发日期是否在付款期内；大小写金额是否一致；背书是否连续，有无"不得转让"字样；盖章是否齐全、清晰；大小写金额、签发日期和收款人有无更改。

②传递转账支票。将审核无误的转账支票传递给印鉴管理员，由其在背面加盖预留银行印鉴。

③出纳员按要求填写银行进账单，或办理背书转让。

④办理进账。出纳员将支票正联和填好的进账单交给开户银行委托银行收款。

⑤编制记账凭证。出纳员或会计员根据银行受理的进账单回单编制记账凭证。

⑥登记银行存款日记账。出纳员根据审核无误的记账凭证登记银行存款日记账。

（2）贷记支票的业务处理流程。

①出纳员审核收到银行的进账单第三联收款通知。贷记支票的业务，企业作为收款人实际上没有收到出票人签发的支票，收款单位要等付款人代为转账后，收到银行的进账单第三联（收账通知）。

②编制记账凭证。出纳员或会计员，根据进账单（第三联收账通知）和相应的发票、单据等原始凭证，编制记账凭证。

③登记银行存款日记账。出纳员根据审核无误的记账凭证登记银行存款日记账。

（3）收款方出纳的账务处理。

【案例4-3】2012年12月8日，苏中吉达有限责任公司开出转账支票（如图4-17

所示）归还前欠黄河有限责任公司货款 885 500.00 元。请收款方出纳——黄河有限责任公司办理相关业务。

①出纳员审核收到的转账支票。

②传递转账支票。将审核无误的支票传递给印鉴管理员，加盖预留银行印鉴（如图 4-21 所示）。

附加信息：	被背书人：工商银行昆仑大街分行	
	黄河有限责任公司 财务专用章	委托收款 李玉刚印 背书人签章 2012 年 12 月 8 日
	身份证件名称： 发证机关：	
	号码	

图 4-21 转账支票背书

③出纳员按要求填写银行进账单（如图 4-22 所示）。

中国工商银行进账单（回单） 1

2012 年 12 月 8 日

出票人	全　称	苏中吉达有限责任公司	收款人	全　称	黄河有限责任公司
	账　号	64568922743094807		账　号	567879898980987
	开户银行	工商银行苏州路支行		开户银行	工商银行昆仑大街分行
金额	人民币（大写）捌拾捌万伍仟伍佰元整			千 百 十 万 千 百 十 元 角 分	¥ 8 8 5 5 0 0 0 0
票据种类	转账支票	票据张数	1		
票据号码	6702028				
	复核： 记账：			中国工商银行上海市昆仑大街分行 2012.12.08 票据受理专用章 收妥抵用 开户银行盖章	

此联是收款人开户银行交持票人的回单

图 4-22 出纳员填写银行进账单

④办理进账。出纳员将支票正联（见图 4-21）和填好的进账单（见图 4-22）交给开户银行委托银行收款。

⑤编制记账凭证。出纳员或会计员根据银行受理的进账单回单（见图 4-22）编制记账凭证（如图 4-23 所示）。

收 款 凭 证

2012 年 12 月 8 日

银收字第 21 号

借方科目：**银行存款**

摘 要	贷 方		金 额											√
	总账科目	明细科目	亿	千	百	十	万	千	百	十	元	角	分	
收到前欠货款	**应收账款**	**苏中吉达有限责任公司**			8	8	5	5	0	0	0	0	0	√
合 计 金 额					¥	8	8	5	5	0	0	0	0	0	√

附单据 1 张

会计主管：　　记账：　　审核：赵彩丽　　制单：马宏志

图 4-23 出纳员填制记账凭证

⑥登记银行存款日记账。出纳员根据审核无误的记账凭证（见图 4-23）登记银行存款日记账（如图 4-24 所示）。

银行存款日记账

第 45 页

2012年		凭 证		摘 要	对方科目	借 方	贷 方	余 额
月	日	种类	号数					
12	7			承前页				106 800.00
	8	银收	21	收到前欠货款	应收账款	885 500.00		
				本日小计		885 500.00		992 300.00

图 4-24 出纳员登记银行存款日记账

任务三 银行汇票结算业务处理

🔒 **想一想**

2012 年 4 月 12 日，凯鑫贸易公司签发一张 50 000 元的银行汇票给新源发贸易公司用于结算货款，三个月后新源发贸易公司将此票据背书转让给了星帝有限公司，星帝有限公司出纳员持票据到银行办理转账业务，银行却不予受理。

问：①银行处理是否正确，为什么？

②如果你是星帝公司出纳员，应该怎样处理？

一、银行汇票的认知

1. 银行汇票的概念

银行汇票是指付款单位申请由出票银行签发的，由其在见票时按照实际结算金额无条件支付给收款人或持票人的票据。银行汇票可以用于转账结算，注明"现金"字样的银行汇票也可以支取现金。

银行汇票共四联，第一联为卡片联由出票银行留存；第二联为银行汇票由代理付款行留存；第三联是解讫通知联由代理付款行留存；第四联为多余款收账通知由申请人留存。

2. 银行汇票的特点

（1）适用范围广。银行汇票是目前异地结算中较为广泛采用的一种结算方式，既可以用于转账结算，也可以用来支取现金。

（2）票随人走，钱货两清。实行银行汇票结算，购货单位交款，银行开票，票随人走；购货单位购货给票，销售单位验票发货，一手交票，一手交货；银行见票付款。这样可以减少结算环节，缩短结算资金在途时间，方便购销活动。

（3）信用度高，安全可靠。银行汇票是银行在收到汇款人款项后签发的支付凭证，因而具有较高的信誉。银行保证支付，收款人持有票据，可以安全及时地到银行支取款项。汇票丢失，如果确属现金汇票，汇款人可以向银行办理挂失。

（4）使用灵活，适应性强。实行银行汇票结算，持票人可以将汇票背书转让给销货单位，现金汇票也可以通过银行办理分次支取或转让，另外还可以使用信汇、电汇或重新办理汇票等方式转汇款项，因而有利于购货单位在市场上灵活地采购物资。

（5）结算准确，余款自动退回。一般来讲，购货单位很难确定具体购货金额，因而出现汇多用少的情况是不可避免的。使用银行汇票结算则不会出现这种情况，单位持银行汇票购货，凡在汇票的汇款金额之内的，可根据实际采购金额办理支付，多余款项将由银行自动退回。

二、银行汇票结算的基本规定

1. 银行汇票的申请

银行汇票的签发和解付，只能向参加中国人民银行和商业银行领头的"全国联行往来"行动的银行机构申请办理，并交纳一定的手续费。企业申请使用银行汇票时，应填写"银行汇票申请书"，申请人或收款人为单位的，不得在"银行汇票申请书”上填明“现金”字样。

2. 银行汇票的使用范围

银行汇票适用于异地单位、个体工商户和个人之间需要支付的各种款项。凡在银行开立账户的单位、个体工商户和未在银行开立账户的个人，持现金都可以向银行申请办理银行汇票，而且也可以受理银行汇票。

3. 银行汇票的结算起点

银行汇票的结算金额起点为 500 元，500 元以下款项，银行不予办理银行汇票结算。

4. 银行汇票的有效期

银行汇票的提示付款期为自出票之日起一个月，持票人超过提示付款期向银行提示付款的，代理付款人（审核支付汇票款项的银行）不予受理。提示付款期，是指从签发之日起到办理兑付之日止的时期。这里所说的一个月，是指从签发日开始，不论月大月小，统一到下月对应日期止的一个月，如果到期日遇节假日则可以顺延。例如：某银行汇票的签发日为 4 月 1 日，则付款期到 5 月 1 日为止，恰逢 5 月 1 日为我国的法定节假日，则到期日可以顺延到 5 月 3 日假期结束。

5. 银行汇票的背书

（1）提示付款背书。持票人向银行提示付款时，应在银行汇票第二联背面“持票人向银行提示付款签章”处加盖预留银行印鉴（如图 4–25 所示），并将银行汇票（第二联）、解讫通知（第三联）和进账单送交开户银行办理转账。

被背书人：	被背书人：
背书人签章 年 月 日	背书人签章 年 月 日

持票人向银行 提示付款签章： 财务专用章 赵志华印	身份证件名称：	发证机关：
	号码	

图 4–25 银行汇票提示付款背书

（2）转让背书。收款人可以将银行汇票背书转让（如图 4–26 所示）、背书转让以不超过票面金额的实际结算金额为准。未填写实际结算金额或实际结算金额超过出票金额的银行汇票不得背书转让，填明“现金”字样的银行汇票不得背书转让。

被背书人：石家庄新力有限公司	被背书人：
（财务专用章 石家庄宏泰机械有限责任公司）（赵志华印）	
背书人签章 2012 年 2 月 18 日	背书人签章 年 月 日
持票人向银行 提示付款签章：	身份证件名称： 发证机关： 号码

图 4-26　银行汇票转让背书

6. 银行汇票的退款

申请出票企业因银行汇票超过提示付款期限或其他原因要求退款时，可以分以下不同情况向签发银行申请退款。

（1）在银行开立账户的申请单位要求银行退款时，应当向签发银行说明原因，并将未使用的"银行汇票联"和"解讫通知联"交回汇票签发银行办理退款，银行核对无误后将款项转入原申请单位账户。

（2）未在银行开立账户的申请单位要求银行退款时，应出具该单位证明与银行汇票（第二联）、解讫通知（第三联）一并提交到出票银行，银行审核后将款项转入原申请账户。

（3）申请单位因缺少"解讫通知联"或者"银行汇票联"而向签发银行申请退款时，应将剩余一联退给签发银行，并备函说明短缺的原因，经签发银行审查同意后于银行汇票提示付款期满一个月后办理退款手续。

7. 银行汇票的挂失

（1）填明"现金"字样和代理付款人的银行汇票丧失时，失票人可通知付款人或代理付款人挂失止付。

（2）失票人可凭人民法院出具的其享有票据权利的证明，向出票银行请求付款或退款。

三、银行汇票结算的业务处理

（一）银行汇票的结算流程

银行汇票结算的基本流程如图 4-27 所示。

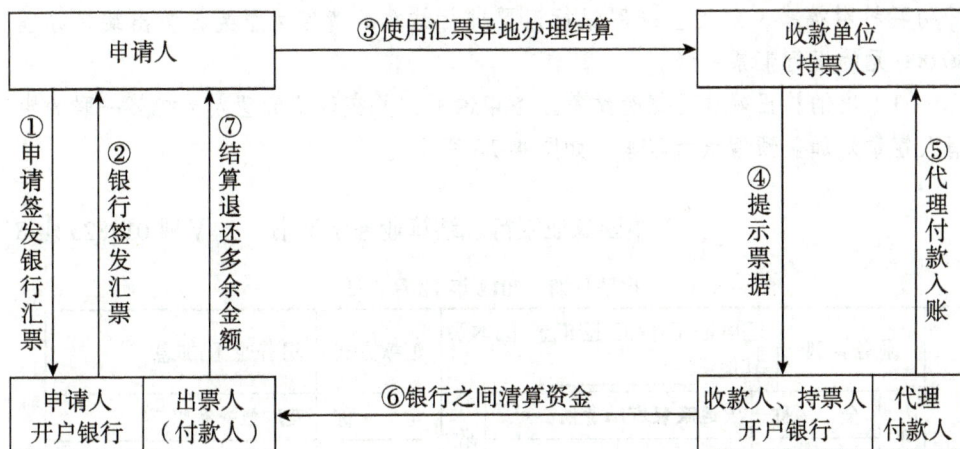

图 4-27　银行汇票的结算流程

（二）设置账户

为了核算企业除现金和银行存款以外的其他货币资金的收支和结存情况，企业应设置"其他货币资金账户"。该账户属于资产类，借方登记其他货币资金的增加数；贷方登记其他货币资金的减少数；期末借方余额反映企业实际持有的其他货币资金，该账户按资金的种类设置明细账进行核算。

（三）银行汇票的账务处理

1. 付款方出纳业务处理流程

（1）正确填写银行汇票业务申请书，并交印鉴管理人员在第一联的申请人签章处加盖预留银行印鉴。

（2）申请办理银行汇票。将一式三联的银行结算业务申请书递交给银行柜员，并将所需票款从付款人开户银行办理转账或直接交付现金，银行收妥款项后签发银行汇票。银行柜员将办理好的银行汇票第二联、第三联解讫通知联、结算业务申请书回单和手续费支付凭单一并交给付款人。

（3）编制记账凭证。将办理好的银行汇票第二联和第三联解讫通知联交给单位有关人员持票往异地办理结算，付款单位出纳员根据银行汇票业务申请书回单及手续费编制记账凭证。

（4）登记银行存款日记账。根据审核无误的记账凭证登记银行存款日记账和其他货币资金明细账。

（5）收回多余款项。若有多余款项，出纳根据银行转来的银行汇票第四联多余款收账通知编制记账凭证，登记银行存款日记账。

2. 付款方出纳账务处理举例

【案例 4-4】2012 年 12 月 6 日，宏运服装有限责任公司欲往天津佳美纺织厂购买材料棉布，经商量采用银行汇票进行结算，请宏运服装公司出纳员办理80 000 元的银行汇票一张。

（1）出纳员正确填写银行结算业务申请书，并交印鉴管理人员在第一联的申请人签章处加盖预留银行印鉴（如图 4-28 所示）。

中国农业银行　结算业务申请书　Ⅴ Ⅶ 0128232198

申请日期　2012 年 12 月 6 日

业务类型	□电汇 □信汇 ☑汇票 □本票 其他_____		汇款方式	☑普通 □加急	
申请人	全　　称	宏运服装有限责任公司	**收款人**	全　　称	天津佳美纺织厂
	账号或地址	7254361812345		账号或地址	5758772543898
	开户行名称	农业银行丽水市灯塔支行		开户行名称	农业银行天津市河西分行

客户填写	金额（大写）　人民币捌万元整	亿 千 百 十 万 千 百 十 元 角 分 　　　　¥ 8 0 0 0 0 0 0
	上列款项及相关费用请从我账户内支付	支付密码
	（财务专用章：宏运服装有限责任公司）（林志颖印） 申请人签章	附加信息及用途：购材料
银行打印		

会计主管：　　　　　　复核：　　　　　　记账：

第一联　记账联

图 4-28　填写银行结算业务申请书

（2）申请办理银行汇票。将一式三联的银行结算业务申请书递交给银行柜员，银行柜员将办理好的银行汇票第二联（如图 4-30 所示）、第三联解讫通知联（如图 4-31 所示）与结算业务申请书回单（如图 4-32 所示）、手续费支付凭单（如图 4-29 所示）一并交给付款人。

中国农业银行

邮电费、手续费、空白凭证收费单

单位名称：宏运服装有限责任公司　　　账号：7254361812345　　　　　2012 年 12 月 6 日

收费项目			金额
名　　称	数量	种　　类	农行丽水市
签发银行汇票	1	手续费	灯塔分行 50.00
			2012.12.06 转讫

人民币（大写）　伍拾元整　　　　　　小写：　¥50.00

付款单位（签章）　　　　　　　　　收款行（盖章）

图 4-29　手续费支付凭单

出票期
壹个月

中国农业银行

银 行 汇 票 2

汇票号码
第 21786 号

出票日期
（大写）　　貳零壹貳年壹拾貳月零陆日　　　代理付款行：农业银行天津市河西分行
　　　　　　　　　　　　　　　　　　　　　　　　　行号：54897

收款人：天津佳美纺织厂		账号：5758772543898									
出票金额	人民币（大写）　捌万元整										
实际结算金额	人民币（大写）		亿	千	百	十	万	千	百	十	元 角 分

申请人：宏运服装有限责任公司　　　账号或住址：7254361812345
出票行：农行丽水市灯塔支行
行　号：8549　　　　　　　密押：　　　　　　科目（借）
备　注：购材料　　　　　　　　　　　　　　　对方科目（贷）
凭票付款　汇票专用章　　　　　　　多余金额

	千	百	十	万	千	百	十	元	角	分

出票行签章　　　　　　　　　　　　　兑付日期　　年　月　日
2012 年 12 月 6 日　　　　　　　　　复核　　　　记账

此联代理付款行付款后作联行往账借方凭证附件

图 4-30　银行汇票第二联

出票期
壹个月

中国农业银行

银 行 汇 票（解讫通知） **3**

汇票号码
第 21786 号

出票日期	贰零壹壹年壹拾贰月零陆日	代理付款行：农业银行天津市河西分行
（大写）		行号：54897

收款人：天津佳美纺织厂　　　　账号：5758772543898

出票金额	人民币	
	（大写）	捌万元整

实际结算金额	人民币	亿 千 百 十 万 千 百 十 元 角 分
	（大写）	

申请人：宏运服装有限责任公司　　　账号或住址：7254361812345

出票行：农行丽水市灯塔支行

行　号：8549

备　注：购材料

凭票付款

	密押：		科目（借）＿＿＿＿
	多余金额		对方科目（贷）＿＿＿
出票行签章	千 百 十 万 千 百 十 元 角 分		兑付日期　年　月　日
2012 年 12 月 6 日			复核　　　记账

此联代理付款行兑付后寄出票行做多余款贷方凭证附件

图 4-31　银行汇票第三联解讫通知联

中国农业银行　结算业务申请书　　Ⅴ Ⅶ 0128232198

申请日期　2012 年 12 月 6 日

	业务类型	□电汇　□信汇　☑汇票　□本票 其他＿		汇款方式	☑普通　　□加急	
客户填写	申请人	全　　称	宏运服装有限责任公司	收款人	全　　称	天津佳美纺织厂
		账号或地址	7254361812345		账号或地址	5758772543898
		开户行名称	农业银行丽水市灯塔支行		开户行名称	农业银行天津市河西分行
	金额（大写）　人民币捌万元整			亿 千 百 十 万 千 百 十 元 角 分 ￥ 8 0 0 0 0 0 0		
	付款行签章： 农业银行丽水市 灯塔分行 2012.12.06 转讫			支付密码 附加信息及用途：购材料		
银行打印						

第三联 回单联

会计主管：　　　　　　　复核：　　　　　　　记账：

图 4-32　银行结算业务申请书回单

（3）编制记账凭证。付款单位出纳员或会计员，根据结算业务申请书回单和手续费支付凭单编制记账凭证（如图 4-33 所示）。

付 款 凭 证　　　　　银付字第 20 号

2012 年 12 月 6 日　　　　　　　贷方科目：**银行存款**

摘　要	借　方		金　额											√
	总账科目	明细科目	亿	千	百	十	万	千	百	十	元	角	分	
申请签发银行汇票	其他货币资金	银行汇票存款				8	0	0	0	0	0	0		√
	财务费用	手续费							5	0	0	0		
合　计　金　额					¥	8	0	0	5	0	0	0		√

附单据 1 张

会计主管：　　　记账：　　　审核：**张格玲**　　　制单：**赵冬梅**

图 4-33　出纳员填制记账凭证

（4）登记银行存款日记账。根据审核无误的记账凭证登记银行存款日记账（如图 4-34 所示）和其他货币资金明细账。

银行存款日记账　　　　　第 76 页

2012 年		凭　证		摘　要	对方科目	借　方	贷　方	余　额
月	日	种类	号数					
12	6			承前页				104 800.00
	6	银付	21	申请签发银行汇票	其他货币资金		80 000.00	
				手续费	财务费用		50.00	
				本日小计			80050.00	24 750.00

图 4-34　出纳员登记银行存款日记账

（5）收回多余款项。2012 年 12 月 18 日，出纳根据银行转来的银行汇票第四联多余款收账通知（如图 4-35 所示）编制记账凭证（如图 4-36 所示），登记银行存款日记账（如图 4-37 所示）。

出票期
壹个月

🌾 中国农业银行

银 行 汇 票（多余款收账通知）4

汇票号码
第 21786 号

出票日期
（大写）　贰零壹壹年壹拾贰月零陆日

代理付款行：农业银行天津市河西分行
行号：54897

收款人：天津佳美纺织厂　　账号：5758772543898

出票金额
（大写）　人民币　捌万元整

实际结算金额
（大写）　人民币　柒万零贰佰元整

亿	千	百	十	万	千	百	十	元	角	分
			¥	7	0	2	0	0	0	0

申请人：宏运服装有限责任公司
出票行：农行丽水市灯塔支行
行　号：8549
备　注：购材料
凭票付款

账号或住址：7254361812345

密押：

多余金额

千	百	十	万	千	百	十	元	角	分
			¥	9	8	0	0	0	0

科目（借）_____
对方科目（贷）_____

左列退回多余金额已收入你
账户内

出票行签章
2012 年 12 月 18 日

农业银行丽水市
灯塔分行
2012.12.18
转讫

此联出票行结清多余款项后交申请人

图 4-35　银行汇票第四联多余款收账通知

收款凭证　　　　　　　　银收字第 35 号

2012 年 12 月 18 日　　　　借方科目：**银行存款**

摘　要	贷　方		金　额										√
	总账科目	明细科目	亿	千	百	十	万	千	百	十	元	角	分	
收回银行汇票多余款	其他货币资金	银行汇票存款					9	8	0	0	0	0	√
合 计 金 额						¥	9	8	0	0	0	0	√

会计主管：　　　记账：　　　审核：赵彩丽　　　制单：马宏志

附单据1张

图 4-36　出纳员填制记账凭证

银行存款日记账   第 45 页

2012 年		凭 证		摘 要	对方科目	借 方	贷 方	余 额
月	日	种类	号数					
12	17			承前页				24 750.00
	18	银收	35	收回银行汇票多余款	其他货币资金	9 800.00		
				本日小计		9 800.00		34 550.00

图 4-37　出纳员登记银行存款日记账

3. 收款方出纳业务处理流程

（1）出纳员审核收到的银行汇票。审核内容包括：出票人是否签章，有无压数机压印出原金额、出票日期、金额、收款人名称是否更改、收款人是否为本单位；银行汇票是否在提示付款期内；必须记载的事项是否齐全；背书是否连续；银行汇票第二联和第三联是否相符。

（2）填写实际结算金额并背书。出纳员审核无误后，根据实际结算需要办理结算，将实际结算金额和多余金额，准确无误的填写到银行汇票第二联和第三联有关栏目内，全额解付的银行汇票，应在"多余金额"栏内写上"0"；并由印鉴管理人员在银行汇票第二联背面"持票人向银行提示付款签章"处加盖预留银行印鉴。

（3）出纳员填写银行进账单。根据实际结算金额填写银行进账单，将填写好的一式三联进账单连同银行汇票第二联和第三联同时交与银行，缺少任何一项均无效，银行将不予受理。

（4）编制记账凭证。收款人开户行办妥进账手续后，通知收款人入账，出纳根据开户银行退回的进账单第三联"收账通知"编制记账凭证。

（5）登记银行存款日记账。出纳员根据审核无误的记账凭证，登记银行存款日记账。

4. 收款方出纳账务处理举例

【案例 4-5】2012 年 12 月 13 日，天津佳美纺织厂销售给宏运服装有限责任公司产品一批（如图 4-38 所示）收到银行汇票，要求天津佳美纺织厂出纳办理相关业务。

（1）出纳员审核收到的银行汇票。

（2）正确填写实际结算金额并背书。出纳员审核无误后，将实际结算金额和多余金额，准确无误的填写到银行汇票第二联（如图 4-39 所示）和第三联（如图 4-41 所示）有关栏目内；并由印鉴管理人员在银行汇票第二联背面"持票人向银行提示付款签章"处加盖预留银行印鉴（如图 4-40 所示）。

天津市增值税专用发票

2800092530

发票联

全国统一发票监制章

此联不作报销、扣税凭证使用

№ 06660508

开票日期：2012 年 12 月 13 日

国税函 [2009] 102 号 江南票务印刷业公司

购货单位	名　　　称：宏运服装有限责任公司 纳税人识别号：333226545678001 地址、电话：丽水市中山街 406 号　2213695 开户行及账号：农行灯塔支行 7254361812345	密码区	（略）

货物或应税劳务名称	规格	单位	数量	单价	金额	税率	税额
棉布	副宽 110cm	米	5 000	12	60 000.00	17%	10 200.00

价税合计（大写）	人民币柒万零贰佰元整	￥70 200.00

销货单位	名　　　称：天津佳美纺织厂 纳税人识别号：34657658768769 地址、电话：天津市河西路 23 号 89766555 开户行及账号：农行河西分行 5758772543898	备注	34657658768769 银行汇票结算 发票专用章

收款人：　　　复核：　　　开票人：　　　销货单位：（章）

第三联　记账联　销货方作记账凭证

图 4-38　销售发票

出票期 壹个月

🏦 **中国农业银行**

银 行 汇 票 2

汇票号码 第 21876 号

出票日期（大写）	贰零壹贰年壹拾贰月零陆日	代理付款行：农业银行天津市河西分行 行号：54897

收款人：天津佳美纺织厂	账号：5758772543898

出票金额	人民币（大写）	捌万元整		

实际结算金额	人民币（大写）柒万零贰佰元整	亿 千 百 十 万 千 百 十 元 角 分 ￥ 7 0 2 0 0 0 0

申请人：宏运服装有限责任公司　账号或住址：7254361812345

出票行：农行丽水市灯塔支行

行　号：8549

备　注：购材料

凭票付款

2012.12.06

汇票 出票行签章

2012 年 12 月 6 日

密押：	科目（借）
多余金额	对方科目（贷）

千 百 十 万 千 百 十 元 角 分 ￥ 9 8 0 0 0 0	兑付日期　年　月　日 复核　　　记账

此联代理付款行付款后作联行往账借方凭证附件

图 4-39　出纳员填写实际结算金额

被背书人：农业银行天津市河西分行委托收款	被背书人

背书人签章　　　　　　　　　　背书人签章
年　月　日　　　　　　　　　　年　月　日

持票人向银行 提示付款签章：	身份证件名称：	发证机关：
	号码	

图4-40　提示付款背书加盖预留银行印鉴

出票期
壹个月

中国农业银行

银 行 汇 票（解讫通知）3　　　汇票号码
第21786号

出票日期（大写）贰零壹壹年壹拾贰月零陆日

代理付款行：农业银行天津市河西分行
行号：54897

收款人：天津佳美纺织厂　　　账号：5758772543898

出票金额　人民币（大写）捌万元整

实际结算金额　人民币（大写）柒万零贰佰元整

	亿	千	百	十	万	千	百	十	元	角	分
			¥	7	0	2	0	0	0	0	

申请人：宏运服装有限责任公司　　账号或住址：7254361812345
出票行：农行丽水市灯塔支行
行　号：8549
备　注：购材料
凭票付款

密押：
多余金额

科目（借）　　　　
对方科目（贷）　　

千	百	十	万	千	百	十	元	角	分
				¥	9	8	0	0	0	0

兑付日期　年　月　日
复核　　　记账

出票行签章
2012年12月6日

此联代理付款行兑付后寄出票行做多余款贷方凭证附件

图4-41　出纳员填写实际结算金额

（3）出纳员填写银行进账单。根据实际结算金额填写银行进账单，将填写好的一式三联进账单（如图4-42所示）连同银行汇票第二联（见图4-39）和第三联（见图4-41）同时交与银行，缺少任何一项均无效，银行将不予受理。

中国农业银行**进账单**（回单）1

2012 年 12 月 13 日

出票人	全　称	宏运服装有限责任公司		收款人	全　称	天津佳美纺织厂										
	账　号	7254361812345			账　号	5758772543898										
	开户银行	农业银行丽水市灯塔支行			开户银行	农业银行天津市河西分行										
金额	人民币（大写）柒万零贰佰元整						千	百	十	万	千	百	十	元	角	分
								¥	7	0	2	0	0	0	0	0
票据种类	银行汇票	票据张数	1													
票据号码		21786														

中国农业银行天津市
河西区分行
2012.12.13
票据受理专用章
收妥抵用

复核：　　　　记账：　　　　　　　　　　　　收款人开户银行盖章

此联是收款人开户银行交收款人的回单

图 4-42　出纳员填写银行进账单

（4）编制记账凭证。收款人开户行办妥进账手续后，出纳员或会计员根据开户银行退回的进账单回单（见图4-42）编制记账凭证（如图4-43所示）。

收款凭证　　　　　　　　　　　　　　　银收字第 45 号

2012 年 12 月 13 日　　　　　　　　　　借方科目：**银行存款**

摘　要	贷　方		金　额										√
	总账科目	明细科目	亿	千	百	十	万	千	百	十	元	角	分	
销售商品	主营业务收入	棉布					6	0	0	0	0	0	0	√
	应交税费	应交增值税（销项）					1	0	2	0	0	0	0	
合 计 金 额						¥	7	0	2	0	0	0	0	√

会计主管：　　　　记账：　　　　审核：李树勇　　　　制单：卢利奇

附单据2张

图 4-43　出纳员填制记账凭证

（5）登记银行存款日记账。出纳员根据审核无误的记账凭证（见图4-43），登记银行存款日记账（如图4-44所示）。

银行存款日记账　　　　　　　　　　第 65 页

2012年		凭 证		摘 要	对方科目	借 方	贷 方	余 额
月	日	种类	号数					
12	13			承前页				18 000.00
	13	银收	45	销售商品	主营业务收入	60 000.00		
				税费（进）	应交税费	10 200.00		
				本日小计		70 200.00		88 200.00

图4-44　出纳员登记银行存款日记账

任务四　银行本票结算业务处理

🔒 想一想

华明机械厂某采购员持由该厂开户银行签发的银行本票，前往某钢铁公司购置一批价值20万元的材料，在途中由于保管不慎其银行本票被盗？随后，华明机械厂根据采购员报告，通知银行本票的付款银行要求挂失止付，但银行对上述情况进行审查后拒绝办理挂失止付？

问：①银行处理是否正确，为什么？
　　②华明机械厂在被银行拒绝办理挂失止付后，可采取哪些措施维护自己的权益？

一、银行本票的认知

1. 银行本票的概念

银行本票是由银行签发的，承诺自己在见票时无条件支付确定金额给收款人或者持票人的票据。银行本票可以用于转账，注明"现金"字样的银行本票也可以支取现金。

银行本票一式两联：第一联由出票行留存，结清本票时作支付凭证附件。第二联由出票行结清本票时作支付凭证。用于转账兑付的本票需划去"现金"二字，按照规定可以支取现金的则划去"转账"二字，未划去的一律按转账处理（如图4-45所示）。

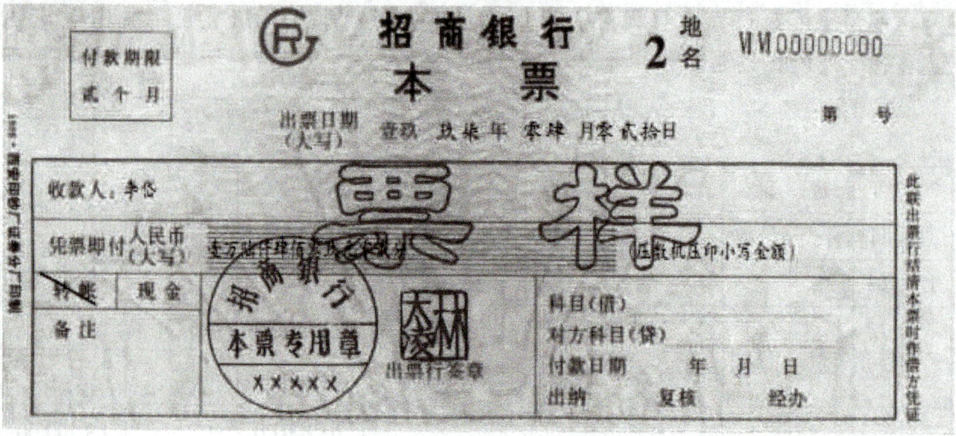
付款期限
贰个月
招商银行
本票
2
地名
WW00000000
出票日期
（大写）
壹玖 玖柒年 零肆 月零贰拾日
第 号
票样
收款人：李冬
凭票即付
人民币
（大写）
（压数机压印小写金额）
转账
现金
备注
招商银行
本票专用章
×××××
出票行签章
科目（借）
对方科目（贷）
付款日期 年 月 日
出纳 复核 经办

图 4-45 银行本票票样

2. 银行本票的特点

（1）使用方便。单位、个体经商户和个人不管其是否在银行开户，他们之间在同城范围内的所有商品交易、劳务供应以及其他款项的结算都可以使用银行本票。收款单位持银行本票可以办理转账结算，个人也可以支取现金，同样也可以背书转让。银行本票见票即付，结算迅速。

（2）信誉度高，支付能力强。银行本票是由银行签发，并于见票时由签发银行无条件支付，因而信誉度很高，一般不存在得不到正常支付的问题。

二、银行本票结算的基本规定

1. 银行本票的申请

企业申请使用银行本票时，应向银行填写“银行本票申请书”，并交纳一定数额的手续费。申请人或收款人为单位的，不得申请签发带有“现金”字样的银行本票。

2. 银行本票的使用范围

银行本票结算适用于单位和个人在同城范围内或同一票据交换区域内的商品交易、劳务供应以及其他款项的结算。

3. 银行本票的结算起点

银行本票的结算起点为 100 元，低于 100 元的款项不得签发银行本票。

4. 银行本票的有效期

银行本票的提示付款期自出票之日起 2 个月，持票人超过提示付款期限提示付款的，代理付款行不予受理。

5. 银行本票的背书

（1）提示付款背书。持票人向银行提示付款时，应在银行本票背面“持票人向银行提示付款签章”处加盖预留银行印鉴（如图 4-46 所示），并将银行本票和进账单送交开户银行办理转账。

被背书人		被背书人	
	背书人签章 年　月　日		背书人签章 年　月　日
持票人向银行 提示付款签章： （财务专用章）（赵志华印）	身份证件名称： 号码	发证机关：	

图 4-46　银行本票提示付款背书

（2）转让背书。收款人可以将银行本票背书转让（如图 4-47 所示），填明"现金"字样的银行本票不得背书转让。

被背书人：石家庄新力有限公司		被背书人	
（财务专用章）（赵志华印）	背书人签章 2012 年 2 月 18 日		背书人签章 年　月　日
持票人向银行 提示付款签章：	身份证件名称： 号码	发证机关：	

图 4-47　银行本票转让背书

6. 银行本票的退款

银行本票见票即付，银行不主动退回多余款。申请出票企业因银行本票超过提示付款期限或其他原因要求退款时，可以分以下不同情况向签发银行申请退款。

（1）在银行开立账户的申请单位要求银行退款时，应当向签发银行说明原因，并填写银行进账单一并交银行，待银行办妥退款手续后，凭银行进账单的收账通知进行账务处理。

（2）未在银行开立账户的申请单位要求银行退款时，应出具该单位证明，并在银行本票背面签章，提交有关证件，经银行审核无误后方予退款。

7. 银行本票的挂失

（1）填明"现金"字样的银行本票丧失时，失票人可通知付款人或代理付款人挂失止付。

（2）银行本票见票即付，转账的银行本票不予挂失，失票人可凭人民法院出具的其享有票据权利的证明，向出票银行请求付款或退款。

三、银行本票结算的业务处理

（一）银行本票的结算流程（如图4-48所示）

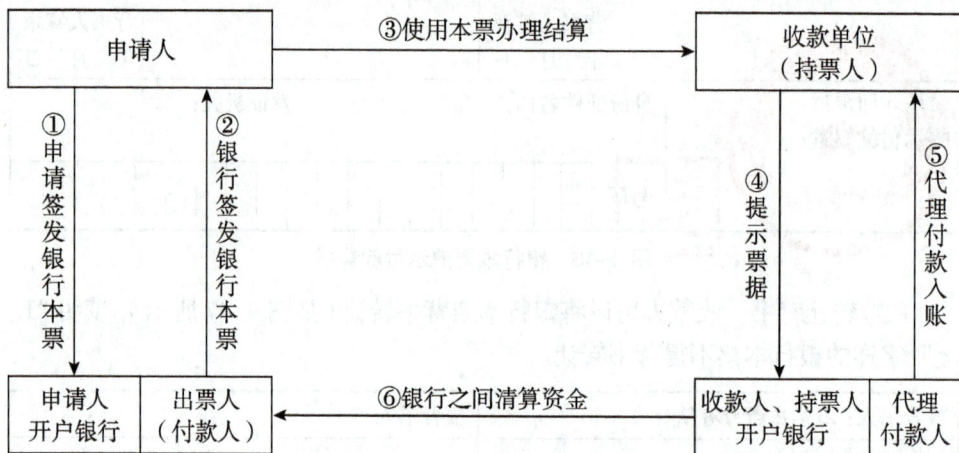

图4-48　银行本票结算流程

（二）设置账户

银行本票核算应设置"其他货币资金——银行本票存款"账户，该账户属于资产类，借方登记其他货币资金的增加数；贷方登记其他货币资金的减少数；期末借方余额反应企业实际持有的其他货币资金数额。

（三）银行本票的账务处理

1. 付款方出纳业务处理流程

（1）填写银行结算业务申请书，并交印鉴管理员在第一联的申请人签章处加盖预留银行印鉴。

（2）申请办理银行本票。将一式三联的银行结算业务申请书递交给银行柜员，银行收妥款项后签发银行本票。银行柜员将办理好的银行本票第二联、结算业务申请书回单和手续费支付凭单一并交给申请人。

（3）编制记账凭证。将办理好的银行本票第二联交给单位有关人员持票办理结算，付款单位出纳员或会计员根据结算业务申请书回单及手续费凭单编制记账凭证。

（4）登记银行存款日记账。根据审核无误的记账凭证登记银行存款日记账和其他货币资金明细账。

2. 付款方出纳账务处理举例

【案例4-6】2012年12月16日，杭州市机电设备有限公司购买圆钢一批，经协商采用银行本票进行结算，请杭州机电设备有限公司出纳王玲玲办理

100 000 元的银行本票一张。

（1）出纳员正确填写银行结算业务申请书，并交印鉴管理人员在第一联的申请人签章处加盖预留银行印鉴（如图 4-49 所示）。

图 4-49　填写银行结算业务申请书

（2）申请办理银行本票。将一式三联的银行结算业务申请书递交给银行柜员，银行收妥款项后签发银行本票。银行柜员将办理好的银行本票第二联（如图 4-50 所示）、结算业务申请书回单（如图 4-51）以及手续费支付凭单（如图 4-52 所示）一并交给申请人。

图 4-50　签发银行本票

中国工商银行　结算业务申请书　Ⅴ Ⅶ 0128232198

申请日期　2012 年 12 月 16 日

业务类型		□电汇　□信汇　□汇票　☑本票 其他		汇款方式	☑普通　□加急	
客户填写	申请人	全　　称	杭州市机电设备有限公司	收款人	全　　称	杭州市建达钢铁公司
		账号或地址	7123452543618		账号或地址	7725457583898
		开户行名称	工商银行杭州市鲲鹏路支行		开户行名称	农业银行杭州市熙宁分行

金额（大写）　人民币壹拾万元整　　　亿 千 百 十 万 千 百 十 元 角 分
　　　　　　　　　　　　　　　　　¥ 1 0 0 0 0 0 0 0

付款行签章　*工商银行杭州市鲲鹏路支行 2012.12.16 转讫*

支付密码

附加信息及用途：购材料

银行打印

第三联 回单联

会计主管：　　　　　复核：　　　　　记账：

图 4-51　银行结算申请书回单

中国工商银行

邮电费、手续费、空白凭证收费单

单位名称：杭州市机电设备有限公司　　账号：7123452543618　　　2012 年 12 月 16 日

收费项目			金　额
名称	数量	种类	
银行本票	1	手续费	*工商银行* 50.00 *杭州市鲲鹏路支行 2012.12.16 转讫*

人民币（大写）　伍拾元整　　　小写：　¥50.00

付款单位（签章）　　　　　收款行（盖章）

图 4-52　银行本票手续费凭单

（3）编制记账凭证。申请单位出纳员或会计员根据结算业务申请书回单（见图 4-51）和收费凭单（见图 4-52）编制记账凭证（如图 4-53 所示）。

付 款 凭 证　　　　　　　　　银付字第 22 号

2012 年 12 月 16 日　　　　　　　贷方科目：**银行存款**

摘　要	借　方		金　额											√
	总账科目	明细科目	亿	千	百	十	万	千	百	十	元	角	分	
申请签发银行本票	其他货币资金	银行本票存款		1	0	0	0	0	0	0	0	0		√
	财务费用	手续费								5	0	0	0	
合 计 金 额				¥	1	0	0	0	5	0	0	0		√

附单据 1 张

会计主管：　　　记账：　　　　　审核：张艾嘉　　　　制单：王玲玲

图 4-53　出纳员编制记账凭证

（4）登记银行存款日记账。根据审核无误的记账凭证登记银行存款日记账（如图 4-54 所示）和其他货币资金明细账（略）。

银行存款日记账　　　　　　　　　第 76 页

2012 年		凭　证		摘　要	对方科目	借　方	贷　方	余　额
月	日	种类	号数					
12	16			承前页				140 100.00
	16	银付	22	申请签发银行本票	其他货币资金		100 000.00	
				手续费	财务费用		50.00	
				本日小计			100 050.00	40 050.00

图 4-54　出纳员登记银行存款日记账

3. 收款方出纳业务处理流程

（1）出纳员审核收到的银行本票。

（2）正确填写银行本票背面信息。出纳员审核无误后，并由印鉴管理人员在银行本票第二联背面"持票人向银行提示付款签章"处加盖预留银行印鉴；如果收款人为个人，在本票背面"持票人向银行提示付款签章"处加盖个人印章或本人签字，同时填写身份证件的名称和号码。

（3）出纳员填写银行进账单。根据审核无误的银行本票填写银行进账单，将填写好的一式三联进账单连同银行本票同时交与银行办理入账手续。

（4）编制记账凭证。收款人开户行办妥进账手续后，出纳根据开户银行退回的进账单回及收账通知单编制记账凭证。

（5）登记银行存款日记账。出纳员根据审核无误的记账凭证，登记银行存款日记账。

4.收款方出纳账务处理举例

【案例4-7】2012 年 12 月 18 日，杭州市建达钢铁公司销售圆钢，开具的增值税专用发票如图 4-55 所示，收到付款单位银行本票，请杭州市建达钢铁公司出纳办理银行本票结算。

浙江省增值税专用发票

211456674372　　　　　　　　　　**发票联**　　　　　　　　No 57887554

此联不作报销、扣税凭证使用　　开票日期：2012 年 12 月 18 日

购货单位	名　　　称：	杭州市机电设备有限公司					密码区		（略）		第三联 记账联 销货方记账凭证
	纳税人登记号：	7123452543618									
	地址、电话：	鲲鹏东路 133 号　83592222									
	开户银行账号：	工商银行杭州市鲲鹏路支行 7123452543618									
商品或劳务名称	规格型号	单位	数量	单价		金额		税率%	税　额		
圆钢		吨	40	2 000.00		80 000.00		17	13 600.00		
合　　计						￥80 000.00			￥13 600.00		
价税合计（大写）	人民币玖万叁仟陆佰元整				（小写）	￥93 600.00					
销货单位	名　　　称：	杭州市建达钢铁公司					备注				
	纳税人登记号：	112324360801881									
	地址、电话：	邯郸市裕华路93号　89429656									
	开户银行账号：	农业银行杭州市熙宁分行　7725457583898									

收款人：王小红　　复核：白婵娟　　开票人：刘石磊　　　销货单位：（章）

图 4-55　收款方开出销售发票

（1）出纳员审核收到的银行汇票。

（2）正确填写银行本票背面信息。出纳员审核无误后，由印鉴管理人员在银行本票第二联背面"持票人向银行提示付款签章"处加盖预留银行印鉴（如图 4-56 所示）。

被背书人：	被背书人
   背书人签章 年　月　日	 背书人签章 年　月　日
持票人向银行提示付款签章： 财务专用章	身份证件名称：　万浩然印 号码	发证机关：

图 4-56　提示付款背书

（3）出纳员填写银行进账单。将填写好的一式三联进账单（如图 4-57 所示）连同银行本票第二联同时交与银行。

中国农业银行**进账单**（回单）　1

2012 年 12 月 18 日

出票人	全　称	杭州市机电设备有限公司	收款人	全　称	杭州市建达钢铁公司
	账　号	7123452543618		账　号	7725457583898
	开户银行	工行杭州市鲲鹏路支行		开户银行	农业银行杭州市熙宁分行

金额（大写）	人民币　玖万叁仟陆佰元整	千	百	十	万	千	百	十	元	角	分
				￥	9	3	6	0	0	0	0

票据种类	银行汇票	票据张数	1
票据号码	A09878901		

中国农业银行杭州市
熙宁分行
2012.12.18
票据受理专用章
收妥抵用

复核：　　　　记账：　　　　　　　　　　　　　收款人开户银行盖章

此联是收款人开户银行交收款人的回单

图 4-57　出纳员填写银行进账单

（4）编制记账凭证。收款人开户行办妥进账手续后，出纳员或会计员根据开户银行退回的进账单回单（见图 4-57）编制记账凭证（如图 4-58 所示）。

收 款 凭 证　　　　　　　　　银收字第 15 号

2012 年 12 月 18 日　　　　　　借方科目：**银行存款**

摘　要	贷　方		金　额											√
	总账科目	明细科目	亿	千	百	十	万	千	百	十	元	角	分	
销售商品	主营业务收入	圆钢				8	0	0	0	0	0	0		√
	应交税费	应交增值税（销项）				1	3	6	0	0	0	0		
合　计　金　额					￥	9	3	6	0	0	0	0		√

附单据 1 张

会计主管：　　　　记账：　　　　审核：王志强　　　　　　　　制单：邵建丽

图 4-58　出纳员填制记账凭证

（5）登记银行存款日记账。出纳员根据审核无误的记账凭证（见图 4-58），登记银行存款日记账（如图 4–59 所示）。

银行存款日记账　　　　　　　　　　　　　　　第 65 页

2012年		凭证		摘　要	对方科目	借　方	贷　方	余　额
月	日	种类	号数					
12	18			承前页				18 000.00
	18	银收	15	销售商品	主营业务收入	80 000.00		
				税费	应交税费	13 600.00		
				本日小计		93 600.00		111 600.00

图 4–59　出纳员登记银行存款日记账

任务五　商业汇票结算业务处理

🔒 **想一想**

A 企业从 B 企业购进一批设备，价款 100 万元，A 企业开出一张以 A 企业为出票人和付款人，B 企业为收款人，付款期限为 6 个月的商业承兑汇票，同时 C 企业为该汇票提供了担保，保证 A 企业到期承兑该汇票。付款期满后，由于 A 企业财务发生危机，无款可付，B 企业就要求 C 企业支付该款项，但 C 企业拒绝付款？

问：请分析 C 企业是否要支付该笔款项，为什么？

一、商业汇票的认知

（一）商业汇票的概念

商业汇票是指由出票人签发的，委托付款人在指定日期无条件支付确定金额给收款人或持票人的票据。商业汇票的出票人可以是收款人，也可以是付款人或承兑申请人，承兑人为付款人。

（二）商业汇票的种类

商业汇票按不同标准进行分类，通常有以下两种：

1. 商业汇票按是否计息，分为带息与不带息商业汇票两种

带息票据是注明票面金额和票面利率并计算到期利息的商业汇票；不带息票据是只注明票面金额到期按票面金额结算票款的商业汇票。

2. 商业汇票按承兑人不同，分为商业承兑汇票和银行承兑汇票两种

所谓承兑，是指汇票的付款人愿意承担票面金额支付义务的行为，通俗地讲，就是付款人承认到期将无条件地支付汇票金额的行为。

商业承兑汇票是指由收款人签发，经付款人承兑，或者由付款人签发并自行承兑的汇票，其承兑人是银行以外的付款人。商业承兑汇票一式三联：第一联为“卡片”，此联承兑人留存；第二联为“汇票”；第三联为“存根”，此联出票人存查，商业承兑汇票格式如图 4-60 所示。

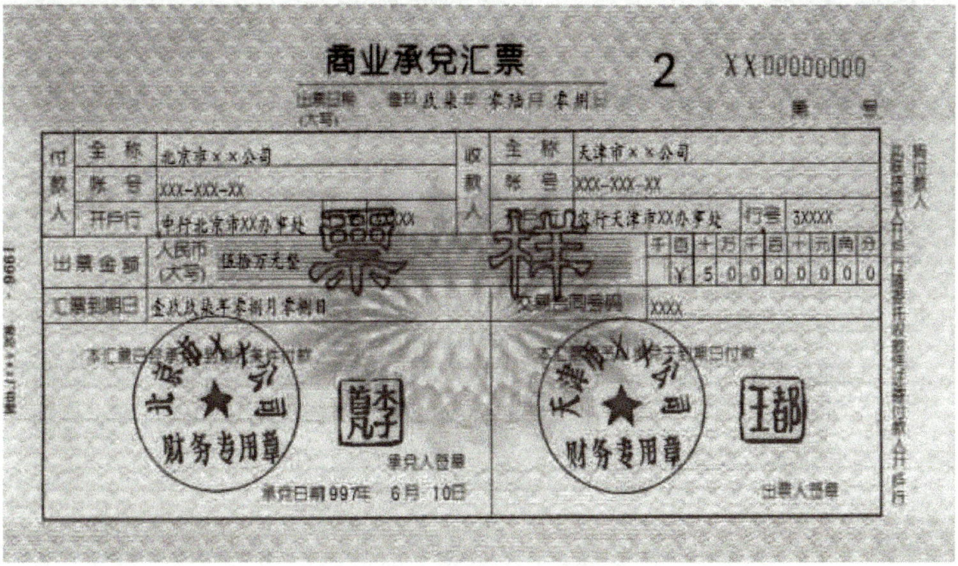
商业承兑汇票 2 XX00000000
付款人 全称 北京市××公司
账号 XXX-XXX-XX
开户行 中行北京市XX办事处
收款人 全称 天津市××公司
账号 XXX-XXX-XX
开户行 农行天津市XX办事处 行号 3XXXX
出票金额 人民币（大写） 伍拾万元整 ¥50000000
交易合同号码 XXXX
财务专用章
承兑人签章
承兑日期 1997年 6月 10日
出票人签章

图 4-60 商业承兑汇票票样

银行承兑汇票是指由付款人或承兑申请人签发，并由承兑申请人向开户银行申请，经银行审查同意承兑的汇票，其承兑人是银行。银行承兑汇票一式三联：第一联为“卡片”，此联承兑银行留存备查，到期支付票款作支付凭证附件；第二联为“汇票”，此联随委托收款凭证寄付款行作支付凭证附件；第三联为“存根”，此联出票人存查，银行承兑汇票格式如图 4-61 所示。

（三）商业汇票的特点

商业汇票主要有以下几个方面的特点：

（1）与银行汇票等结算方式相比，商业汇票的适用范围相对较窄，各企事业单位之间只有根据购销合同进行合法的商品交易，才能签发商业汇票。

（2）与银行汇票等结算方式相比，商业汇票的使用对象也相对较少。商业汇票的使用对象是在银行开立账户的法人。

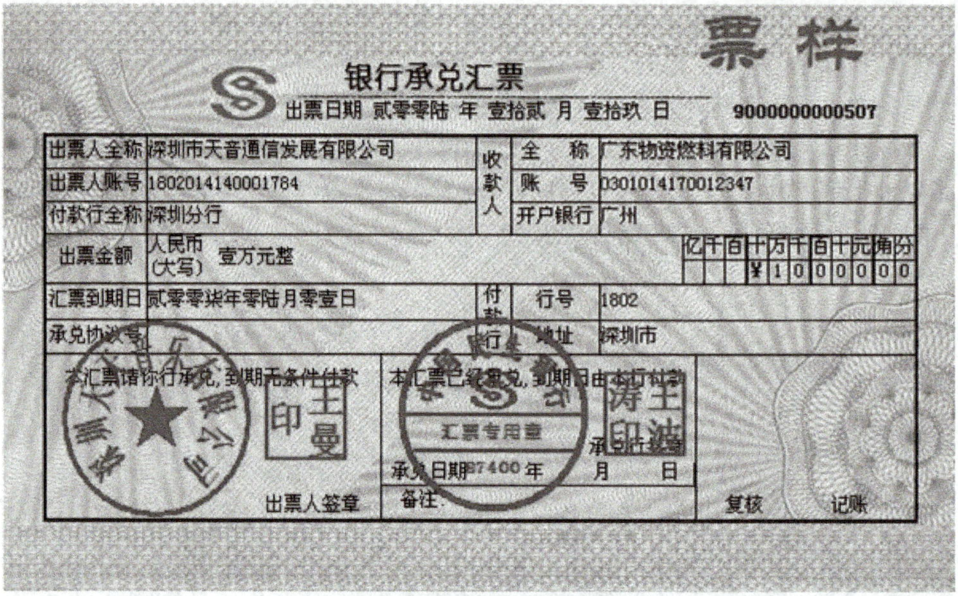
票样

银行承兑汇票

出票日期 贰零零陆 年 壹拾贰 月 壹拾玖 日　　9000000000507

出票人全称	深圳市天音通信发展有限公司	收款人	全　称	广东物资燃料有限公司
出票人账号	1802014140001784		账　号	0301014170012347
付款行全称	深圳分行		开户银行	广州
出票金额	人民币（大写）壹万元整		亿千百十万千百十元角分	¥1000000
汇票到期日	贰零零柒年零陆月零壹日	付款行	行号	1802
承兑协议号			地址	深圳市
本汇票请你行承兑，到期无条件付款 出票人签章		本汇票已经承兑，到期日由本行付款 承兑行签章 承兑日期　年　月　日 备注：		复核　记账

图 4–61　银行承兑汇票票样

（3）商业汇票可以由付款人签发，也可以由收款人签发，但都必须经过承兑。

（4）未到期的商业汇票可以到银行办理贴现，从而使结算和银行资金融通相结合，有利于企业及时地补充流动资金，维持生产经营的正常进行。

二、商业汇票结算的基本规定

（一）商业汇票的申请

企业领购商业汇票，必须填写“票据和结算凭证领用单”并签章，签章应与预留银行的签章相符。存款账户结清时，必须将全部剩余空白商业汇票交回银行注销。

（二）商业汇票的使用范围

商业汇票在同城、异地都可以使用，而且没有结算起点的限制。在银行开立存款账户的法人以及其他组织之间，根据购销合同进行合法商品交易所发生的款项结算，均可以使用商业汇票。

（三）商业汇票的有效期

商业汇票的付款期最长不得超过 6 个月，应在汇票到期日起 10 日内提示付款。持票人应在提示付款期内通过开户银行委托收款或者直接向付款人提示付款，对异地委托收款的，持票人可匡算邮程，提前通过开户行委托收款。持票人超过提示付款期提示付款的，持票人开户行不予受理。

（四）商业汇票的贴现

商业汇票贴现，是指商业汇票的持票人，将未到期的商业汇票转让给银行或非银行金融机构，银行或非银行金融机构按票面金额扣除贴现利息后，将余额付给持票人的票据融资行为。

贴现的期限从其贴现之日起至汇票到期日止；实付贴现金额按票面金额扣除贴现日至汇票到期前1日的利息计算；承兑人在异地的，贴现的期限以及贴现利息的计算应另加3天的划款日期。

1. 不带息商业汇票的贴现

贴现利息 = 票面金额 × 贴现天数 × 日贴现率（日贴现率 = 月贴现率 ÷ 30）

贴现金额 = 票面金额 − 贴现利息

2. 带息商业票据的贴现

$$到期值 = 票面金额 × \left(1+ 票面利率 × \frac{期限}{360}\right) = 年贴现率 ÷ 360$$

贴现利息 = 到期值 × 贴现天数 × 日贴现率（日贴现率 = 月贴现率 ÷ 30）

贴现金额 = 到期值 − 贴现利息

（五）商业汇票的背书

1. 委托收款背书

收款人或持票人委托开户银行收款，应做委托收款背书，在商业汇票背面背书人栏内签章处加盖预留银行印鉴；在背书栏内清晰记载"委托收款"字样，表明委托收款的意思；在被背书人栏记载被背书人名称，即委托人的开户行；填写背书日期，背书日期属相对应记载事项，一般应予记载，如果未记载，法律推定为票据到期日前背书（如图4-62所示）。

被背书人：工商银行杭州市鲲鹏路支行	被背书人：
委托收款 背书人签章 2012年12月4日	 背书人签章 年　月　日

图4-62　委托收款背书

2. 转让背书

转让背书是收款人或持票人将商业汇票权利转让给他人的一种票据行为。持票人将商业汇票背书转让时，应在商业汇票背面背书栏内签章处加盖预留银行印鉴；记载被背书人名称，即收款单位名称；记载背书日期（如图 4-63 所示）。

附加信息：	被背书人：**石家庄宏发商贸有限公司**
	背书人签章 **2012 年 8 月 11 日**

图 4-63　转让背书

（六）商业汇票的挂失

已承兑的商业汇票丧失，失票人可通知付款人或代理付款人挂失止付。填写挂失止付通知书，记载票据丧失的时间、地点及原因，票据种类、号码、金额、出票日期、付款人名称、收款人名称，挂失止付人的姓名、营业场所或住所以及联系方法，缺少一项，银行不予受理。

付款人或者代理付款人收到挂失止付通知后，查明挂失确未付款时应立即暂停支付。在挂失前已被支付的，对其付款不承担责任。

失票人办理挂失手续止付的，应在通知挂失止付的次日起 3 日内向人民法院申请公示催告或提起诉讼；付款人或代理付款人自收到挂失止付通知书之日起 12 日内没有收到人民法院的止付通知书的，自 13 日起，挂失止付通知书失效。

三、商业汇票结算的业务处理

（一）设置账户

为了核算企业商业汇票的增减变动及结余情况，企业应设置"应收票据"和"应付票据"账户进行核算。

"应付票据"账户属于负债类，该账户贷方登记开出、承兑商业汇票的面值及带息票据的预提利息；借方登记到期支付票据的金额和转出无力支付票据的金额；期末贷方余额反映尚未到期支付的票据面值和利息。

"应收票据"账户属于资产类，该账户借方登记取得商业汇票的面值和计提票据的利息；贷方登记到期收回、背书转让票款、向银行贴现的应收票据的票面金额或因承兑人到期无力支付而转出的面额及利息；期末借方余额反映尚未到期收回且未申请贴现的商业汇票面值和利息。

（二）商业承兑汇票的结算流程

1. 付款人签发商业承兑汇票（如图4-64所示）

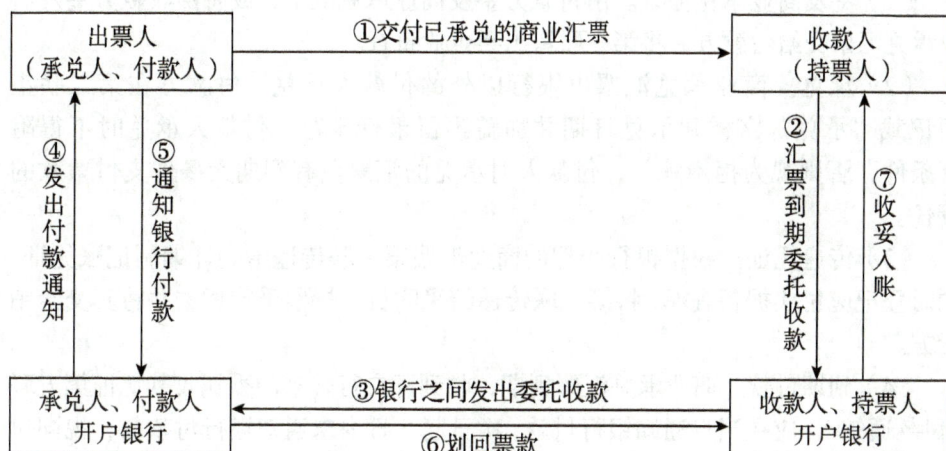

图 4-64　付款人签发商业承兑汇票流程

2. 收款人签发商业承兑汇票（如图4-65所示）

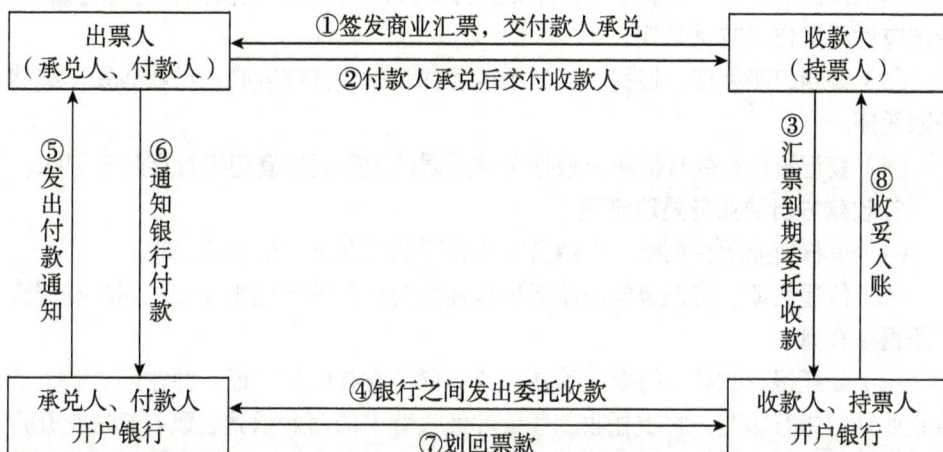

图 4-65　收款人签发商业承兑汇票流程

（三）商业承兑汇票的账务处理

1. 商业承兑汇票的规定

（1）出票及承兑。商业承兑汇票的出票人为在银行开立存款账户的法人及其他组织，可以由付款人签发并承兑，也可以由收款人签发交付款人承兑。

（2）付款人无款支付。银行在办理划款时，付款单位存款账户不足支付的，应填制付款人未付款通知书，连同商业承兑汇票邮寄持票人开户银行转交持票人。

2. 付款方出纳业务处理流程

（1）签发商业承兑汇票。由付款方签发商业承兑汇票，或者由收款方签发商业承兑汇票交给付款方，将第三联留出票企业备查。

（2）承兑。商业承兑汇票由银行以外的付款人承兑，付款方在第二联正面记载"承兑"字样和承兑日期并加盖预留银行印鉴。付款人承兑时不得附有条件，否则视为拒绝承兑，付款人对承兑的汇票负有到期无条件支付票款的责任。

（3）传递凭证。根据银行受理的商业汇票第一联传递给会计编制记账凭证，同时登记应付票据备查簿；将第二联传递给采购员，持票采购货物并将其交给销货方。

（4）到期付款。商业承兑汇票到期，收到开户行转来的委托收款凭证第五联（付款通知），应在当日通知银行付款；次日起 3 日内未通知银行付款的，视同付款人承诺付款。

银行在办理划款时，若企业无款支付或者拒绝付款，应填写未付款通知书或者拒付理由书告知收款人，连同商业汇票退还收款人或背书人，由其自行处理，银行不承担任何责任。付款企业会计员进行账务处理，将应付票据转为应付账款，借记应付票据贷记应付账款。

（5）编制记账凭证。根据银行转来的委托收款凭证第五联（付款通知）编制记账凭证。

（6）登记银行存款日记账。根据审核无误的记账凭证登记银行存款日记账。

3. 收款方出纳业务处理流程

（1）审核商业承兑汇票。出纳员审核收到的商业承兑汇票第二联。

（2）传递凭证。将发票等原始凭证传递给会计员编制记账凭证，同时登记银收票据备查簿。

（3）委托银行收款。持票人填制一式五联的委托收款凭证，并在第二联上加盖企业预留银行印鉴，将委托收款凭证和经过背书的商业承兑汇票一起送交开户银行委托收款。收款人开户行审核受理后，退回委托收款凭证第一联回单，开户行收妥款项后，再退回委托收款凭证第四联收账通知。

收款单位委托银行收款时，如果采用电报划款的，开户行填制一式四联电划贷方补充报单，第三联作收账通知。

若因付款单位无款支付或者拒绝付款，收款单位未收到票款，开户银行转来未付款通知书或拒付理由书和商业汇票，出纳员应联系付款单位进行追款。由会计员将未付款通知书或者拒付理由书作原始凭证，将应收票据转为应收账款进行账务处理，借记应收账款，贷记应收票据。

（4）编制记账凭证。根据银行转来的委托收款凭证第四联（收账通知）或电划的贷方补充报单第三联编制记账凭证。

（5）登记银行存款日记账。根据审核无误的记账凭证登记银行存款日记账。

4. 商业承兑汇票账务处理举例

【案例 4-8】2012 年 8 月 4 日，泰山有限责任公司销售给珠江有限责任公司乙产品一批，开出增值税发票（如图 4-66 所示），商品自提，交易合同号码为 209999，双方约定采用商业承兑汇票结算，期限为 3 个月，由付款方签发，珠江有限责任公司当日签发并承兑商业承兑汇票一份。2012 年 11 月 4 日，泰山有限责任公司办理托收款，珠江有限责任公司如数付款。

要求：双方出纳办理相关业务。

浙江省增值税专用发票

211456674372   **发票联**   № 57887554

此联不作报销、扣税凭证使用   开票日期：2012 年 8 月 4 日

购货单位	名　　称：珠江有限责任公司 纳税人登记号：250501000056123 地址、电话：0307-3699488 开户银行账号：农业银行珠江分行 161200874522011				密码区			
商品或劳务名称 乙产品	规格型号	单位 件	数量 600	单价 500.00	金额 300 000.00	税率% 17	税额 51 000.00	
合　　计					¥300 000.00		¥51 000.00	
价税合计（大写）	人民币叁拾伍万壹仟元整			（小写）¥351 000.00				
销货单位	名　　称：泰山有限责任公司 纳税人登记号：360801881112324 地址、电话：0198-27708086 开户银行账号：农业银行东海分行 15020068332206				备注			

收款人：张　洁   复核：蒋丽萍   开票人：张　芳   销货单位：（章）

图 4-66　收款方开出销售发票

（1）付款方——珠江有限责任公司出纳业务处理程序如下：

①签发商业承兑汇票。第三联（如图 4-67 所示）留企业存查，其余联次略。

商业承兑汇票（存根） 3

出票日期（大写）贰零壹贰年捌月零肆日　　　　　　　CA003099308

付款人	全称	珠江有限责任公司			收款人	全称	泰山有限责任公司		
	账号	161200874522011				账号	15020068332206		
	开户银行	农行珠江分行	行号	25433		开户银行	农业银行东海分行	行号	26125

出票金额	人民币（大写）	叁拾伍万壹仟元整	千 百 十 万 千 百 拾 元 角 分
			￥ 3 5 1 0 0 0 0 0

汇票到期日	（大写）贰零壹贰年壹拾壹月零肆日	交易合同号码	209999

备注：	

此联出票人存查

图 4-67　签发商业承兑汇票

　　②承兑。商业承兑汇票由银行以外的付款人承兑，付款方在第二联正面记载"承兑"字样和承兑日期并加盖预留银行印鉴（如图 4-68 所示）。

商业承兑汇票 2

出票日期（大写）贰零壹贰年捌月零肆日　　　　　　　CA003099308

付款人	全称	珠江有限责任公司			收款人	全称	泰山有限责任公司		
	账号	161200874522011				账号	15020068332206		
	开户银行	农行珠江分行	行号	25433		开户银行	农业银行东海分行	行号	26125

出票金额	人民币（大写）	叁拾伍万壹仟元整	千 百 十 万 千 百 拾 元 角 分
			￥ 3 5 1 0 0 0 0 0

汇票到期日	（大写）贰零壹贰年壹拾壹月零肆日	交易合同号码	209999

汇票已经承兑，到期无条件支付票款。	本汇票请予以承兑于到期日付款
承兑人签章　承兑日期 2012 年 8 月 4 日	出票人签章

此联持票人开户行随委托收款凭证寄付款人开户行作借方附件

图 4-68　商业承兑汇票第二联

　　③传递凭证。根据商业承兑汇票第一联（见图 4-67）传递给会计编制记账凭证（如图 4-69 所示），同时出纳员登记应付票据备查簿（略）。

转 账 凭 证

2012 年 8 月 4 日　　　　　　　　　　　　　　　转字第 15 号

摘　要	会 计 科 目		借方金额								贷方金额								记账符号
	总账科目	明细科目	十	万	千	百	十	元	角	分	十	万	千	百	十	元	角	分	
购材料	材料采购	乙材料		3	0	0	0	0	0	0									
	应交税费	应交增值税（进项）			5	1	0	0	0	0									
	应付票据	泰山有限责任公司										3	5	1	0	0	0	0	0	
	合　计　金　额			3	5	1	0	0	0	0		3	5	1	0	0	0	0	0	

会计主管：　　　　　记账：　　　　　审核：张　洁　　　　　制单：蒋丽萍

附凭证 2 张

图 4-69　会计员编制记账凭证

④到期付款。商业承兑汇票到期，审查开户行转来的委托收款凭证第五联付款通知（如图 4-70 所示），通知银行付款。

若企业无款支付或者拒绝付款，银行应填写未付款通知书或者拒付理由书告知收款人，付款企业会计员进行账务处理，将应付票据转为应付账款，借记应付票据贷记应付账款。

托收凭证（付款通知）　5

NO：3300090101　　　　委托日期　2012 年 11 月 4 日　　付款期限 2012 年 11 月 13 日

业务类型	委托收款（☑邮划，□电划）				托收承付（□邮划，□电划）				
付款人	全称	珠江有限责任公司			收款人	全称	泰山有限责任公司		
	账号	161200874522011				账号	15020068332206		
	地址	广东省珠江　市县	开户行	农行珠江分行		地址	浙江省东海　市县	开户行	农行东海分行
金额	人民币（大写）	叁拾伍万壹仟元整				千 百 十 万 千 百 拾 元 角 分 ￥ 3 5 1 0 0 0 0 0			
款项内容	货款	托收凭证名称	商业承兑汇票		附寄单据张数		1		
商品发运情况		已发运		合同名称号码			209999		
备注：	农业银行广州市珠江分行 2012.11.13 转讫			付款人注意：1. 根据支付结算办法规定，上列托收款项，如超过承付期限未提出拒付，即视同全部承付。以此联代付款通知。2. 如系全部或部分拒付，应在承付期限内另填拒绝承付理由书送银行办理。					
复核　　记账		付款人开户银行签章 2012 年 11 月 13 日							

此联付款人开户银行给付款人按期付款通知

图 4-70　出纳员审核收账通知

⑤编制记账凭证。根据银行转来的委托收款凭证第五联付款通知（见图4-70）编制记账凭证（如图4-71所示）。

付款凭证　　　　　　　　　银付字第31号

2012 年 11 月 13 日　　　　　　　贷方科目：**银行存款**

摘　要	借　方		金　额										√
	总账科目	明细科目	亿	千	百	十	万	千	百	十	元	角	分
购材料	应付票据	泰山有限责任公司			3	5	1	0	0	0	0	0	0	√
合 计 金 额				￥	3	5	1	0	0	0	0	0	0	√

附单据1张

会计主管：　　　　记账：　　　　审核：蒋丽萍　　　　制单：张　洁

图 4-71　出纳员填制记账凭证

⑥登记银行存款日记账。出纳员根据审核无误的记账凭证（见图4-71），登记银行存款日记账（如图4-72所示）。

银行存款日记账　　　　　　　　第65页

2012年		凭　证		摘　要	刘方科目	借　方	贷　方	余　额
月	日	种类	号数					
11	13			承前页				580 000.00
	13	银付	31	购材料	应付票据		351 000.00	
				本日小计			351 000.00	229 000.00

图 4-72　出纳员登记银行存款日记账

（2）收款方——泰山有限责任公司出纳业务处理程序如下：

①审核商业承兑汇票。审核从珠江有限责任公司取得的商业承兑汇票第二联（见图4-68）。

②传递凭证。将发票等原始凭证传递给会计员编制记账凭证（如图4-73所示），同时登记应收票据备查簿（略）。

转 账 凭 证

2012 年 8 月 4 日   转字第 17 号

摘要	会 计 科 目		借方金额								贷方金额								记账符号
	总账科目	明细科目	十	万	千	百	十	元	角	分	十	万	千	百	十	元	角	分	
销售商品	应收票据	珠江有限责任公司	3	5	1	0	0	0	0	0									
	主营业务收入	乙产品									3	0	0	0	0	0	0	0	
	应交税费	应交增值税（销项）										5	1	0	0	0	0	0	
	合 计 金 额		3	5	1	0	0	0	0	0	3	5	1	0	0	0	0	0	

附凭证 2 张

会计主管：   记账：   审核：宋 歌   制单：高 洁

图 4-73 会计员编制记账凭证

③委托银行收款。将商业承兑汇票第二联背面，加盖预留银行印鉴（见图 4-74），填制委托收款凭证，并在第二联上加盖企业的预留银行印鉴，将托收凭证连同商业承兑汇票一并交给银行，委托银行收款。开户银行审查受理后，将委托收款的托收凭证第一联回单联（如 4-75 所示）加盖银行业务受理章后退回泰山有限责任公司。

被背书人：农业银行杭州市东海分行	被背书人：
委托收款 （泰山有限责任公司 财务专用章）（秦静娜印） 背书人签章 2012 年 11 月 13 日	 背书人签章 年　月　日

图 4-74 委托收款背书

④编制记账凭证。根据开户银行转来的委托收款的托收凭证第四联收账通知（如图 4-76 所示），出纳员编制记账凭证（如图 4-77 所示）。

若因付款单位无款支付或者拒绝付款，收款单位未收到票款，开户银行转来未付款通知书或拒付理由书和商业承兑汇票，出纳员应联系付款单位进行追款。由会计员将未付款通知书或者拒付理由书作原始凭证，将应收票据转为应收账款进行账务处理，借记应收账款贷记应收票据。

托收凭证（回单）**1**

NO：3300090101　　　　　　　　委托日期　2012 年 11 月 4 日

业务类型	委托收款（☑邮划，□电划）			托收承付（□邮划，□电划）				
付款人	全称	珠江有限责任公司		收款人	全称	泰山有限责任公司		
	账号	161200874522011			账号	15020068332206		
	地址	广东省珠江 市县	开户行 农行珠江分行		地址	浙江省东海 市县	开户行	农行东海分行
金额	人民币（大写）	叁拾伍万壹仟元整		千 百 十 万 千 百 拾 元 角 分				
				¥ 3 5 1 0 0 0 0 0				
款项内容	货款	托收凭证名称	商业承兑汇票	附寄单据张数		1		
商品发运情况		已发运	合同名称号码		209999			
备注：		款项收妥日期		收款人开户银行盖章				
				中国农业银行杭州市东海分行 2012.11.04 业务受理专用章 2012 年 11 月 4 日				
复核　　记账			年　月　日					

图 4-75　委托收款凭证回单

托收凭证　4

NO：3300090101　　　　　委托日期　2012 年 11 月 4 日　　付款期限 2012 年 11 月 13 日

业务类型	委托收款（☑邮划，□电划）			托收承付（□邮划，□电划）				
付款人	全称	珠江有限责任公司		收款人	全称	泰山有限责任公司		
	账号	161200874522011			账号	15020068332206		
	地址	广东省珠江 市县	开户行 农行珠江分行		地址	浙江省东海 市县	开户行	农行东海分行
金额	人民币（大写）	叁拾伍万壹仟元整		千 百 十 万 千 百 拾 元 角 分				
				¥ 3 5 1 0 0 0 0 0				
款项内容	货款	托收凭证名称	商业承兑汇票	附寄单据张数		1		
商品发运情况		已发运	合同名称号码		209999			
备注：		上述款项已划回收入你方账户内。 2012.11.13 转讫 收款人开户银行签章						
复核　　记账			年　月　日					

图 4-76　委托收款凭证收账通知

收款凭证　　　　　　　　　　　　　　　　银收字第 34 号

2012 年 11 月 13 日　　　　　　　　　借方科目：**银行存款**

摘　要	贷　方		金　额										√
	总账科目	明细科目	亿	千	百	十	万	千	百	十	元	角	分	
商业承兑汇票到期	应收票据	珠江有限责任公司				3	5	1	0	0	0	0	0	√
合　计　金　额				¥	3	5	1	0	0	0	0	0	√

附单据 1 张

会计主管：　　　　记账：　　　　审核：高 洁　　　　制单：宋 歌

图 4-77　出纳员填制记账凭证

⑤登记银行存款日记账。出纳员根据审核无误的记账凭证（见图 4-77）登记银行存款日记账（如图 4-78 所示）。

银行存款日记账　　　　　　　　　　　　第 65 页

2012 年		凭　证		摘　要	对方科目	借　方	贷　方	余　额
月	日	种类	号数					
11	13			承前页				80 000.00
	13	银收	34	商业承兑汇票到期	应收票据	351 000.00		
				本日小计		351 000.00		431 000.00

图 4-78　出纳员登记银行存款日记账

（四）银行承兑汇票的结算流程

1. 银行承兑汇票的规定

（1）出票及承兑。银行承兑汇票应由在承兑银行开立存款账户的存款人签发，并由银行承兑，银行承兑后按票面金额的万分之五向出票人收取手续费。

（2）出票人无款支付。出票人于汇票到期日未能足额交存票款时，承兑银行除凭票向持票人无条件付款外，对出票人尚未支付的汇票金额按照每天万分之五计收利息。

2. 银行承兑汇票结算流程（图 4-79 所示）

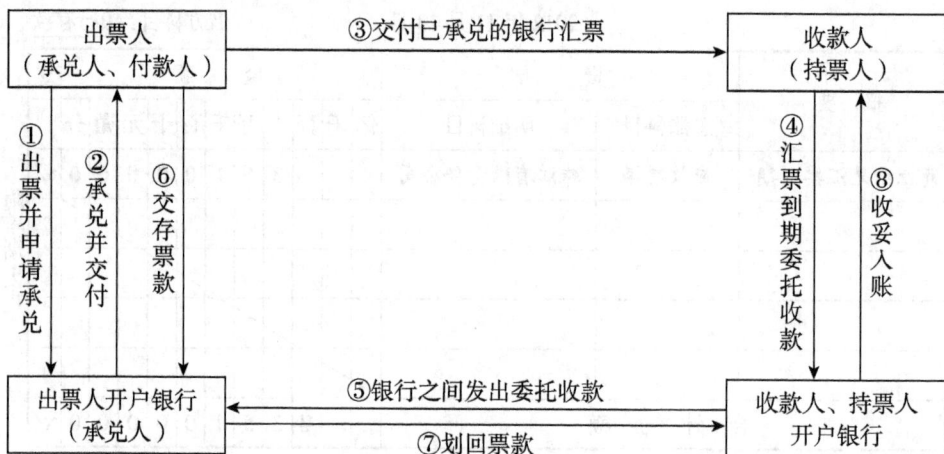

图 4-79　签发银行承兑汇票流程

3. 付款方出纳业务处理流程

（1）签发银行承兑汇票。由付款方签发银行承兑汇票，或者由收款方签发银行承兑汇票交给出票人开户行，将第三联留出票企业备查。

（2）承兑。承兑申请人（即付款人）持汇票和相关资料向开户银行申请承兑，银行审查同意后，与承兑申请人签订承兑协议。现行制度规定，付款方应按银行承兑汇票的票面金额的万分之五支付银行承兑手续费，每笔手续费不足 10 元的，按 10 元收取。银行承兑后，将银行承兑汇票第二联和银行承兑协议第二联交给付款方。

（3）传递凭证。将银行承兑汇票第二联传递给采购员，持票采购货物并将其交给销货方，并根据银行承兑协议第二联登记应付票据备查簿。

（4）到期付款。银行承兑汇票到期，收到开户行转来的委托收款凭证第五联（付款通知），应在当日通知银行付款。

付款人应于银行承兑汇票到期前将票款足额交存开户银行，以备到期支付票款。银行在办理汇款时，如付款人账户存款不足支付，承兑银行向持票人无条件支付票款。同时银行对付款人执行扣款，对尚未扣回的部分转入付款人的逾期贷款户，并按每日万分之五计收罚息。

（5）编制记账凭证。根据银行转来的委托收款凭证第五联（付款通知）编制记账凭证。

（6）登记银行存款日记账。根据审核无误的记账凭证登记银行存款日记账。

4. 收款方出纳业务处理流程

（1）审核银行承兑汇票。出纳员审核收到的银行承兑汇票第二联。

（2）传递凭证。将发票等原始凭证传递给会计员编制记账凭证，同时登记应收票据备查簿。

（3）委托银行收款。持票人填制一式经过背书的五联的委托收款凭证，并在第二联上加盖企业预留银行印鉴，将委托收款凭证和银行承兑汇票一起送交开户银行委托收款。收款人开户行审核受理后，退回委托收款凭证第一联回单，开户行收妥款项后，再退回委托收款凭证第四联收账通知。

收款单位委托银行收款时，如果是属于电报划回的，开户行填制一式四联电划贷方补充报单，收妥款项后退回第三联作收账通知。

（4）编制记账凭证。根据银行转来的委托收款凭证第四联（收账通知）编制记账凭证。

（5）登记银行存款日记账。根据审核无误的记账凭证登记银行存款日记账。

5. 银行承兑汇票账务处理举例

【案例4-9】2012年9月24日，泰山有限责任公司销售给珠江有限责任公司甲产品一批，开出增值税发票（如图4-80所示），商品自提，双方约定采用银行承兑汇票结算，期限为3个月，由付款方签发。

要求：收付款双方出纳办理相关业务。

浙江省增值税专用发票

456674321172　　　　　　　发票联　　　　　　　No 58755784

此联不作报销、扣税凭证使用　　　　开票日期：2012年9月24日

购货单位	名　　称：珠江有限责任公司 纳税人登记号：250501000056123 地址、电话：0307-3699488 开户银行账号：农业银行珠江分行 161200874522011				密码区				第三联
商品或劳务名称 甲产品	规格型号	单位 件	数量 600	单价 100.00	金额 60 000.00	税率% 17	税额 10 200.00		记账联
合　　计					￥60 000.00		￥10 200.00		
价税合计（大写）	人民币柒万零贰佰元整			（小写）￥70 200.00					销货方记账凭证
销货单位	名　　称：泰山有限责任公司 纳税人登记号：360801881112324 地址、电话：0198-27708086 开户银行账号：农业银行东海分行 15020068332206				备注				

收款人：张洁　　复核：蒋丽萍　　开票人：张芳　　　　销货单位：（章）

图4-80 收款方开出销售发票

（1）付款方——珠江有限责任公司出纳业务处理程序如下：

①签发银行承兑汇票。由付款方签发银行承兑汇票（如图4-81所示），交给开户行，将第三联留出票企业备查。

银行承兑汇票（存根）3

出票日期（大写）贰零壹贰年玖月贰拾肆日　　　　　GZ993080030

付款人	全称	珠江有限责任公司		收款人	全称	泰山有限责任公司	
	账号	161200874522011			账号	15020068332206	
	开户银行	农行珠江分行	行号 25433		开户银行	农业银行东海分行	行号 26125

出票金额	人民币（大写）柒万零贰佰元整	千百十万千百拾元角分 ￥7020000

| 汇票到期日（大写） | 贰零壹贰年壹拾贰月贰拾肆日 | 承兑协议编号 210089 |

本汇票请你行承兑，此项汇票款我单位按承兑协议于到期日前足额交存你行，到期请予以支付。

科目（借）：
对方科目（贷）：

出票人签章　郑显辉印
2012年9月24日　　备注

年　月　日
复核　　记账

此联出票人留存备查

图 4-81　签发银行承兑汇票

②承兑。珠江有限责任公司委托其开户银行承兑，银行按照有关规定审查后，与其签订"银行承兑协议"，并按面额收取万分之五的承兑手续费（见图4-82），出纳员编制记账凭证（见图4-83），登记银行存款日记账（见图4-84），支付承兑手续后，取回银行承兑汇票第二联（见图4-85）和银行承兑协议第二联（见图4-86）。

中国农业银行
邮电费、手续费、空白凭证收费单

单位名称：珠江有限责任公司　　账号：161200874522011　　2012年9月24日

收费项目			金额
名称	数量	种类	
银行承兑汇票	1	手续费	35.10

人民币（大写）叁拾伍元壹角整　　　　小写：￥35.10

付款单位（签章）　　　　收款行（盖章）

图 4-82　银行承兑汇票手续费凭单

付 款 凭 证

银付字第 35 号

2012 年 9 月 24 日

贷方科目：银行存款

摘　要	借　方		金　额	√
	总账科目	明细科目	亿 千 百 十 万 千 百 十 元 角 分	
支付承兑汇票手续费	财务费用	手续费	3 5 1 0	√
合 计 金 额			¥ 3 5 1 0	√

附单据 1 张

会计主管：　　　　记账：　　　　审核：蒋丽萍　　　　制单：张 洁

图 4-83　出纳员填制记账凭证

银行存款日记账

第 65 页

2012年		凭　证		摘　要	对方科目	借　方	贷　方	余　额
月	日	种类	号数					
9	24			承前页				80 000.00
	24	银付	35	支付承兑汇票手续费	财务费用		35.10	
				本日小计			35.10	79 964.90

图 4-84　出纳员登记银行存款日记账

银行承兑汇票　2

出票日期（大写）贰零壹贰年玖月贰拾肆日　　　　　　　　GZ993080030

付款人	全称	珠江有限责任公司	收款人	全称	泰山有限责任公司
	账号	161200874522011		账号	15020068332206
	开户银行	农行珠江分行　行号 25433		开户银行	农业银行东海分行　行号 26125

出票金额	人民币（大写）	柒万零贰佰元整	千 百 十 万 千 百 拾 元 角 分
			¥ 7 0 2 0 0 0 0

汇票到期日（大写）	贰零壹贰年壹拾贰月贰拾肆日	本汇票已经承兑，到期日由本行付款。	承兑协议编号	210089

本汇票请你行承兑，此项汇票款我单位按承兑协议于到期日前足额交存你行，到期请予以支付。

科目（借）：
对方科目（贷）：

（财务专用章）
郑显辉印
（汇票专用章 2012.09.24）
承兑行签章

出票人签章
2012 年 9 月 24 日

承兑日期
2012 年 9 月 24 日
（宝印）

备注

年　月　日
复核　记账

此联收款人开户行随委托收款凭证寄付款行作借方凭证附件

图 4-85　付款方开户行承兑汇票

中国农业银行承兑协议

中国农业银行银行承兑协议　2

协议编号：NO.210089

银行承兑汇票的内容：

收款人全称：**泰山有限责任公司**	付款人全称：**珠江有限责任公司**
开户银行：农业银行东海分行	开户银行：农业银行珠江分行
账号：15020068332206	账号：161200874522011
汇票号码：03585102	汇票金额（大写）：柒万零贰佰元整
签发日期：2012 年 9 月 24 日	到期日期：2012 年 12 月 24 日

以上汇票经承兑银行承兑，承兑申请人（下称申请人）愿遵守《银行结算办法》的规定及下列条款：

第一条　申请人于汇票到期日前将应付票款足额存入承兑银行。

第二条　承兑手续费按票面 0.05% 计算，在银行承兑时一次付清手续费。

第三条　承兑票据如发生任何交易纠纷，均由收付双方自行处理，票款于到期日前仍按第一条办理不误。

第四条　承兑汇票到期日，承兑银行凭票无条件支付票款。如到期日之前申请人不能足额交付票款时，承兑银行对不足支付部分的票款转作承兑申请人逾期贷款，并按照有关规定计收罚息。

第五条　承兑汇票款付清后，本协议自动失效。

本协议第一联、第二联分别由承兑银行信贷部和承兑申请人存执，协议副本由银行会计部存查。

承兑银行：（盖章）　　　　　　　　　承兑申请人：（盖章）

日期：2012 年 9 月 24 日　　　　　　日期：2012 年 9 月 24 日

注：本协议共印三联。在"银行承兑协议"之后，第二联加印"2"，第三联加印"副本"字样。

图 4-86　银行承兑协议第二联

③传递凭证。将银行承兑汇票第二联（见图 4-85）传递给采购员，持票采购货物并将其交给销货方，出纳员根据银行承兑协议第二联及银行承兑汇票存根联登记应付票据备查簿（略），会计员根据银行承兑汇票存根联编制记账凭证（如图 4-87 所示）。

转 账 凭 证

2012 年 9 月 24 日   转字第 25 号

摘要	会 计 科 目		借方金额								贷方金额								记账符号
	总账科目	明细科目	十万	千	百	十	元	角	分	十万	千	百	十	元	角	分		
购材料	材料采购	甲材料		6	0	0	0	0	0									
	应交税费	应交增值税(进项)		1	0	2	0	0	0									
	应付票据	泰山有限责任公司									7	0	2	0	0	0	0	
合 计 金 额			¥	7	0	2	0	0	0	¥	7	0	2	0	0	0	0	

会计主管: 记账: 审核: 张 洁   制单: 蒋丽萍

附凭证2张

图4-87 会计员编制记账凭证

④到期付款。银行承兑汇票到期,收到开户行转来的委托收款凭证第五联付款通知(见图4-88所示),审查无误后,应在当日通知银行付款。

如付款人账户存款不足支付,承兑银行向持票人无条件支付票款。同时银行对付款人执行扣款,对尚未扣回的部分转入付款人的逾期贷款户,并按每日万分之五计收罚息。付款单位会计员进行账务处理,将应付票据转为短期借款,借记应付票据贷记短期借款。

托收凭证(付款通知) 5

NO:3009010130   委托日期 2012 年 12 月 24 日   付款期限 2013 年 1 月 2 日

业务类型	委托收款(☑邮划,□电划)				托收承付(□邮划,□电划)				
付款人	全称	珠江有限责任公司			收款人	全称	泰山有限责任公司		
	账号	161200874522011				账号	15020068332206		
	地址	广东省 珠江	市县	开户行 农行珠江分行		地址	浙江省 东海	市县	开户行 农行东海分行

金额	人民币(大写)	柒万零贰佰元整		千	百	十	万	千	百	拾	元	角	分
						¥	7	0	2	0	0	0	0

款项内容	货款	托收凭证名称	银行承兑汇票	附寄单据张数	1
商品发运情况		已发运	合同名称号码		210089

备注:

农业银行广州市
珠江分行
2013.01.02
转讫

付款人开户银行签章
2012 年 1 月 2 日

付款人注意:
1. 根据支付结算办法规定,上列托收款项,如超过承付期限未提出拒付,即视同全部承付。以此联代付款通知。
2. 如系全部或部分拒付,应在承付期限内另填拒绝承付理由书送银行办理。

复核   记账

此联付款人开户银行给付款人按期付款通知

图4-88 付款通知

⑤编制记账凭证。根据银行转来的委托收款凭证第五联付款通知（见图4-88）编制记账凭证（如图4-89所示）。

付 款 凭 证　　　　　　　　　　　　　　**银付字第1号**

2013 年 1 月 2 日　　　　　　　　贷方科目：**银行存款**

摘　要	借　方		金　额										√
	总账科目	明细科目	亿	千	百	十	万	千	百	十	元	角	分	
购材料	应付票据	泰山有限责任公司				7	0	2	0	0	0	0	√
合 计 金 额					￥	7	0	2	0	0	0	0	√

附单据1张

会计主管：　　　记账：　　　审核：蒋丽萍　　　制单：张　洁

图 4-89　出纳员填制记账凭证

⑥登记银行存款日记账。根据审核无误的记账凭证（见图4-89）登记银行存款日记账（如图4-90所示）。

银行存款日记账　　　　　　　　　　　　　**第1页**

2012 年		凭　证		摘　要	对方科目	借　方	贷　方	余　额
月	日	种类	号数					
1	1			期初余额				580 000.00
	2	银付	1	购材料	应付票据		70 200.00	
				本日小计			70 200.00	509 800.00

图 4-90　出纳员登记银行存款日记账

（2）收款方——泰山有限责任公司出纳业务处理程序如下：

①审核银行承兑汇票。审核从珠江有限责任公司取得的银行承兑汇票第二联（见图4-85）。

②传递凭证。将发票等原始凭证传递给会计员编制记账凭证（如图4-91所示），同时登记应收票据备查簿（略）。

转 账 凭 证

2012 年 9 月 25 日 　　　　　　转字第 23 号

摘要	会 计 科 目		借方金额								贷方金额								记账符号
	总账科目	明细科目	十万	千	百	十	元	角	分	十万	千	百	十	元	角	分		
销售商品	应收票据	珠江有限责任公司		7	0	2	0	0	0	0								
	主营业务收入	乙产品										6	0	0	0	0	0	0	
	应交税费	应交增值税（销项）										1	0	2	0	0	0	0	
合 计 金 额			¥	7	0	2	0	0	0	0	¥	7	0	2	0	0	0	0	

会计主管： 　　记账： 　　审核：宋 歌 　　制单：高 洁

附凭证 2 张

图 4-91　会计员编制记账凭证

③委托银行收款。收款人在银行承兑汇票第二联背面加盖预留银行印鉴（如图 4-92 所示），持票人填制一式五联的委托收款凭证，并在第二联上加盖企业预留银行印鉴，将委托收款凭证和银行承兑汇票第二联一起送交开户银行委托收款。银行受理后退回委托收款凭证第一联回单（如图 4-93 所示），开户行收妥款项后，再退回委托收款凭证第四联收账通知。

被背书人：农业银行杭州市东海分行	被背书人：
委托收款 泰山有限责任公司 财务专用章 秦静娜印 背书人签章 2013 年 1 月 2 日	 背书人签章 年　月　日

图 4-92　委托收款背书

托收凭证（受理回单） **1**

NO：3009010130　　　　　委托日期　2012 年 12 月 24 日

业务类型	委托收款（☑邮划，□电划）			托收承付（□邮划，□电划）			
付款人	全称	珠江有限责任公司		收款人	全称	泰山有限责任公司	
	账号	161200874522011			账号	15020068332206	
	地址	广东省珠江	市县	开户行	农行珠江分行	地址	浙江省东海	市县	开户行	农行东海分行

金额	人民币（大写）	柒万零贰佰元整		千	百	十	万	千	百	拾	元	角	分
						¥	7	0	2	0	0	0	0

款项内容	货款	托收凭证名称	银行承兑汇票	附寄单据张数	1
商品发运情况		已发运	合同名称号码		210089

备注：　　　　　　　款项收妥日期

收款人开户银行盖章

中国农业银行杭州市
东海分行
2012.11.04
业务受理专用章

收款人开户银行盖章
2012 年 12 月 24 日

复核　　记账　　　　　　　　年　月　日

图 4-93　委托收款凭证受理回单

④编制记账凭证。根据开户银行转来的委托收款的托收凭证第四联收账通知（如图 4-94 所示），出纳员编制记账凭证（如图 4-95 所示）。

托收凭证（收账通知） **4**

NO：3009010130　　　　　委托日期　2012 年 12 月 24 日　　付款期限 2013 年 1 月 2 日

业务类型	委托收款（☑邮划，□电划）			托收承付（□邮划，□电划）			
付款人	全称	珠江有限责任公司		收款人	全称	泰山有限责任公司	
	账号	161200874522011			账号	15020068332206	
	地址	广东省珠江	市县	开户行	农行珠江分行	地址	浙江省东海	市县	开户行	农行东海分行

金额	人民币（大写）	柒万零贰佰元整		千	百	十	万	千	百	拾	元	角	分
						¥	7	0	2	0	0	0	0

款项内容	货款	托收凭证名称	银行承兑汇票	附寄单据张数	1
商品发运情况		已发运	合同名称号码		210089

备注：　　　　　　上述款项已划回收入你方账户内

收款人开户银行签章
2013 年 1 月 2 日

复核　　记账

图 4-94　收账通知

收 款 凭 证   银收字第 3 号

2013 年 1 月 2 日   借方科目：**银行存款**

摘 要	贷 方		金 额	√
	总账科目	明细科目	亿 千 百 十 万 千 百 十 元 角 分	
银行承兑 汇票到期	应收票据	珠江有限责任公司	7 0 2 0 0 0 0 0	√
合 计 金 额			¥ 7 0 2 0 0 0 0	√

附单据 1 张

会计主管：　　　　记账：　　　　审核：高 洁　　　　制单：宋 歌

图 4-95　出纳员填制记账凭证

⑤登记银行存款日记账。出纳员根据审核无误的记账凭证（见图 4-95）登记银行存款日记账（如图 4-96 所示）。

银行存款日记账   第 65 页

2012年		凭　证		摘 要	对方科目	借 方	贷 方	余 额
月	日	种类	号数					
1	1			期初余额				80 000.00
	2	银收	3	银行承兑汇票到期	应收票据	70 200.00		
				本日小计		70 200.00		150 200.00

图 4-96　出纳员登记银行存款日记账

任务六　汇兑结算方式业务处理

🔒 **想一想**

某商店欲购一批价值 45 000 元的卷烟，但账面无款，购销员刘某满口应允，对会计员一笑："给张汇款单吧。"会计员不解："无钱还要什么汇款单。"刘某说：

"拿来汇款单就是了。"刘某填了一份5 000元的汇款凭证来到银行，经办员审查凭证后，也没看是否有足够存款余额，就在第一联信汇凭证上加盖了公章，退给了刘某。记账时才发现是空头支票，但觉得金额不大，也没放在心上，就把它放在一边。其实，何止是空头，刘某填写信汇凭证时故意在大写金额前面留出空位，待将经办银行盖章的第一联信汇凭证拿回来后又在前面加上"肆万"二字，在小写金额前加上"4"字码，这样，一张千元小汇单就轻易变成了万元大汇款。第二天刘某便开车直奔烟草公司，轻而易举地将卷烟装上汽车。当烟草公司富有经验、警惕性高的会计再次查看信汇凭证时，看出了蛛丝马迹，立即求助开户行与汇款行联系，确认这笔汇款系伪造，迅速将还未返程的人和车扣留。后两地公安局经立案审查，真相大白，刘某被判处有期徒刑两年。

问：请分析本案发生的原因。

一、汇兑结算方式的认知

1. 汇兑结算的概念
汇兑是汇款单位委托银行将款项汇往异地收款单位的结算方式。

2. 汇兑的种类
根据划转款项的不同方法以及传递方式的不同汇兑可以分为信汇和电汇两种，由汇款人自行选择。

信汇是汇款人向银行提出申请，同时交存一定金额及手续费，汇出行将信汇委托书以邮寄方式寄给汇入行，授权汇入行向收款人解付一定金额的汇兑结算方式。电汇是汇款人将一定款项交存汇款银行，汇款银行通过电报传给目的地的分行或代理行（汇入行），指示汇入行向收款人支付一定金额的汇款方式。

在这两种汇兑结算方式中，信汇费用较低，但速度相对较慢，而电汇具有速度快的优点，但汇款人要负担较高的电报电传费用，因而通常只在紧急情况下或者金额较大时适用。另外，为了确保电报的真实性，汇出行在电报上加注双方约定的密码；而信汇则不须加密码，签字即可。

3. 汇兑的特点
汇兑结算适用范围广，手续简便易行，灵活方便，因而是目前应用极为广泛的一种结算方式。

（1）汇兑结算，无论是信汇还是电汇，都没有金额起点的限制，不管款项多少都可使用。

（2）汇兑结算属于汇款人向异地主动付款的结算方式，因而汇兑结算还广泛地用于先汇款后发货的交易结算方式。

（3）汇兑结算方式除了适用于单位之间的款项划拨外，也可用于单位对异地的个人支付有关款项，如退休工资、医药费、各种劳务费及稿酬等。

（4）汇兑结算手续简便易行，单位或个人很容易办理。

二、汇兑结算的基本规定

1. 汇兑结算的申请

汇款人委托银行办理汇兑，应向汇出银行填写信、电汇凭证，详细填明汇入地点、汇入银行名称、收款人名称、汇款金额和汇款用途等各项内容，并在信、电汇凭证第二联上加盖预留银行印鉴。

（1）汇款单位需要派人到汇入银行领取汇款时，除在"收款人"栏写明取款人的姓名外，还应在"账号或住址"栏内注明"留行待取"字样。留行待取的汇款，需要指定具体收款人领取汇款的，应注明收款人的单位名称。

（2）个体经济户和个人需要在汇入银行支取现金的，应在信、电汇凭证上"汇款金额"大写栏先填写"现金"字样，接着再紧靠其后填写汇款金额大写。

（3）汇款人确定不得转汇的，应在"备注"栏内注明。

（4）汇款需要收款单位凭印鉴支取的，应在信汇凭证第四联上加盖收款单位预留银行印鉴。

2. 汇兑的适用范围

汇兑结算适用范围广泛，就汇款人来说，无论是否在银行开立账户，只要需要就可以办理；就款项的性质来看，不管是商品交易、资金调拨、劳务费或个人的费用等，均可以使用汇兑结算方式。因此，单位和个人的各种款项的结算，均可以使用汇兑结算方式。

3. 转汇的办理

汇款人因汇入地没有所需商品等原因需要转汇时，可以持"留行待取通知"和有关证件，请求汇入银行重新办理信、电汇手续，将款项汇往其他地方。按照规定，转汇的收款人和汇款用途必须是原汇款的收款人和汇款用途。汇入银行办理转汇手续，在汇款凭证上加盖"转汇"戳记。第三联信汇凭证备注栏注明"不得转汇"的，汇入银行不予办理转汇。

4. 撤汇的办理

汇款人对汇出银行尚未汇出的款项，可以申请撤销。申请时，应出具正式函件及原信、电汇回单，汇出银行查明确实未汇出款项的，收回原信、电汇回单，将款项退还汇款人。

5. 退汇的办理

汇款人对汇出银行已经汇出的款项，可以申请退汇。

（1）如果汇款是直接汇给在汇入行开立存款账户的收款人，退汇由汇款人与收款人自行联系，银行不予介入。

（2）如果汇款不是直接汇给在汇入行开立存款账户的收款人，由汇款人备公函或持本人身份证件连同原信、电汇凭证回单交汇出行申请退汇，由汇出银行通知汇入银行，经汇入银行查实汇款确未解付，方可办理退汇。

（3）如果汇入银行接到退汇通知前汇款已经解付，则由汇款人与收款人自行联系退款手续。

（4）如果汇款被收款单位拒绝接受的，由汇入银行立即办理退汇。

（5）汇款超过两个月，收款人尚未到汇入银行办理取款手续或在规定期限内汇入银行已寄出通知但由于收款人地址迁移或其他原因致使该笔汇款无人受领时，汇入银行主动办理退汇。

汇款单位收到汇出银行寄发的注有"汇款退回已代进账"字样的退汇通知书第四联（适用于汇款人申请退汇）或者由汇入银行加盖"退汇"字样，汇出银行加盖"转讫"章的特种转账贷方凭证后（适用于银行主动退汇），即表明汇款已退回本单位账户。财务部门即可据此编制银行存款收款凭证，其会计分录则与汇出时银行存款付款凭证会计分录相反。

6. 收汇的办理

（1）按照规定，汇入银行对开立账户的收款单位的款项，应直接转入收款单位的账户，并向其发出收账通知。采用信汇方式的，收款单位开户银行（即汇入银行）在信汇凭证第四联上加盖"转讫"章后交给收款单位，表示汇款已由开户银行代为进账。采用电汇方式的，收款单位开户银行根据汇出行发来的电报编制三联联行电报划收款补充报单，在第三联上加盖"转讫"章作收账通知交给收款单位，表明银行已代为进账。

（2）需要在汇入银行支取现金的，信、电汇凭证上"汇款金额"栏必须注明"现金"字样，可以由收款人填制一联支款单连同信汇凭证第四联（或联行申报划收款补充报单第三联），并携带有关身份证件到汇入银行取款。汇入银行审核有关证件后一次性办理现金支付手续。在汇款凭证上未填明"现金"字样，需要在汇入银行支取现金的单位，由汇入银行按照现金管理的规定支付。

（3）"留行待取"的汇款，收款人应随身携带身份证件或汇入地有关单位足以证实收款人身份的证明，去汇入银行办理取款。汇入银行向收款人问明情况，与信、电汇凭证进行核对，并将证件名称、号码、发证单位名称等批注在信、电汇凭证空白处，并由收款人在"收款人盖章"处签名或盖章，然后办理付款手续。如果凭印鉴支取的，收款人所盖印章必须同预留印鉴相同。

（4）收款人需要在汇入地分次支取汇款的，可以由收款人在汇入银行开立临时存款户，将汇款暂时存入该账户，分次支取。临时存款账户只取不存，付完清户，不计付利息。

三、汇兑结算的业务处理

（一）汇兑结算的业务流程（如图4-97所示）

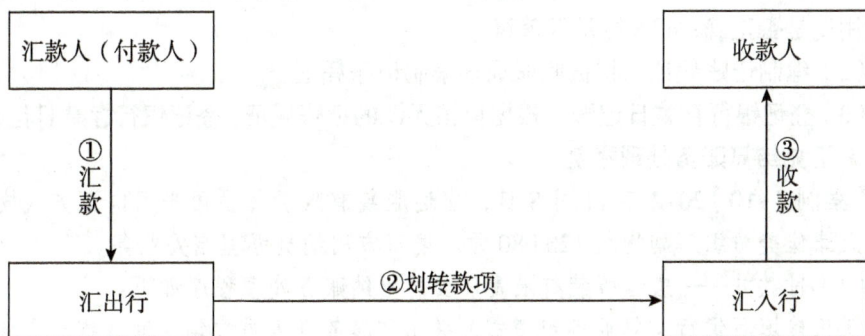

图4-97　汇兑结算业务流程

（二）汇兑结算的账务处理

1. 付款方出纳业务处理流程

（1）填写银行结算业务申请书。采用信汇的，汇款单位出纳员应填制一式四联"信汇凭证"。采用电汇的，汇款单位出纳员应填制一式三联"电汇凭证"。

（2）转存汇款金额并交纳手续费。汇出行受理汇款人的信、电汇凭证后，应按规定进行审查。审查的内容包括：信、电汇凭证填写的各项内容是否齐全、正确；汇款人账户内是否有足够支付的存款余额；汇款人盖的印章是否与预留银行印鉴相符；等等。审查无误后即可办理汇款手续，在回单联上加盖"转讫"章后退回汇款单位，并按规定收取手续费；如果不符条件，汇出行不予办理汇出手续，作退票处理。

（3）编制记账凭证。汇款单位根据银行退回的信、电汇凭证回单联，根据不同情况编制记账凭证，借记有关账户，贷记"银行存款"。

如果汇款单位用汇款清理旧欠，则应借记"应付账款"，贷记"银行存款"。

如果汇款单位是为购买对方单位产品而预付货款，则应借记"预付账款"，贷记"银行存款"。

如果汇款单位将款项汇往采购地，在采购地银行开立临时存款户，则应借记"其他货币资金——外埠存款"，贷记"银行存款"；收到采购员交回发票等凭证时，借记有关账户，贷记"其他货币资金——外埠存款"；将多余的外埠存款转回当地银行时，根据银行的收账通知，借记"银行存款"，贷记"其他货币资金——外埠存款"。

（4）登记银行存款日记账。根据审核无误的记账凭证登记银行存款日记账。

2.收款方出纳业务处理流程

（1）审核银行转来的收账通知。收款人开户银行在办理资金划拨后，通知收款人汇款已到，汇款人应认真审核收账通知。审核的内容主要包括：收款人是否为本单位；名称、账号与本单位信息是否一致；金额是否正确，大小写是否一致；汇款用途是否正确；汇入行是否盖章。

（2）编制记账凭证。根据收账通知编制记账凭证。

（3）登记银行存款日记账。根据审核无误的记账凭证，登记银行存款日记账。

3.汇兑结算账务处理举例

【案例4-10】2012年11月8日，宏运服装有限责任公司采用电汇方式支付前欠天津佳美纺织厂购货款126 080元。请双方出纳员办理相关业务。

（1）付款方——宏运服装有限责任公司出纳账务处理程序如下：

①正确填写银行结算业务申请书，并由印鉴管理人员在第一联的申请人签章处加盖预留银行印鉴（如图4-98所示）。

中国农业银行　结算业务申请书　Ⅴ Ⅶ 0128232198

申请日期　2012年11月8日

业务类型	☑电汇　□信汇　□汇票 □本票　其他_____		汇款方式	☑普通　□加急		
申请人	全　称	宏运服装有限责任公司	收款人	全　称	天津佳美纺织厂	
	账号或地址	7254361812345		账号或地址	5758772543898	
	开户行名称	农业银行丽水市灯塔支行		开户行名称	农业银行天津市河西分行	

客户填写

金额（大写）　人民币壹拾贰万陆仟零捌拾元整	亿 千 百 十 万 千 百 十 元 角 分 　　　　　￥1 2 6 0 8 0 0 0
上列款项及相关费用请从我账户内支付	支付密码
	附加信息及用途：偿还欠款

申请人签章　林志颖印　财务专用章

第一联　记账联

银行打印

会计主管：　　　　　复核：　　　　　记账：

图4-98　出纳员填写结算业务申请书

②转存汇款金额并交纳手续费。汇出行受理汇款人的电汇凭证后，应按规定进行审查。审查无误后即可办理汇款手续，在结算业务申请书回单联（见图4-99所示）上加盖"转讫"章后退回汇款单位，并按规定收取手续费，将手续费支付

凭单（如图 4-100 所示）退给申请人。

中国农业银行 结算业务申请书 ⅤⅦ 0128232198

申请日期 2012 年 11 月 8 日

客户填写	业务类型	☑电汇 □信汇 □汇票 □本票 其他_____		汇款方式	☑普通 □加急										第三联
	申请人	全 称	宏运服装有限责任公司	收款人	全 称	天津佳美纺织厂									回单联
		账号或地址	7254361812345		账号或地址	5758772543898									
		开户行名称	农业银行丽水市灯塔支行		开户行名称	农业银行天津市河西分行									
	金额（大写） 人民币壹拾贰万陆仟零捌拾元整			亿	千	百	十	万	千	百	十	元	角	分	
					¥	1	2	6	0	8	0	0	0	
	付款行签章	农业银行丽水市 灯塔支行 2012.11.08 转讫		支付密码										
				附加信息及用途：偿还欠款										
银行打印														

会计主管：　　　　　　复核：　　　　　　记账：

图 4-99　电汇凭证回单

中国农业银行

邮电费、手续费、空白凭证收费单

单位名称：宏运服装有限责任公司　　账号：7254361812345　　2012 年 11 月 8 日

收费项目				金 额
名 称	数 量	种 类		
汇款手续费	1	手续费	农业银行丽水市 灯塔支行 2012.11.08 转讫	35.00
人民币（大写） 叁拾伍元整		小写：　¥35.00		
付款单位（签章）		收款行（盖章）		

图 4-100　银行手续费凭单

③编制记账凭证。汇款单位根据银行退回的电汇凭证回单联，编制记账凭证（见图 4-101）。

付 款 凭 证　　　　　　　银付字第 20 号

2012 年 11 月 8 日　　　　　贷方科目：**银行存款**

摘　要	借　方		金　额	√
	总账科目	明细科目	亿 千 百 十 万 千 百 十 元 角 分	
偿还欠款并支付手续费	应付账款	天津佳美纺织厂	1 2 6 0 8 0 0 0	√
	财务费用	手续费	3 5 0 0	
合　计　金　额			￥ 1 2 6 1 1 5 0 0	√

附单据 2 张

会计主管：　　　　记账：　　　　审核：<u>张格玲</u>　　　　制单：<u>赵冬梅</u>

图 4-101　出纳员编制记账凭证

④登记银行存款日记账。出纳员根据审核无误的记账凭证，登记银行存款日记账（如图 4-102 所示）。

银行存款日记账　　　　　　　　第 76 页

2012 年		凭　证		摘　要	对方科目	借　方	贷　方	余　额
月	日	种类	号数					
11	8			承前页				172 800.00
	8	银付	21	偿还欠款并付手续费	应付账款		126 115.00	
				本日小计			126 115.00	46 685.00

图 4-102　出纳员登记银行存款日记账

（2）收款方——天津佳美纺织厂出纳账务处理程序：

①审核银行转来的收账通知。收款人开户银行在办理资金划拨后，将电子汇划贷方补充报单（如图 4-103 所示）送交收款人，通知收款人汇款已到。

②编制记账凭证。出纳员根据收账通知，编制记账凭证（如图 4-104 所示）。

中国农业银行电子联行电划贷方补充报单　　NO.81754170

2012 年 11 月 9 日　　　　　　　凭证编号：498225

汇出行行号	890765	汇入行行号	8987986	凭证提交号	38127899

付款人	账　号	72543618123456	收款人	账　号	5758772543898
	名　称	宏运服装有限责任公司		名　称	天津佳美纺织厂
	开户行	农业银行丽水市灯塔支行		开户行	农业银行天津市河西分行

金额（大写）	壹拾贰万陆仟零捌拾元整	金额（小写）	126 080.00
事　由	前欠货款	应解汇款编号：	

上列款项已代进账，如有误，请持此联来行商洽。

此致　　　　（银行盖章）

科　　目（贷）＿＿＿＿＿＿
对方科目（借）＿＿＿＿＿＿
解汇日期：2012 年 11 月 9 日
复核：　　　记账：　　　出纳：

此联送收款人代收款通知或取款依据　　　　　　（电脑打印，手写无效）

图 4-103　收款方收账通知

收款凭证　　　　　　银收字第 45 号

2012 年 11 月 9 日　　　　借方科目：银行存款

摘　要	贷　方		金　额										√
	总账科目	明细科目	亿	千	百	十	万	千	百	十	元	角	分	
收回欠款	应收账款	宏运服装有限责任公司			1	2	6	0	8	0	0	0	√
合　计　金　额				￥	1	2	6	0	8	0	0	0	√

附单据 1 张

会计主管：　　　记账：　　　审核：李树勇　　　制单：卢利奇

图 4-104　出纳员填制记账凭证

⑤登记银行存款日记账。根据审核无误的记账凭证，登记银行存款日记账（如图 4-105 所示）。

银行存款日记账　　　　　　　　第 65 页

2012年		凭证		摘　要	对方科目	借　方	贷　方	余　额
月	日	种类	号数					
11	9			承前页				18 000.00
	9	银收	45	收回欠款	应收账款	126 080.00		
				本日小计		126 080.00		144 080.00

图 4-105　出纳员登记银行存款日记账

任务七　委托收款结算方式业务处理

🔒 想一想

企业每月都有很多费用要交，如电话费、电费、水费等，如果出纳员不想经常为交纳这些费用而专门跑银行，该怎么办?

一、委托收款结算方式的认知

1. 委托收款结算的概念

委托收款结算是收款人向银行提供收款依据，委托银行向付款人收取款项的结算方式。委托收款具有使用范围广、灵活、简便等特点。

2. 委托收款结算的种类

根据结算款项的划回方式不同，委托收款有邮寄和电报划回等两种，收款单位可以根据到账时间、手续费等因素灵活选择。

邮寄划回和电报划回凭证均为一式五联。第一联为回单，由银行盖章后退给收款单位;第二联为收款凭证，收款单位开户银行作收入传票;第三联为支款凭证，付款人开户银行作为付出传票;第四联为收款通知(或发电依据)，由收款人开户行在款项收妥后给收款人的收款通知(或付款人开户行凭以拍发电报);第五联为付款通知，是付款人开户行给付款人按期付款的通知。

3. 委托收款结算的特点

(1)委托收款不受金额起点的限制。凡是收款单位发生的各种应收款项，不论金额大小，只要委托，银行就给办理。

(2)委托收款付款期为三天，凭证索回期为两天。

(3)银行不负责审查付款单位拒付理由。委托收款结算方式是一种建立在商业信用基础上的结算方式，即由收款人先发货或提供劳务，然后通过银行收款，银行不参与监督，结算中发生争议由双方自行协商解决。

二、委托收款结算方式的基本规定

1. 委托收款结算的申请

收款人委托银行收款，应填写一式五联托收凭证。若以银行以外的单位为付款人的，托收凭证必须记载付款人开户行名称；若以银行以外的单位或者在银行开立账户的个人为收款人的，托收凭证必须记载收款人开户行名称。欠缺记载的，银行不予受理。

2. 委托收款结算的适用范围

委托收款不受地点的限制，在同城、异地都可以办理。凡是在银行和其他金融机构开立账户的单位和个体经济户，其商品交易、劳务款项以及其他应收款项的结算都可以使用委托收款结算方式。

3. 付款人承付的办理

（1）以银行为付款人的，银行应在当日将款项主动支付给收款人。

（2）以单位为付款人的，付款人开户银行在接到委托收款凭证及债务证明时，在托收凭证第五联加盖业务公章，并及时交由付款人签收。付款人应于接到通知的当日书面通知银行付款；如果付款人未在接到通知日的次日起 3 日内通知银行付款的，视同付款人同意付款，银行应于付款人接到通知日的次日起第 4 日上午开始营业时，将款项主动划给收款人。

4. 付款人拒付的办理

付款人审查有关债务证明后，对收款人委托收取的款项需要拒绝付款的，可以办理拒绝付款。

（1）以银行为付款人的，应自收到委托收款及债务证明的次日起 3 日内出具拒绝证明，连同有关债务证明、凭证寄给被委托银行，转交收款人。

（2）以单位为付款人的，应在付款人接到通知日的次日起 3 日内出具拒绝证明，持有债务证明的，应将其送交开户银行。银行将拒绝证明、债务证明和有关凭证一并寄给被委托银行，转交收款人。

付款人对收款人委托收取的款项需要全部拒绝付款的，应在付款期内填制"委托收款结算全部拒绝付款理由书"，并加盖单位公章，连同有关单证送交开户银行，银行不负责审查拒付理由，将拒绝付款理由书和有关凭证及单证寄给收款人开户银行转交收款人。

需要部分拒绝付款的，应在付款期内出具"委托收款结算部分拒绝付款理由书"，并加盖单位公章，送交开户银行，银行办理部分划款，并将部分拒绝付款理由书寄给收款人开户银行转交收款人。

5. 付款人无款支付的办理

付款人在付款期满日、银行营业终了前如无足够资金支付全部款项，即为无款支付。银行于次日上午开始营业时，通知付款人将有关单证（单证已作账务处理的，付款人可填制"应付款项证明书"），在两天内退回开户银行，银行将有关结算凭证连同单证或应付款项证明单退回收款人开户银行转交收款人。

付款人逾期不退回单证的，开户银行应按照委托收款的金额自发出通知的第3天起，每天处以0.5‰但不低于50元的罚金，并暂停付款人委托银行向外办理结算业务，直到退回单证时为止。

三、委托收款结算的业务处理

（一）委托收款结算的业务流程（如图4-106所示）

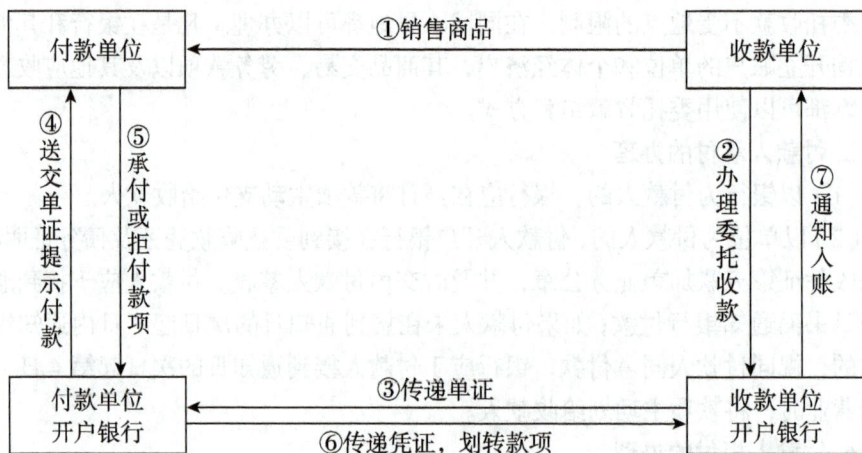

图4-106　委托收款结算基本程序示意图

（二）委托收款结算的账务处理

1. 收款方出纳业务处理流程

（1）正确填写托收凭证。收款单位出纳员应按规定逐项填明委托收款凭证的各项内容，如收款单位名称、账号、开户银行，付款单位的名称、账号或地址、开户银行，委托金额大小写，款项内容（如货款、劳务费等），委托收款凭据名称（如发票等），及所附单证张数等。然后在委托收款凭证第二联上加盖收款单位印章后，将委托收款凭证和委托收款依据一并送交开户银行。

（2）办理托收。收款单位开户银行收到收款单位送交的委托收款凭证和有关单证后，按照有关规定进行认真审查，审查无误后办理委托收款手续，在委托收款凭证第一联上加盖业务公章后退回收款单位，同时按规定收取一定金额的手续费和邮电费。

（3）编制记账凭证。收款单位出纳员和会计员，根据银行盖章退回的手续费支付凭单、委托收款凭证回单、发票等原始凭证，编制有关记账凭证。

（4）登记银行存款日记账。出纳员根据审核无误的银行存款付款凭证，登记银行存款日记账。

（5）编制记账凭证。

①收款方收到全部货款（付款方全部付款）时，收款单位收到银行的委托收款凭证第四联收账通知或电子汇划贷方补充报单，出纳员或会计员据此编制银行存款收款凭证，借记"银行存款"，贷记"应收账款"。

②收款方未能收到货款（付款方全部拒付）时，如果由付款方退回所购货物，收款单位应根据拒付理由书和相关单证开具红字发票，编制转账凭证，冲减原有销售收入，借记"主营业务收入""应交税费"，贷记"应收账款"。

③收款方收到部分货款时（付款方部分拒付）时，根据实际收到部分款项，编制银行存款收款凭证；对方拒付后退回拒付部分货物的，应编制转账凭证，冲销拒付部分销售收入。

（6）登记银行存款日记账。出纳员根据审核无误的银行存款收款凭证，登记银行存款日记账。

2. 付款方出纳业务处理流程

（1）传递凭证。付款人接到开户银行寄来的托收凭证第五联付款通知及有关债务证明，进行认真审核，送交有关领导审批。

（2）办理付款或拒付。出纳应根据审批意见，办理相应的承付或拒付手续。如果企业承付，出纳应在规定时间通知银行付款；如果企业全部或部分拒绝付款，出纳应根据审批意见和有关凭证，在规定时间向开户行办理拒付手续，填写拒付理由书并盖章，将拒付理由书及拒付证明凭证送交开户银行。

（3）编制记账凭证。

①付款方全部付款时，根据托收凭证第五联付款通知或者电子汇划补充报单，编制银行存款付款凭证，借记"应付账款"，贷记"银行存款"。

②付款方全部拒付时，付款单位收到银行盖章退回的"拒绝付款理由书"第一联，由于未引起资金增减变动，因而不必编制会计凭证和登记账簿，只需将"拒绝付款理由书"妥善保管以备查，并在"委托收款登记簿"上登记全部拒付的情况。如果拒绝付款时，对方发出的货物已到收到，则应在"代管物资登记簿"中详细登记拒绝付款物资的有关情况。

③付款方部分拒绝付款时，应当根据银行盖章退回的"拒绝付款理由书"第一联，按照实际付款金额编制银行存款付款凭证，其会计分录和全部付款会计分录相同。

（4）登记银行存款日记账。出纳员根据审核无误的银行存款付款凭证，登记银行存款日记账。

3. 委托收款结算方式账务处理举例

【案例4-11】2012年12月1日，石家庄宏泰机械有限公司出售给长沙机电有限公司一批机器设备，开具增值税专用发票（如图4-107所示），货物已发出，石家庄宏泰机械有限公司拟以委托收款的方式收回货款。

要求：当付款方全部付款时双方出纳办理相关业务；当付款方部分拒付时双方出纳办理相关业务。

河北省增值税专用发票

456674372211

发票联

此联不作报销、扣税凭证使用

No 75545788

开票日期：2012 年 12 月 1 日

购货单位	名　　　称：	长沙机电有限公司							
	纳税人登记号：	201000050556123				密码区		
	地址、电话：	天心区湘府路 33 号 0731-8836994						
	开户银行账号：	工商银行湘府路支行　19010110926587988						

商品或劳务名称	规格型号	单位	数量	单价	金　额	税率 %	税　额
车床	C6150	台	2	28 000.00	56 000.00	17	9 520.00
合　计					￥56 000.00		￥9 520.00

价税合计（大写）	人民币陆万伍仟伍佰贰拾元整	（小写）￥65 520.00

销货单位	名　　　称：	石家庄宏泰机械有限公司	
	纳税人登记号：	360801881112324	备注
	地址、电话：	和平东路 133 号　　0311-82770808	
	开户银行账号：	农业银行中华南大街分行 33323214782555555	

收款人：张科瑞　　　复核：顿纯纯　　　开票人：王海帆　　　销货单位：（章）

（第三联　记账联　销货方记账凭证）

图 4-107　收款方开出销售发票

（1）收款方——石家庄宏泰机械有限公司出纳业务处理程序如下：

①正确填写托收凭证。出纳员填制委托收款凭证，并由印鉴管理人员在第二联收款人签章处加盖单位预留银行印鉴（如图 4-108 所示）。

托收凭证（贷方凭证）2

NO：4301690107　　　委托日期　2012 年 12 月 1 日

业务类型	委托收款（□邮划，☑电划）				托收承付（□邮划，□电划）			
付款人	全称	长沙机电有限公司			收款人	全称	石家庄宏泰机械有限公司	
	账号	19010110926587988				账号	33323214782555555	
	地址	湖南省长沙 市县	开户行	工行湘府路支行		地址	河北省石家庄 市县	开户行	农行中华南大街分行

金额	人民币（大写）	陆万捌仟伍佰贰拾元整	千	百	十	万	千	百	拾	元	角	分
						￥6	8	5	2	0	0	0

款项内容	货款及运费	托收凭证名称	发票	附寄单据张数	2
商品发运情况		已发运	合同名称号码		20120099

备注：	上述款项随附有关债务证明，请予办理。	
收款人开户银行收到日期　年 月 日	赵栋梁印	财务专用章　收款人签章

（此联收款人开户银行作贷方凭证）

图 4-108　出纳员填写委托收款凭证

②办理托收。将填好的一式五联委托收款凭证、发运证件、发票等有关证明送交开户银行办理委托收款手续。银行审查无误后，在委托收款凭证第一联回单上加盖业务公章后退回收款单位（如图4-110所示），同时按规定收取一定金额的手续费和邮电费（如图4-109所示）。

中国农业银行
邮电费、手续费、空白凭证收费单

单位名称：石家庄宏泰机械有限公司　　账号：33323214782555555　　2012年12月1日

收费项目			金　额
名称	数量	种类	
委托收款（电划）	1	手续费	20.00

农业银行石家庄
中华南大街分行
2012.12.01
转讫

人民币（大写）　贰拾元整　　　小写：￥20.00

付款单位（签章）　　　收款行（盖章）

图4-109　银行承兑汇票手续费凭单

托收凭证（受理回单）　1

NO：4301690107　　委托日期　2012年12月1日

业务类型	委托收款（□邮划，☑电划）		托收承付（□邮划，□电划）		
付款人	全称	长沙机电有限公司	收款人	全称	石家庄宏泰机械有限公司
	账号	19010110926587988		账号	33323214782555555
	地址	湖南省长沙　市县　开户行　工行湘府路支行		地址	河北省石家庄　市县　开户行　农行中华南大街分行

金额	人民币（大写）　陆万捌仟伍佰贰拾元整	千 百 十 万 千 百 拾 元 角 分
		￥6 8 5 2 0 0 0

款项内容	货款及运费	托收凭证名称	发票	附寄单据张数	2
商品发运情况	已发运		合同名称号码	20120099	
备注：		款项收妥日期			

中国农业银行石家庄市
中华南大街分行
2012.12.01
票据受理专用章
收妥抵用

此联收款人开户银行给收款人的回单

收款人开户银行盖章

复核　记账　　　年　月　日　　　年　月　日

图4-110　委托收款凭证回单

③编制记账凭证。收款单位出纳员和会计员，根据银行盖章退回的手续费支付凭单、委托收款凭证回单、发票等原始凭证，编制有关记账凭证（如图4–111、图4–112所示）。

转 账 凭 证

2012 年 12 月 1 日 　　　　　　　　　　转字第 25 号

摘要	会 计 科 目		借方金额							贷方金额							记账符号
	总账科目	明细科目	十万	千	百	十	元	角	分	十万	千	百	十	元	角	分	
销售商品	应收账款	长沙机电有限公司	6	5	5	2	0	0	0								
	主营业务收入	C6150 车床								5	6	0	0	0	0	0	
	应交税费	应交增值税（销项）									9	5	2	0	0	0	
合 计 金 额			¥	6	5	5	2	0	0	0	¥6	5	5	2	0	0	0

会计主管：　　　　记账：　　　　审核：李俊涵　　　　制单：卢利奇

附凭证2张

图 4–111　会计员编制记账凭证

付 款 凭 证　　　　　　　　　　**银付字第 2 号**

2012 年 12 月 1 日　　　　　　　　贷方科目：**银行存款**

摘　要	借　方		金　额										√
	总账科目	明细科目	亿	千	百	十	万	千	百	十	元	角	分	
支付运费、手续费	应收账款	长沙机电有限公司						3	0	0	0	0	0	√
	财务费用	手续费							2	0	0	0		
合 计 金 额							¥	3	0	2	0	0	0	√

会计主管：　　　　记账：　　　　审核：卢利奇　　　　制单：李俊涵

附单据2张

图 4–112　出纳员填制记账凭证

④登记银行存款日记账。出纳员根据审核无误的银行存款付款凭证，登记银行存款日记账（如图4–113所示）。

银行存款日记账　　　　　　第78页

2012年		凭证		摘　要	对方科目	借　方	贷　方	余　额
月	日	种类	号数					
12	1			承前页				580 000.00
	1	银付	1	支付运费、手续费	应收账款		3 020.00	
				本日小计			3 020.00	576 980.00

图 4-113　出纳员登记银行存款日记账

⑤收款方收到全部货款（付款方全部付款）时，收款单位收到银行的电子汇划贷方补充报单（如图 4-114 所示），出纳员或会计员据此编制银行存款收款凭证（如图 4-115 所示），登记银行存款日记账（如图 4-116 所示）。

中国农业银行电子联行电划贷方补充报单　　　NO.89417170

2012 年 12 月 3 日　　　　　　　凭证编号：422985

汇出行行号	876905		汇入行行号	8798896	凭证提交号	38127899
付款人	名　称	长沙机电有限公司	收款人	名　称	石家庄宏泰机械有限公司	
	账　号	19010110926587988		账　号	33323214782555555	
	开户行	工商银行湘府路支行		开户行	农业银行中华南大街分行	
金额（大写）		陆万捌仟伍佰贰拾元整	金额（小写）		68 520.00	
事　由		前欠货款	应解汇款编号：			

上列款项已代进账，如有误，请持此联来行商洽。

　　　此致　　　（银行盖章）

科　目（贷）＿＿＿＿＿＿
对方科目（借）＿＿＿＿＿＿
解汇日期：2012 年 11 月 9 日
复核：　　记账：　　出纳：

此联送收款人代收款通知或取款收据　　　　　（电脑打印，手写无效）

（印章：农业银行石家庄中华南大街分行 2012.12.03 转讫）

图 4-114　收款方收账通知

收款凭证　　　　　　银收字第 34 号

2012 年 12 月 3 日　　　　　　借方科目：**银行存款**

摘　要	贷　方		金　额										√
	总账科目	明细科目	亿	千	百	十	万	千	百	十	元	角	分
收回欠款	应收账款	长沙机电有限公司				6	8	5	2	0	0	0	0	√
合　计　金　额					￥	6	8	5	2	0	0	0	0	√

附单据 1 张

会计主管：　　　记账：　　　审核：高洁　　　制单：宋歌

图 4-115　出纳员填制记账凭证

银行存款日记账   第 65 页

2012年		凭证		摘要	对方科目	借方	贷方	余额
月	日	种类	号数					
12	3			承前页				80 000.00
	3	银收	34	收回欠款	应收账款	68 520.00		

图 4-116   出纳员登记银行存款日记账

⑥收款方未能收到货款（付款方全部拒付）时，收款单位根据拒付理由书（如图 4-117 所示）和相关单证（如图 4-118 所示）开具红字发票（如图 4-119 所示），编制转账凭证（如图 4-120 所示），冲减原有销售收入。

托收承付委托收款   结算   全部部分   拒绝付款理由书   （代通知或收账通知）   4

拒付日期   2012 年 12 月 03 日   原托收号码 : 4301690107

付款人	全 称	长沙机电有限公司	收款人	全 称	石家庄宏泰机械有限公司
	账 号	19010110926587988		账 号	33323214782555555
	开户行	工商银行湘府路支行		开户行	农业银行中华南大街分行

托收金额	68 520.00	拒付金额	68 520.00	部分付款金额	千 百 十 万 千 百 拾 元 角 分
					¥ 0 0 0

附寄单据	2	部分付款金额（大写）	

拒付理由：2 件设备质量不符合要求

付款人签章

（竖排）此联作收款单位收账通知或全部拒付通知书

图 4-117   拒付理由书

湖南省特种设备检验所重大问题报告表

受检单位	长沙机电有限公司		单位地址		长沙市湘府路 369 号			
法定代表人	尹学坤	联系电话	18907318888	分管人员	张小兵	联系电话	89631234	
特种设备生产单位重大问题	□未经许可从事相应生产活动： □不再符合许可条件： □拒绝监督检验： ☑产品未经监督检验擅自出厂或者交付用户使用：							
特种设备使用单位重大问题	被检设备名称	普通车床	型号		C6150	使用场所	车间	
			设备编号或代码		AW453			
	使用经检验检测判为不合格的特种设备，检验不合格情况为： ☑使用未经定期检验的特种设备： □作业人员无证上岗： □其他：							
检验单位意见	质量不合格产品，建议报废处理。　　赵宏博							
受检单位意见	同意，不合格产品做退货处理　　　申 琳							

注：本表一式四份，市、县（区）级安全监察机构、检验检测机构、受检单位各一份。

图 4-118　检验证明

河北省增值税专用发票

发票联

№ 75545788

456674372211

此联不作报销、扣税凭证使用　开票日期：2012 年 12 月 3 日

购货单位	名　　称：	长沙机电有限公司				密码区		第三联
	纳税人登记号：	201000050556123						
	地址、电话：	天心区湘府路 33 号 0731-8836994						记账联
	开户银行账号：	工商银行湘府路支行 19010110926587988						

商品或劳务名称	规格型号	单位	数量	单价	金额	税率%	税额
车床	C6150	台	−2	28 000.00	−56 000.00	17	−9 520.00
合　计					￥−56 000.00		￥−9 520.00

价税合计（大写）	人民币（负数）陆万伍仟伍佰贰拾元整	（小写）￥−65 520.00

销货单位	名　　称：	石家庄宏泰机械有限公司	备注
	纳税人登记号：	360801881112324	
	地址、电话：	和平东路 133 号　0311-82770808	
	开户银行账号：	农业银行中华南大街分行 33323214782555555	

收款人：张科瑞　　　复核：顿纯纯　　　开票人：王海帆　　　销货单位（章）

图 4-119　收款方开出红字发票

转 账 凭 证

2012 年 12 月 3 日   转字第 25 号

摘要	会 计 科 目		借方金额								贷方金额								记账符号
	总账科目	明细科目	十万	千	百	十	元	角	分		十万	千	百	十	元	角	分	
销售商品退回	主营业务收入	C6150 车床		5	6	0	0	0	0									
	应交税费	应交增值税（进项）			9	5	2	0	0	0								
	应收账款	长沙机电有限公司										6	5	5	2	0	0	0	
合 计 金 额			¥	6	5	5	2	0	0	0	¥	6	5	5	2	0	0	0	

附凭证 3 张

会计主管：   记账：   审核：李俊涵   制单：卢利奇

图 4-120   会计员冲销收入

⑦收款方收到部分货款时（付款方部分拒付）时，应根据收账通知（如图 4-121 所示）编制银行存款收款凭证（如图 4-122 所示），登记银行存款日记账（如图 4-123 所示）；对方拒付部分根据拒绝付款理由书（如图 4-124 所示），应编制转账凭证（如图 4-125 所示），冲销拒付部分销售收入。

中国农业银行电子联行电划贷方补充报单   NO.89704171

2012 年 12 月 3 日   凭证编号：428529

汇出行行号	876905	汇入行行号	8798896	凭证提交号	38127899

付款人	名 称	长沙机电有限公司	收款人	名 称	石家庄宏泰机械有限公司
	账 号	19010110926587988		账 号	33323214782555555
	开户行	工商银行湘府路支行		开户行	农业银行中华南大街分行

金额（大写）	陆万伍仟伍佰贰拾元整	金额（小写）	65 520.00

事 由	前欠货款	应解汇款编号：

农业银行石家庄
中华南大街分行
2012.12.03
转讫

上列款项已代进账，如有误，请持此联来行商洽。	科 目（贷）_____
	对方科目（借）_____
	解汇日期：2012 年 11 月 9 日
	复核： 记账： 出纳：
此致 （银行盖章）	

此联送收款人代收款通知或取款收据   （电脑打印，手写无效）

图 4-121   收款方收账通知

收款凭证　　　　　　　　　　银收字第 34 号

2012 年 12 月 3 日　　　　　　借方科目：**银行存款**

摘 要	贷 方		金 额	√
	总账科目	明细科目	亿千百十万千百十元角分	
收回欠款	应收账款	长沙机电有限公司	6 5 5 2 0 0 0	√
合 计 金 额			￥6 5 5 2 0 0 0	√

会计主管：　　　记账：　　　审核：<u>高 洁</u>　　　制单：<u>宋 歌</u>

图 4-122　出纳员填制记账凭证

银行存款日记账　　　　　　　　第 65 页

2012年		凭 证		摘 要	对方科目	借 方	贷 方	余 额
月	日	种类	号数					
12	3			承前页				80 000.00
	3	银收	34	收回欠款	应收账款	65 520.00		145 520.00

图 4-123　出纳员登记银行存款日记账

托收承付 / 委托收款　结算 全部/部分　拒绝付款理由书（代通知或收账通知）　4

拒付日期　2012 年 12 月 03 日　　原托收号码：4301690107

付款人	全 称	长沙机电有限公司	收款人	全 称	石家庄宏泰机械有限公司
	账 号	19010110926587988		账 号	33323214782555555
	开户行	工商银行湘府路支行		开户行	农业银行中华南大街分行
托收金额	68 520.00	拒付金额	3 000.00	部分付款金额	千百十万千百拾元角分　￥6 5 5 2 0 0 0
附寄单据		2	部分付款金额（大写）	陆万伍仟伍佰贰拾元整	

拒付理由：根据合同规定，由收款人承担运费。

付款人签章　　　　　　　　　尹学坤印

图 4-124　拒付理由书

转 账 凭 证

2012 年 12 月 3 日 　　　　　　　 转字第 26 号

摘要	会 计 科 目		借方金额								贷方金额								记账符号
	总账科目	明细科目	十万	千	百	十	元	角	分	十万	千	百	十	元	角	分		
对方拒付运费冲销	销售费用	运杂费		3	0	0	0	0	0									
	应收账款	长沙机电有限公司									3	0	0	0	0	0		
合 计 金 额			¥ 3	0	0	0	0	0		¥ 3	0	0	0	0	0			

会计主管：　　　　记账：　　　　审核：李俊涵　　　　制单：卢利奇

图 4-125　会计员冲销收入

（2）付款方——长沙机电有限公司出纳账务处理程序如下：

①传递凭证。接到开户银行寄送的托收凭证第五联（如图 4-126 所示）及有关债务证明后，交有关人员办理付款申请手续。

托收凭证（付款通知） 5

NO：4301690107 　　　委托日期　2012 年 12 月 1 日　　　付款期限 2012 年 12 月 4 日

业务类型	委托收款（□邮划，☑电划）			托收承付（□邮划，□电划）			
付款人	全称	长沙机电有限公司		收款人	全称	石家庄宏泰机械有限公司	
	账号	19010110926587988			账号	33323214782555555	
	地址	湖南省长沙　市县　开户行　工行湘府路支行			地址	河北省石家庄　市县　开户行　农行中华南大街分行	

金额（大写）	人民币　陆万捌仟伍佰贰拾元整	千	百	十	万	千	百	拾	元	角	分
					¥ 6	8	5	2	0	0	0

款项内容	货款及运费	托收凭证名称	发票	附寄单据张数	2
商品发运情况		已发运	合同名称号码	20120099	

备注：

农业银行广州市
珠江分行
2012.12.03
转讫

付款人开户银行签章
2012 年 12 月 4 日

付款人注意：
1. 根据支付结算办法规定，上列托收款项，如超过承付期限未提出拒付，即视同全部承付。以此联代付款通知。
2. 如系全部或部分拒付，应在承付期限内另填拒绝承付理由书送银行办理。

复核　记账

此联收款人开户银行给付款人的付款通知

图 4-126　付款通知书

②付款方全部付款时,根据付款通知书,编制银行存款付款凭证(见图4-127所示),登记银行存款日记账(见图4-128所示)。

<table>
<tr><td colspan="9" align="center">付 款 凭 证</td><td colspan="2" align="right">银付字第17号</td></tr>
<tr><td colspan="4" align="center">2012 年 12 月 4 日</td><td colspan="7" align="right">贷方科目:银行存款</td></tr>
</table>

摘　要	借　方		金　额									√
	总账科目	明细科目	亿	千	百	十	万	千	百	十	元	角	分	√
偿还欠款	应付账款	石家庄宏泰机械有限公司					6	8	5	2	0	0	0	√
合 计 金 额						￥	6	8	5	2	0	0	0	√

会计主管:　　　记账:　　　审核: 朱荣鑫　　　制单: 张媛媛

图 4-127　出纳员填制记账凭证

<table>
<tr><td colspan="8" align="center">银行存款日记账</td><td align="right">第 61 页</td></tr>
</table>

2012 年		凭　证		摘　要	对方科目	借　方	贷　方	余　额
月	日	种类	号数					
12	4			期初余额				580 000.00
	4	银付	17	偿还欠款	应付账款		68 520.00	
				本日小计			68 520.00	511 480.00

图 4-128　出纳员登记银行存款日记账

③付款方全部拒付时,付款单位收到银行盖章退回的"拒绝付款理由书"第一联,由于未引起资金增减变动,因而不必编制会计凭证和登记账簿。

④付款方部分拒绝付款时,应当根据实际付款金额编制银行存款付款凭证(见图4-129所示),登记银行存款日记账(见图4-130所示)。

<table>
<tr><td colspan="9" align="center">付 款 凭 证</td><td colspan="2" align="right">银付字第17号</td></tr>
<tr><td colspan="4" align="center">2012 年 12 月 4 日</td><td colspan="7" align="right">贷方科目:银行存款</td></tr>
</table>

摘　要	借　方		金　额									√
	总账科目	明细科目	亿	千	百	十	万	千	百	十	元	角	分	√
偿还欠款	应付账款	石家庄宏泰机械有限公司					6	5	5	2	0	0	0	√
合 计 金 额						￥	6	5	5	2	0	0	0	√

会计主管:　　　记账:　　　审核: 朱荣鑫　　　制单: 张媛媛

图 4-129　出纳员填制记账凭证

银行存款日记账　　　　　　　　　　　　第 61 页

2012年		凭证		摘　要	对方科目	借　方	贷　方	余　额
月	日	种类	号数					
12	4			期初余额				580 000.00
	4	银付	17	偿还欠款	应付账款		65 520.00	
				本日小计			65 520.00	514 480.00

图 4-130　出纳员登记银行存款日记账

任务八　托收承付结算方式业务处理

🔒 想一想

甲企业（系国有工业企业）急需一批零部件，该企业领导经研究决定一部分由企业提供原材料，由外地乙企业（系私营企业）加工。余下部分从外地丙企业（系国有工业企业）购进。之后甲企业分别与乙企业、丙企业签订了加工承揽合同和购销合同。加工费和价款分别为 2 万元和 8 千元，两合同均约定采用托收承付结算方式。

问：两合同采用的结算方式是否符合法律的规定？

一、托收承付结算方式的认知

（一）托收承付的概念

托收承付亦称异地托收承付，是指根据购销合同由收款人发货后委托银行向异地付款人收取款项，由付款人向银行承认付款的结算方式。

（二）托收承付的种类

异地托收承付结算款项的划回方法，分邮寄和电报两种，由收款人选用。

邮寄和电报两种结算凭证均为一式五联。第一联回单，是收款人开户行给收款人的回单；第二联委托凭证，是收款人委托开户行办理托收款项后的收款凭证；第三联支票凭证，是付款人向开户行支付货款的支款凭证；第四联收款通知，是收款人开户行在款项收妥后给收款人的收款通知；第五联承付（支款）通知，是付款人开户行通知付款人按期承付货款的承付（支款）通知。

二、托收承付结算方式的基本规定

（一）托收承付结算方式的适用范围

《支付结算办法》规定，托收承付的适用范围是：

（1）使用托收承付结算方式的收款单位和付款单位，必须是国有企业、供销合作社以及经营管理较好，并经开户银行审查同意的城乡集体所有制工业企业。

（2）办理托收承付结算的款项，必须是商品交易，以及因商品交易而产生的劳务供应的款项。代销、寄销、赊销商品的款项不得办理托收承付结算。

（3）收付双方使用托收承付结算必须签有符合《经济合同法》的购销合同，并在合同中注明使用异地托收承付结算方式。

（4）收款人办理托收，必须具有商品确已发运的证件。

（5）收付双方办理托收承付结算，必须重合同、守信誉。根据《支付结算办法》规定，若收款人对同一付款人发货托收累计三次收不回货款的，收款人开户银行应暂停收款人向付款人办理托收；付款人累计三次提出无理拒付的，付款人开户银行应暂停其向外办理托收。

（6）托收承付结算方式只限于异地使用。

（二）托收承付结算方式的结算起点

《支付结算办法》规定，托收承付结算每笔的金额起点为 10 000 元；新华书店系统每笔金额起点为 1 000 元。

（三）付款人承付的办理

付款人开户银行收到托收凭证及其附件后，应当及时通知付款人。通知的方法可以采取付款人到银行自取或由银行邮寄给付款人。承付货款的方法由收付双方自行商定选择，包括验单付款和验货付款两种。

（1）验单付款。实行验单付款的，其承付期为 3 天，从付款单位开户银行发出承付通知的次日算起，承付期内遇到法定节假日顺延，对距离较远的付款单位必须邮寄的另加邮寄时间。付款人在承付期未向银行表示拒绝付款，银行即视为承付，在承付期满的次日将款项主动划转收款人。

（2）验货付款。实行验货付款的，承付期为 10 天，从运输部门向付款人发出提货通知的次日算起，对收付双方在合同中明确规定，并在托收凭证上注明验货付款期限的，银行从其规定。实行验货付款的，收款单位在办理托收手续时应在托收凭证上加盖"验货付款"戳记。付款人收到提货通知后，应立即向银行交验提货通知。付款人在银行发生承付通知的次日起 10 天内，未收到提货通知的，应在第 10 天将货物尚未到达的情况通知银行。在第 10 天付款人没有通知银行的，银行即视为已经验货，于 10 天期满的次日上午将款项划给收款人。

（四）付款人拒付的办理

付款人在承付期内，有正当理由，可向银行提出全部或部分拒绝付款。依照《支付结算办法》规定，该理由包括：

（1）没有签订购销合同或未定明异地托收承付结算方式购销合同的款项。

（2）未经双方事先达成协议，收款人提前交货或因逾期交货付款人不再需要该项货物的款项。

（3）未按合同规定的到货地址发货的款项。

（4）代销、寄销、赊销商品的款项。

（5）验单付款，发现所列货物的品种、规格、数量、价格与合同规定不符，或货物已到，经查验货物与合同规定或发货清单不符的款项。

（6）验货付款，经查验货物与合同规定或与发货清单不符的款项。

（7）货款已经支付或计算有错误的款项。

不属上述情况的，付款人不得向银行提出拒绝付款。

付款人对以上情况提出拒绝付款时，必须填写"拒绝付款理由书"，并加盖单位公章，注明拒绝付款理由，涉及合同的应引证合同上的有关条款。属于商品质量问题，需要提供商品检验部门的检验证明；属于商品数量问题，需要提供数量问题的证明及其有关数量的记录；属于外贸部门进口商品，应当提供国家商品检验或运输等部门出具的证明，一并送交开户银行。

拒绝付款理由书一式四联。第一联回单或支款通知，由银行给付款人的回单或支款通知；第二联支款凭证，由银行作付出传票或存查；第三联收款凭证，由银行作收入传票或存查；第四联代通知或收款通知，由银行给收款人作收款通知或全部拒付通知书。

开户银行经审查，认为拒付理由不成立，均不受理，应实行强制扣款。银行同意部分或全部拒付的，应在拒绝付款理由书上签注意见。如果是部分拒绝付款，除办理部分付款外，应将拒绝付款理由书连同拒付证明和拒付商品清单邮寄收款人开户银行转交收款人。如果是全部拒绝付款，应将拒绝付款理由书连同拒付证明和有关单证邮寄收款人开户银行转交收款人。

三、托收承付结算的业务处理

（一）托收承付结算的业务流程（如图 4-131 所示）

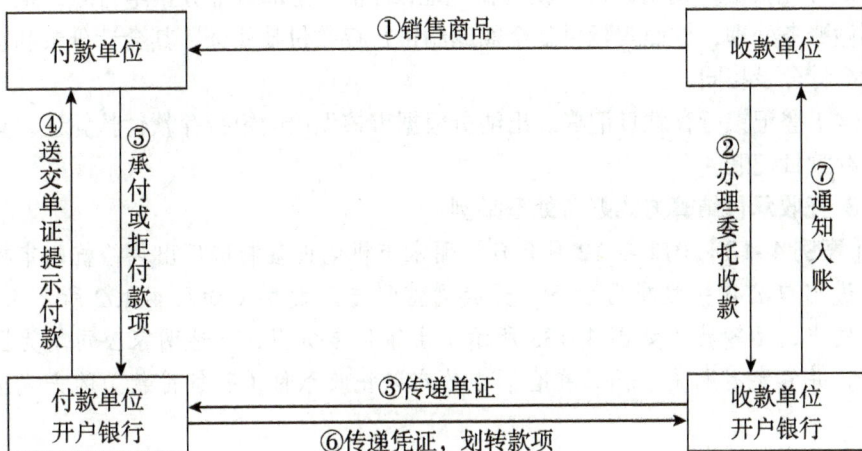

图 4-131　托收承付结算流程示意图

（二）托收承付结算的账务处理（同委托收款结算方式相同）

1. 收款方出纳业务处理流程（同委托收款结算方式收款方出纳处理流程类似）

（1）正确填写托收凭证。出纳员填写托收凭证，在第二联上加盖收款单位印章。

（2）办理托收。将五联托收凭证、发运证明和有关单证送交开户银行办理托收手续。

（3）编制记账凭证。根据银行盖章退回的托收凭证第一联、手续费支付凭单、发票等原始凭证，编制有关记账凭证，登记银行存款日记账。

（4）编制记账凭证。根据收到的收账通知或拒付理由书，编制记账凭证。

（5）登记银行存款日记账。出纳员根据审核无误的银行存款收款凭证，登记银行存款日记账。

2. 付款方出纳业务处理流程（同委托收款结算方式付款方出纳处理流程类似）

（1）传递凭证。付款人接到开户银行寄来的托收凭证第五联付款通知及有关债务证明，并进行认真审核，送交有关领导审批。

（2）办理付款或拒付。出纳应根据审批意见，办理相应的承付或拒付手续。如果企业承付，出纳应在规定时间通知银行付款；如果企业全部或部分拒绝付款，出纳应根据审批意见和有关凭证，在规定时间向开户行办理拒付手续，填写拒付理由书并盖章，将拒付理由书及拒付证明凭证送交开户银行。

（3）编制记账凭证。若企业全部付款，根据托收凭证第五联付款通知或者电子汇划补充报单，编制银行存款付款凭证；若企业全部或部分拒绝付款，拒付部分不做账务处理，按照实际付款金额编制银行存款付款凭证，其会计分录和全部付款会计分录相同。

（4）登记银行存款日记账。出纳员根据审核无误的银行存款付款凭证，登记银行存款日记账。

3.托收承付结算方式账务处理举例

【案例4-12】2012年12月8日，丽水市机电设备制造厂出售给杭州市机电设备进出口公司一批机器设备，开具增值税专用发票（如图4-132所示），货物已发出，运输费（如图4-133所示）由销货方负担，上述两家公司均为国有企业，并签定有购货合同，在合同中约定以托收承付（验货付款）的方式进行结算。

要求：付款方全部付款时，分别以收付双方出纳身份办理相关业务。

浙江省增值税专用发票

674321145672　　　　　　　　　　发票联　　　　　　　　　No 87554578

此联不作报销、扣税凭证使用　　　　　　　开票日期：2012年12月8日

购货单位	名　称：杭州市机电设备进出口公司 纳税人登记号：280602002230571 地址、电话：杭州市解放街118号 0571-86651123 开户银行账号：农行长河支行 39507001040600578					密码区		
商品或劳务名称	规格型号	单位	数量	单价	金额	税率%	税额
A设备		台	100	8 000.00	800 000.00	17	136 000.00
合　计					¥800 000.00		¥136 000.00
价税合计（大写）	人民币玖拾叁万陆仟整			（小写）¥936 000.00			
销货单位	名　称：丽水市机电设备制造厂 纳税人登记号：360801001000578 地址、电话：丽水市大众街88号 0578-3130001 开户银行账号：建行处州支行 580002101050087					备注		

收款人：杨丽丽　　　复核：白百合　　　开票人：穆佳丽　　　销货单位：（章）

图4-132　销售发票

公路内河货物运输业统一发票

发票联

备查号:

开票日期　2012 年 12 月 8 日

发票代码: 23703041110

发票号码: 00007457

机打代码	237030412788	税控码	略		
机打号码					
机器编号	00008685				
收货人及纳税人识别号	杭州市机电设备进出口公司 280602002230571	承运人及纳税人识别号	丽水货物运输公司 730105001376421		
发货人及纳税人识别号	丽水市机电设备制造厂 360801001000578	主管税务机关及代码	731030566		
运输项目及金额	货物名称　数量　运费金额 A 设备　100 台　800.00	其他项目及金额	备注（手写无效） 730105001376421 发票专用章 代开单位盖章		
运费小计	￥800.00	其他费用小计			
合计（大写）　人民币捌佰元整		（小写）￥800.00			
代开单位及代码		扣缴税额、税率完税凭证号码			

收款人:　　　　　　　复核:　　　　　　　开票人: 郑兰英

第二联: 发票联　付款方记账凭证

图 4-133　运费发票

（1）收款方——丽水市机电设备制造厂出纳处理业务程序如下:

①填制托收凭证,并在第二联收款人签章处加盖单位预留银行印鉴（如图 4-134 所示）。

托收凭证（贷方凭证）　2

NO: 3300090112　　　委托日期　2012 年 12 月 9 日

业务类型	委托收款（□邮划,□电划）				托收承付（□邮划,☑电划）											
付款人	全称	杭州市机电设备进出口公司			收款人	全称	丽水市机电设备制造厂									
	账号	39507001040600578				账号	580002101050087									
	地址	浙江省杭州 市县	开户行	农行长河支行		地址	浙江省丽水 市县	开户行	建行处州支行							

金额	人民币（大写）　玖拾叁万陆仟元整	千	百	十	万	千	百	拾	元	角	分
			￥	9	3	6	0	0	0	0	0

款项内容	货款	托收凭证名称	发票	附寄单据张数	2
商品发运情况	已发运	合同名称号码		20120101	

备注:

上述款项随附有关债务证明,请予办理

收款人开户银行收到日期
年 月 日

收款人签章

收款人开户银行盖章
年 月 日

此联是收款人开户银行作贷方凭证

图 4-134　出纳员填写托收凭证

②办理托收。将填好的五联托收承付凭证、发运证件或其他符合托收承付结算的有关证明和交易单证送交开户银行办理托收承付手续。

③编制记账凭证。银行审查受理后，将加盖开户银行业务受理章的托收承付凭证第一联（如图4-135所示）及手续费支付凭证（略）传递给相关人员编制记账凭证（如图4-136、图4-137所示），登记银行存款日记账（略）。

托收凭证（受理回单） 1

NO：3300090112　　　　委托日期　2012 年 12 月 9 日

业务类型	委托收款（□邮划，□电划）			托收承付（□邮划，☑电划）			
付款人	全称	杭州市机电设备进出口公司		收款人	全称	丽水市机电设备制造厂	
	账号	39507001040600578			账号	580002101050087	
	地址	浙江省杭州　市县	开户行	农行长河支行	地址	浙江省丽水　市县	开户行 建行处州支行
金额	人民币（大写）	玖拾叁万陆仟元整		千百十万千百拾元角分 ￥9 3 6 0 0 0 0 0			
款项内容	货款	托收凭证名称	发票	附寄单据张数 2			
商品发运情况		已发运	合同名称号码				
备注：		款项收妥日期		中国建设银行 20120101 丽水市处州支行 2012.12.09 票据受理专用章 收妥抵用			
收款人开户银行收到日期　年 月 日				收款人开户银行盖章　年 月 日			

此联是收款人开户银行给收款人的回单

图 4-135　托收凭证的受理回单

转 账 凭 证

2012 年 12 月 9 日　　　　　　　　　　转字第 25 号

摘要	会 计 科 目		借方金额	贷方金额	记账符号
	总账科目	明细科目	十万千百十元角分	十万千百十元角分	
销售商品	应收账款	杭州机电设备公司	9 3 6 0 0 0 0 0		
	主营业务收入	A 设备		8 0 0 0 0 0 0 0	
	应交税费	应交增值税（销项）		1 3 6 0 0 0 0 0	
合 计 金 额			9 3 6 0 0 0 0 0	9 3 6 0 0 0 0 0	

附凭证 2 张

会计主管：　　　记账：　　　审核：郑海娇　　　制单：张月圆

图 4-136　会计员编制记账凭证

付 款 凭 证　　　　　　　银付字第 8 号

2012 年 12 月 9 日　　　　　　　贷方科目：银行存款

摘　要	借　方		金　额	√
	总账科目	明细科目	亿 千 百 十 万 千 百 十 元 角 分	
支付手续费	财务费用	手续费	3 0 0 0	√
合　计　金　额			￥3 0 0 0	√

附单据2张

会计主管：　　　记账：　　　审核：卢利奇　　　制单：李俊涵

图 4-137　出纳编制记账凭证

④编制记账凭证。12 月 19 日，将收到开户银行转来的电子联行电划贷方补充报单（如图 4-138 所示），据此再编制记账凭证（如图 4-139 所示）。

中国建设银行电子联行电划贷方补充报单（第三联）

建行丽水市运行分中心城区核算组　　　2012 年 12 月 19 日　　　凭证编号：211

汇出行行号	25433	汇入行行号	26125	凭证提交号	38337899
付款人 账 号	39507001040600578		收款人 账 号	580002101050087	
名 称	杭州市机电设备进出口公司		名 称	丽水市机电设备制造厂	
金额大写	玖拾叁万陆仟元整		金 额	￥936 000.00	
事 由	货款		应解汇款编号：		

上列款项已代进账，如有误，请持此联来行商洽。

中国建设银行丽水市处州支行
2012.12.19
业务清讫

科　目（贷）＿＿＿＿＿
对方科目（借）＿＿＿＿＿
解汇日期：2012 年 12 月 19 日
复核：　　记账：　　出纳：

此致　（银行盖章）

（此联送收款人代收款通知或取款收据）　　　　　电脑打印　手工无效

图 4-138　收账通知

收 款 凭 证　　　　　　　　　　**银收字第 34 号**

2012 年 12 月 19 日　　　　　　借方科目：**银行存款**

摘　要	贷　方		金　额											√
	总账科目	明细科目	亿	千	百	十	万	千	百	十	元	角	分	
收回欠款	应收账款	杭州机电设备公司			9	3	6	0	0	0	0	0	0	√
合　计　金　额				¥	9	3	6	0	0	0	0	0	0	√

附单据 1 张

会计主管：　　　　记账：　　　　审核：高　洁　　　　制单：宋　歌

图 4-139　出纳员填制记账凭证

　　⑤登记银行存款日记账。根据审核无误的记账凭证登记银行存款日记账（如图 4-140 所示）。

银行存款日记账　　　　　　　　　　第 65 页

2012 年		凭　证		摘　要	对方科目	借　方	贷　方	余　额
月	日	种类	号数					
12	19			承前页				80 000.00
	19	银收	34	收回欠款	应收账款	936 000.00		

图 4-140　出纳员登记银行存款日记账

　　（2）付款方——杭州市机电设备进出口公司出纳处理业务程序如下：

　　①传递凭证。在接到开户银行寄送的托收凭证第五联（如图 4-141 所示）及有关债务证明后，交有关人员办理付款申请手续。

托收凭证（付款通知） 5

NO：3300090112　　　　委托日期　2012 年 12 月 9 日　　付款期限 2012 年 12 月 19 日

业务类型	委托收款（□邮划，□电划）		托收承付（□邮划，☑电划）			
付款人	全称	杭州市机电设备进出口公司	收款人	全称	丽水市机电设备制造厂	
	账号	39507001040600578		账号	580002101050087	
	地址	浙江省杭州 市县 开户行 农行长河支行		地址	浙江省丽水 市县 开户行 建行处州支行	

金额	人民币（大写）	玖拾叁万陆仟元整	千 百 十 万 千 百 拾 元 角 分 ￥ 9 3 6 0 0 0 0 0

款项内容	货款	托收凭证名称	发票	附寄单据张数	2
商品发运情况		已发运	合同名称号码		20120101

备注：

验货付款

中国农业银行
杭州市长河支行
2012.12.19
转讫

付款人开户银行收到日期
2012 年 12 月 9 日
复核　记账

付款人开户银行签章
年　月　日

付款人注意：
1. 根据支付结算办法规定，上列托收款项，如超过承付期限未提出拒付，即视同全部承付。以此联代付款通知。
2. 如系全部或部分拒付，应在承付期限内另填拒绝承付理由书送银行办理。

此联是付款人开户银行给付款人的付款通知作贷方凭证

图 4-141　付款通知

　②付款方全部付款时，根据付款通知书，编制银行存款付款凭证（见图 4-142 所示），登记银行存款日记账（见图 4-143 所示）。

付款凭证　　　　　银付字第 17 号

2012 年 12 月 19 日　　　贷方科目：银行存款

摘要	借方		金额	√
	总账科目	明细科目	亿 千 百 十 万 千 百 十 元 角 分	
偿还欠款	应付账款	丽水市机电设备制造厂	9 3 6 0 0 0 0 0	√
合计金额			￥ 9 3 6 0 0 0 0 0	√

附单据 1 张

会计主管：　　　记账：　　　审核：朱荣鑫　　　制单：张媛媛

图 4-142　出纳员填制记账凭证

银行存款日记账　　　第 61 页

2012年		凭证		摘要	对方科目	借方	贷方	余额
月	日	种类	号数					
12	19			期初余额				1 580 000.00
	19	银付	17	偿还欠款	应付账款		936 000.00	

图 4-143　出纳员登记银行存款日记账

任务九　信用卡结算业务处理

想一想

兴隆商贸公司在开户银行办理了单位信用卡，在使用过程中将单位信用卡交给单位领导人使用，单位领导消费时将信用卡资金转到个人卡上使用，还款时将款项从基本存款账户中转账到单位信用卡账户。单位领导消费时曾持卡支取大量现金，并用信用卡购买汽车一辆，价值 15 万元。

问：请分析兴隆商贸公司在信用卡结算中存在的问题。

一、信用卡结算的认知

（一）信用卡的概念

信用卡是指商业银行向个人和单位发行的，凭以向特约单位购物、消费和向银行存取现金，具有消费信用的特制卡片。

（二）信用卡的种类

信用卡按发卡对象不同分为单位卡和个人卡。按持卡人的信誉、资信情况不同分为金卡、银卡和普通卡。

二、信用卡结算方式的基本规定

（一）信用卡的申领和使用

1. 信用卡的申领

（1）申请人填写信用卡申请表。并连同有关资料一并交发卡行。

（2）发卡银行受理信用卡申请。发卡行对申请表进行审查核实，经审查核实符合发卡条件的，向申请人发出信用卡通知书，通知申请人到发卡银行办理信用卡存款开户手续，并领取信用卡。

2. 信用卡的使用

（1）信用卡仅限于合法持卡人本人使用，持卡人不得出租或转借信用卡。

（2）持卡人可持信用卡在特约单位购物、消费。但单位卡不得用于 10 万以上的商品交易、劳务供应款项的结算，且一律不得提取现金。

（3）持卡人持卡在特约单位购物、消费时，应将信用卡和身份证一并交特约单位并在签购单上签名确认。

（二）信用卡结算的适用范围

信用卡适用于持卡人在国内同城及异地各大中城市的相关银行提取、存入现金或在同城及异地的特约单位（如商场、饭店、宾馆等）进行购物和消费的款项结算。

（三）信用卡的基本管理规定

（1）商业银行只有经中国人民银行批准，才可以发行信用卡。非金融机构、境外金融机构的驻华代表机构不得发行信用卡和代理收款结算业务。

（2）凡在中国境内金融机构开立基本账户的单位可申领单位卡。其资金一律从基本存款账户转入，不得交存现金，不得将销货收入的款项存入其信用卡账户。

（3）单位卡一律不得支取现金，不得用于 10 万元以上的商品交易、劳务供应款项的结算。

（4）信用卡允许善意透支。自 2007 年 3 月 1 日起，由中国人民银行颁布的《银行卡业务管理办法》已经开始生效。该办法规定，金卡的透支额最高不超过 1 万元，普通卡最高不超过 5 000 元，透支期限为 60 天。

（5）透支的规定。信用卡在规定的限额和期限内允许善意透支，透支利息自签单日或银行记账日起 15 日内按日息万分之五计算，超过 15 日按日息万分之十计算，超过 30 日或透支金额超过规定的，按日息万分之十五计算。透支利息不分段，按最后期限或最高透支额的最高利率档次计息，信用卡不得恶意透支。

三、信用卡结算的业务处理

1. 信用卡结算的业务流程

（1）申请信用卡应填制申请表，连同有关资料一并送交发卡银行。

（2）符合条件，并按银行要求交纳一定金额的备用金后，银行为申请人开立信用卡存款账户，并发放信用卡。

（3）出纳员开出支票从基本存款账户转入资金。

（4）持卡人持卡消费，取得原始凭证后交由财务人员进行账务处理。

2.设置账户

为了核算信用卡账户资金收支和结存情况，企业应设置"其他货币资金——信用卡存款"账户。该账户属于资产类，借方登记其他货币资金的增加数；贷方登记其他货币资金的减少数；期末借方余额反映企业实际持有的其他货币资金。

3.信用卡结算的账务处理

（1）出纳员开出支票，从基本存款账户转入资金到信用卡账户时，根据支票存根和银行退回的进账单回单，编制记账凭证，登记银行存款日记账。

【**案例4-13**】2012年12月1日，石家庄宏泰机械有限公司出纳，开出转账支票10 000元转存到单位信用卡账户，石家庄宏泰机械有限公司出纳账务处理流程如下：

①出纳员填写转账支票（如图4-144所示）和银行进账单（如图4-145所示），并加盖预留银行印鉴。

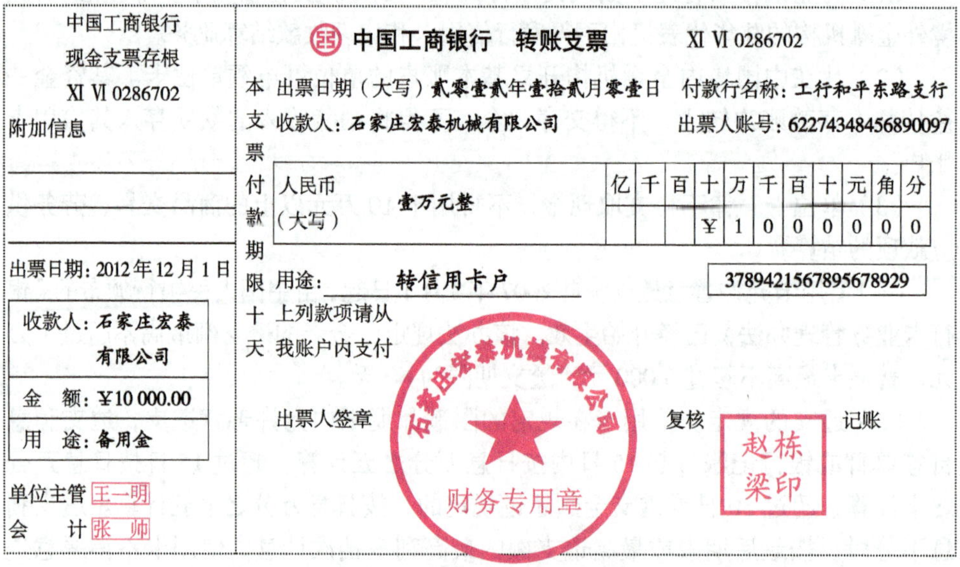

图4-144　出纳员填写转账支票

中国工商银行进账单（回单）1

2012 年 12 月 1 日

出票人	全　　称	石家庄宏泰机械有限公司		收款人	全　　称	石家庄宏泰机械有限公司
	账　　号	62274348456890097			账　　号	62275678456870077
	开户银行	工商银行和平东路支行			开户银行	工商银行和平东路支行

金额	人民币（大写）壹万元整	千	百	十	万	千	百	十	元	角	分
					￥	1	0	0	0	0	0

票据种类	转账支票	票据张数	1
票据号码	0286702		

中国工商银行石家庄市
和平东路支行
2012.12.01
票据受理专用章
收妥抵用

复核：　　　记账：

开户银行盖章

此联是收款人开户银行交持票人的回单

图 4-145　出纳员填写银行进账单

②出纳员根据转账支票存根（如图 4-146 所示）和进账单回单（如图 4-145 所示），编制记账凭证（如图 4-147 所示），登记银行存款日记账（如图 4-148 所示）。

中国工商银行
现金支票存根
XI VI 0286702

附加信息

_____

_____

出票日期：2012 年 12 月 1 日

收款人：石家庄宏泰机械有限公司

金　额：￥10 000.00

用　途：备用金

备　注：

单位主管 王一明　　　会计 张　帅

图 4-146　转账支票存根

付 款 凭 证

2012 年 12 月 1 日　　　　　　　　银付字第 1 号

贷方科目：**银行存款**

摘 要	借 方		金 额	√
	总账科目	明细科目	亿 千 百 十 万 千 百 十 元 角 分	
转存信用卡账户	其他货币资金	信用卡存款	1 0 0 0 0 0 0	
合 计 金 额			￥ 1 0 0 0 0 0 0	√

会计主管：　　　　记账：　　　　审核：肖 力　　　　制单：张 帅

附单据 1 张

图 4-147　出纳员填制记账凭证

银行存款日记账　　　　　　　第 76 页

2012年		凭 证		摘 要	对方科目	借 方	贷 方	余 额
月	日	种类	号数					
12	1			承前页				104 800.00
	1	银付	1	转存信用卡账户	其他货币资金		10 000.00	
				本日小计			10 000.00	94 800.00

图 4-148　出纳员登记银行存款日记账

（2）单位持卡购物或消费，根据发票等报销凭证，会计员进行相应账务处理，编制记账凭证。

【案例 4-14】2012 年 12 月 2 日，石家庄宏泰机械有限公司办公室主任，持卡购买宣传材料，报销宣传用品费 2 230 元，石家庄宏泰机械公司会计肖力的账务处理程序如下：

①审核原始凭证（如图 4-149 所示）。

河北省石家庄市商业企业发票

发票联

发票代码：2130606265

客户名称：**石家庄宏泰机械有限公司**　　2011 年 12 月 2 日　　发票号码：450987

品名及规格	单 位	数 量	单 价	金 额						
				万	仟	佰	拾	元	角	分
海报	张	10	40			4	0	0	0	0
X 展架	个	10	120	1	2	0	0	0	0	
音箱设备	套	1	630			6	3	0	0	0
合计	人民币贰仟贰佰叁拾元整			￥ 2	2	3	0	0	0	

开票单位（盖章）　　　　收款人：赵 杰　　　　开票人：樊海悦

第二联　发票联（购货方收执）

图 4-149　销售发票

②编制记账凭证（如图 4-150 所示）。

转 账 凭 证

2012 年 12 月 2 日　　　　　　　　　　　　转字第 2 号

摘 要	会计科目		借方金额								贷方金额								记账符号
	总账科目	明细科目	十	万	千	百	十	元	角	分	十	万	千	百	十	元	角	分	
报销信用卡费用	销售费用	广告费			2	2	3	0	0	0									
	其他货币资金	信用卡存款											2	3	3	0	0	0	
	合 计 金 额				¥2	2	3	0	0	0		¥2	2	3	0	0	0		

附凭证 2 张

会计主管：　　　记账：　　　审核：　　　制单：肖 力

图 4-150 会计员编制记账凭证

任务十 银行存款清查业务处理

🔒 **想一想**

出纳员小张签发一张面值为 100 000 元的转账支票，却被银行告知是空头支票，并被处以 50 元罚款。小张检查自己的银行存款日记账余额，日记账上明明有 112 300 元的余额，怎会出现空头支票呢？

问：你能解答小张的疑问吗？

一、银行存款清查的认知

（一）银行存款清查的概念

为了防止银行存款账目发生差错，准确掌握单位银行存款的实际金额，企业应定期进行银行存款清查。银行存款清查是指企业对银行存款日记账账面记录应与银行存款总账、收付款凭证、银行对账单核对，做到账账、账证、账实相符。

（二）银行存款清查的方法

银行存款清查采用的方法是核对法，即银行存款日记账与银行对账单核对。

（三）银行存款清查的内容

银行存款的清查主要包括三个环节：

1. 账证核对

收付款凭证是登记银行存款日记账的依据，账目和凭证应该是完全一致的，但是在记账过程中，由于各种原因，往往会发生重记、漏记，记错方向或记错数字等情况。账证核对主要按照业务发生后顺序一笔一笔进行，检查项目主要是：

（1）核对凭证的编号。

（2）检查记账凭证与原始凭证看两者是否完全相符。

（3）查对账证金额与方向的一致性。

检查中发现差错，要立即按照规定方法更正，以确保账证完全一致。

2. 账账核对

银行存款日记账是根据收付款凭证逐项登记的，银行存款总账是根据收付款凭证汇总登记的，记账依据是相同的，记录结果应一致，但由于两种账簿是不同人员分别记账的，而且总账一般是汇总登记的，在汇总和登记过程中，都有可能发生差错。银行存款日记账是逐笔登记，记录次数多，难免会发生差错。平时是经常核对两账的余额，每月终了结账后，总账各科目的借方发生额，贷方发生额以及月末余额都已试算平衡，一定还要将其分别同银行存款日记账中的本月收入合计数、支出合计数和余额相互核对。如果不符，先应查出差错在哪一方，如果借方发生额出现差错，应查找银行存款收款凭证和银行存款收入一方的账目。反之，则查找银行存款付款凭证和银行存款付出一方的账目。找出差错，应立即加以更正，做到账账相符。

3. 账实核对

企事业单位在银行中的存款实有数是通过"银行对账单"来反映的，所以账实核对是银行存款日记账定期与"银行对账单"核对，至少每月　次，这是出纳人员的一项重要日常工作。

理论上讲，"银行存款日记账"的记录对银行开出的"银行存款对账单"无论是发生额，还是期末余额都应是完全一致的，因为它是同一账号存款的记录，但是通过核对，会发现双方的账目经常出现不一致的情况，原因有两个：一是双方账目可能发生记录或计算上的错误，如单位记账时漏记、重记，银行对账单串户等，这种错误应由双方及时查明原因，予以更正。二是有"未达账项"，"未达账项"是指由于期末银行与企业凭证传递时间的差异，而造成的银行与开户单位之间一方入账，另一方尚未入账的账项。

当出现未达账项，应由对账人员编制"银行存款余额调节表"，消除未达账项的影响，使银行存款账面余额与银行对账单调节相符。

二、银行存款余额调节表的编制

（一）银行存款余额调节表的编制意义

银行存款余额调节表，是出纳人员为了核对本单位银行存款日记账余额与银行的存款账面余额而编制的，通过对双方未达账项进行调整，而实现双方余额平衡的一种报表。编制银行存款余额调节表的意义如下：

（1）编制银行存款余额调节表的目的只是为了核对账目，检查账簿记录是否正确，所以，调整的未达账项并不入账。

（2）调节后如果双方余额相等，一般可以认为双方记账没有差错；调节后如果双方余额仍不相等，原因还是两个，要么是未全部查出，要么是一方或双方账簿记录还有差错。无论何种原因，都要进一步查清楚，并加以更正，一定要到调节表中双方余额相等为止。

（3）调整后的余额是企业存款的真实数字，是企业当日可以动用的银行存款的最大值。

（二）未达账项产生的原因

1. 单位出纳人员已经入账，银行方尚未入账的款项

（1）企业已收，银行未收。如单位收到外单位的转账支票，填好进账单，并经银行受理盖章，即可记账，而银行则要办妥转账手续后，才能入账。

（2）企业已付，银行未付。单位开出转账支票或其他付款凭证，并已作存款减少入账，银行尚未支付没有记账。如单位已开出支票，而持票人尚未去银行提现或转账等。

2. 银行方已经入账，单位尚未入账的款项

（1）银行已收，企业未收。银行代单位划转收取的款项已经收入账，单位尚未收到银行的收账通知而未入账。如委托银行收取的贷款，银行已入账，而单位尚未收到银行的收款通知。

（2）银行已付，企业未付。银行代单位划转支付的款项已经划出并记账，单位尚未收到付款通知而未入账。如扣借款利息、应付购货款的托收承付、代付水电费、通信费等。

出现第一类第1种和第二类第2种情况时，单位银行存款日记账账面余额会大于银行对账单的余额；反过来，出现第一类第2种和第二类第1种情况时，则单位银行存款日记账账面余额会小于银行对账单的余额。

未达账项不及时查对与调整，就不利于企业合理调配使用资金，还容易开出"空头"支票，造成不必要的经济损失。所以出纳人员应当及时取得银行对账单，编制银行存款余额调节表。应注意的是，由于未达账项不是错账、漏账，因此，不能根据银行存款余额调节表（不是原始凭证）做任何账务处理，企业银行存款日记账账面仍保持原有的余额，待收到有关凭证之后，再同正常业务一样进行账务处理。

（三）银行存款余额调节表的编制方法

出纳人员在确定了未达账项的具体类型后，即可按照余额调节公式进行调节：

银行存款日记账余额＋银收企未收－银付企未付＝银行对账单余额＋企收银未收－企付银未付

　　根据上述原理，银行存款余额调节表的具体编制方法，是在银行与开户单位的账面余额的基础之上，加上各自的未收款减去各自的未付款，然后再计算出双方余额。通过银行存款余额调节表调节后的余额才是单位银行存款的实存数。

（四）银行存款余额调节表的编制举例

　　【**案例 4-15**】石家庄宏泰机械有限公司，2012 年 12 月 30 日银行存款日记账及银行对账单（如表 4-2、表 4-3 所示）。

表 4-2　银行存款日记账

2012 年		记账凭证		摘　要	结算凭证		借方	贷方	余额
月	日	字	号		种类	号数			
12	1			期初余额					157 500.00
	2	银收	01	收前欠货款	电汇	20	35 100.00		192 600.00
	8	银收	02	票据到期收款	银汇	45	117 000.00		309 600.00
	10	银付	01	购机器设备	转支	36		80 000.00	229 600.00
	18	银收	03	收销货款	电汇	58	5 000.00		234 600.00
	22	银付	02	付购料款	转支	37		70 200.00	164 400.00
	27	银收	04	收销货款	信汇		46 800.00		211 200.00
	30	银付	03	付购料款	转支	38		10 000.00	201 200.00

表 4-3　银行对账单

2012 年		摘　要	结算凭证		借方	贷方	余额
月	日		种类	号数			
12	1	期初余额					157 500.00
	2	收前欠货款	电汇	20		35 100.00	192 600.00
	8	票据到期收款	银汇	45		117 000.00	309 600.00
	10	购机器设备	转支	36	80 000.00		229 600.00
	18	收销货款	电汇	58		5 000.00	234 600.00
	22	付购料款	转支	37	70 200.00		164 400.00
	26	付电费	信汇		40 000.00		124 400.00
	30	收销货款	转支	108		234 000.00	358 400.00

　　经核对，发现银行日记账上有两笔未达账项：

12月27日，销售产品收支票一张存入银行46 800元，银行尚未记账。

12月30日，开出支票支付中天公司材料款10 000元，银行尚未记账。

银行对账单上有两笔未达账项：

12月26日，代企业支付电费40 000元，企业尚未记账。

12月30日，客户转入234 000元账款，企业尚未记账。

根据以上资料，编制银行存款余额调节表如表4-4所示。

表4-4 银行存款余额调节表

编制单位：石家庄宏泰机械有限公司 　　　　　　　　　　2012年12月30日

项　目	金　额	项　目	金　额
企业银行存款日记账余额	201 200.00	银行对账单余额	358 400.00
加：银行已收，企业未收账项	234 000.00	加：企业已收，银行未收账项	46 800.00
减：银行已付，企业未付账项	40 000.00	减：企业已付，银行未付账项	10 000.00
调整后余额	395 200.00	调整后余额	395 200.00

业务技能测试

一、单项选择题

1. 对于空头支票银行按票面金额的（　　）并不低于（　　）元予以处罚。

　　A. 5%，1 000　　B. 0.5%，1 000　　C. 5%，100　　　　D. 0.5%，100

2. 2007 年 7 月 20 日某机器厂将一张面额为 8 000 元的商业承兑汇票向银行申请贴现，该票据于 6 月 15 日签发，期限为 6 个月，月贴现率为 0.6%，则某机器厂可以获得贴现金额为（　　）元。

　　A. 7 763.20　　　B. 7 800　　　　　C. 7 654.22　　　　D. 7 345.90

3. 存款人因办理日常转账和现金收付，可以在银行开立（　　）。

　　A. 基本存款账户　　　　　　　　B. 一般存款账户

　　C. 专用存款账户　　　　　　　　D. 临时存款账户

4. 银行本票的付款期为（　　）个月。

　　A. 1　　　　　　B. 2　　　　　　C. 3　　　　　　D. 4

5. 一般存款账户不能办理的业务是（　　）。

　　A. 借款转存　　　B. 借款归还　　　C. 现金缴存　　　D. 现金支取

6. 商业汇票的承兑期限最长不超过（　　）个月。

　　A. 3　　　　　　B. 6　　　　　　C. 9　　　　　　D. 12

7. 托收承付是指根据（　　）由收款人发货后委托银行向异地付款人收取款项，由付款人向银行承认付款的结算方式。

　　A. 买卖合同　　　B. 供需合同　　　C. 购销合同　　　　D. 委托合同

8. 验单付款的承付期为（　　），从付款人开户银行发出承付通知的次日起算（承付期内法定休假日顺延）。

　　A. 3 天　　　　　B. 5 天　　　　　C. 7 天　　　　　　D. 10 天

9. 银行存款日记账应（　　）登记。

　　A. 序时逐笔　　　B. 序时汇总　　　C. 序时逐笔或序时汇总　　　D. 逐笔

10. 下列结算方式中，只适用于同城结算的是（　　）。

　　A. 支票　　　　　B. 银行汇票　　　C. 商业汇票　　　　D. 银行本票

11. 企业职工的工资、奖金可通过（　　）办理。

　　A. 基本存款账户　　　　　　　　B. 一般存款账户

　　C. 临时存款账户　　　　　　　　D. 专用存款账户

12. 单位的基本存款账户（　　）。

　　A. 只能在所在地任选一家银行开立一个账户

B. 只能在所在地指定一家银行开立一个账户

C. 可以在国内任选银行开立一个或多个账户

D. 可以在国内指定银行开立一个或多个账户

13. 银行存款余额调节表应由（　　　）编制。

  A. 出纳   B. 会计主管

  C. 非出纳会计人员   D. 银行人员

14. 企业办理借款转存、归还的业务应通过（　　　）办理。

  A. 基本存款账户   B. 一般存款账户

  C. 临时存款账户   D. 专用存款账户

二、多项选择题

1. 下列结算方式同城、异地均可使用到的有（　　　）。

  A. 支票   B. 银行本票   C. 银行汇票   D. 商业汇票

2. 商业承兑汇票的签发人可以是（　　　）。

  A. 收款人开户银行   B. 代理付款银行

  C. 收款人   D. 付款人

3. 支票的种类有（　　　）。

  A. 现金支票   B. 转账支票   C. 划线支票   D. 不划线支票

4. 下列哪些做法违反《银行结算办法》的规定（　　　）。

  A. 出租银行账号   B. 出借银行账号

  C. 签发空头支票和远期支票 D. 套取银行信用

5. 下列银行支付结算中，应当通过其他货币资金账户核算的有（　　　）。

  A. 银行汇票   B. 银行本票   C. 商业汇票   D. 信用卡

6. 以下做法正确的有（　　　）。

  A. 出纳人员收到结算票据后应先审核

  B. 收到开户行付款通知，审核后不是本单位债务，不用办理拒付手续

  C. 办理银行汇票时，须在业务申请书上签章

  D. 银行本票提示付款不用盖章

7. 企业可以在银行开立的存款账户有（　　　）。

  A. 基本存款账户   B. 一般存款账户

  C. 临时存款账户   D. 专用存款账户

8. 下列交易或事项中，可能导致企业银行存款日记账账面余额与银行记录的企业存款余额在同一日期不一致的有（　　　）。

  A. 银行收到企业托收的款项

  B. 银行代企业支付公用事业费用

  C. 企业开出转账支票，持票人尚未到银行办理转账手续

  D. 企业将所收到的其他单位开出的支票存入银行

9. 银行存款日记账的账页格式有（　　　　）。

   A. 三栏式　　　　B. 多栏式　　　　C. 数量金额式　　　　D. 横线登记式

10. 异地结算可采用的结算方式有（　　　　）。

   A. 支票　　　　B. 银行本票　　　　C. 委托收款　　　　D. 托收承付

三、判断题

1. 每日终了，银行存款日记账必须结出余额，并与银行对账单核对相符。
（　　　）

2. 基本存款账户的存款人可以通过本账户办理转账结算和现金缴存，但不能办理现金支取。（　　　）

3. 存款人用于基本建设的资金，可以向其开户银行出具相应的证明，并开立临时存款账户。（　　　）

4. 支票按照支付票款的方式可以分为现金支票和转账支票。（　　　）

5. 单位和个人在同城的各项结算业务都可以使用银行本票。（　　　）

6. 委托收款是收款人委托银行向付款人收取款项的结算方式，不受金额起点限制。（　　　）

实训操作

一、实训操作题

实训资料：旭日有限公司为一般纳税人企业，增值税税率为17%，假设你是旭日有限公司的出纳员，2012年9月发生经济业务如下：

（1）2012年2月2日开具现金支票从银行提取备用金2 000元，以备非业务性零星支出。

（2）2012年2月5日，公司向红旗商场销售产品50 000元，增值税8 500元，收到对方交来的转账支票一张，金额58 500元，填制进账单，连同支票一并交存银行。

（3）2012年2月10日，公司申请办理银行本票50 000元，向其开户银行申请办理"银行本票申请书"，并将款项交存银行。

（4）2012年2月13日，公司采购员持金额为40 000元的银行本票采购甲材料，收到的增值税专用发票中注明的价款30 000元，增值税5 100元。以银行本票支付，多余款4 900元由对方单位以转账支票结清。

（5）2012年2月14日，公司向外地某公司发出甲商品一批，售价30 000元，增值税5 100元。发货时，以转账支票为对方垫付运费600元。根据有关单位填制委托收款结算凭证，连同有关单据交付银行。

（6）2012年2月23日，收到银行的委托收款收账通知，收回款项共计35 700元。

（7）2012年2月20日，向广州某企业汇款20 000元，订购材料。

（8）2012年2月25日，向本市某企业销售产品，收到商业汇票一张，金额为117 000元，到期日为2012年8月25日。

（9）2012年2月25日持商业汇票到银行办理贴现，贴现年利率8%。

（10）2012年2月26日委托开户行收取"银行承兑汇票"票款30 000元，划回并入账。

实训目标：作为旭日有限公司的出纳员，你应该如何进行账务处理？

实训要求：学生分组，分别扮演不同角色（出纳、会计、业务人员、银行职员等），按正确流程处理银行结算业务。

实训成果：记账凭证、银行存款日记账。

二、案例分析题

案例一：甲公司派业务员A赴某县收购粮食，在与该县乙公司签订粮食买卖合同后，A拟将甲公司作为收款人的一张汇票背书给乙公司，由于业务员A和乙公司的业务员 B 不熟悉票据的背书规则，于是业务员 A、B 委托当地农行的工作人员 C 代为完成背书。C 将乙公司的公章盖在了背书人栏，将甲公司的公章盖在了被背书人栏，并将汇票交给 B 之后，乙公司又将该汇票背书给了丙公司，用以支付所欠的购货款。

问：丙公司若持该汇票提示付款，付款人是否应付款？为什么？

案例二：乙公司 2012 年 3 月发生如下业务：

（1）3 月 3 日，向 B 公司购买一批货物，向银行申请"现金银行汇票"用于结算货款。

（2）3 月 7 日，与 C 公司签订一份彩电购销合同。该合同规定：由 C 公司在 10 日内向乙公司提供彩电 100 台，共计货款 25 万元。双方约定以银行汇票进行支付。3 月 15 日，C 公司将 100 台彩电交付乙公司，乙遂向其开户银行 A 申请签发银行汇票。3 月 20 日，A 银行遂发出了出票人、付款人为 A 银行，收款人为 C 公司，票面金额 25 万元，付款期限为 6 个月的银行汇票。但由于疏忽，银行工作人员未记载出票日期。乙公司将该汇票和解讫通知交付 C 公司。此后，C 公司又将该汇票背书转让给 D 公司。9 月 4 日，D 公司持该汇票向代理付款银行提示付款。

（3）3 月 22 日，将工会经费存入其在某商业银行的专用账户，9 月 30 日因为企业职工运动会从该账户中提取现金 8 000 元。

要求：根据上述情况和现行支付结算的法律制度规定，分析回答下列问题：

（1）乙公司签发的银行汇票是否正确？并说明理由。

（2）A 银行签发的汇票是否有效？为什么？

（3）A 银行关于提示付款期限的约定是否有效？为什么？对于 D 公司提示的银行汇票，代理银行应如何处理？

（4）乙公司开设的专用存款账户是否符合规定？为什么？

案例三：A 公司会计科被盗，会计人员在清点财物时，发现除现金、财务印章外，还有 6 张票据被盗，包括：付款方签发的尚未递交银行的现金支票 2 张、转账支票 1 张；未填明"现金"字样的银行本票 3 张。上述票据均在法定提示付款期限内。

要求：根据我国金融法律制度的规定，回答下列问题：

（1）A 公司票据被盗后，哪些票据可以挂失止付？

（2）A 公司对票据挂失止付后，还可以采取哪些补救措施？

案例四：振辉机械厂财务部 8 月 15 日开出两张票据：一张为面额 10 000 元的支票，用于向甲宾馆支付会议费；另一张为面额 200 000 元的银行承兑汇票，到期日为 9 月 5 日，用于向乙公司支付材料款，该汇票已经银行承兑。

8 月 20 日，甲宾馆向银行提示付款。银行发现该支票为空头支票，遂予以退票，并对振辉机械厂处以 1 000 元罚款。甲宾馆要求振辉机械厂除支付其

10 000元会议费外,还另需支付其2 000元赔偿金。9月5日,乙公司向银行提示付款时,得知振辉机械厂的账户余额不足200 000元。

要求:根据金融法律制度的有关规定,回答下列问题:

(1)银行对振辉机械厂签发空头支票处以1 000元罚款是否符合法律规定?

(2)甲宾馆能否以振辉机械厂签发空头支票为由要求其支付2 000元赔偿金? 简要说明理由。

(3)银行能否以振辉机械厂账户余额不足200 000元为由拒绝向乙公司付款? 简要说明理由。

项目五　出纳的税务处理

【知识与技能目标】

通过本项目的学习，学会办理税务登记，进行纳税申报，缴纳税款，并按业务流程处理税款业务的核算。

【核心能力培养】

会办理税务登记，进行纳税申报，缴纳税款并完成账务处理。

任务导入

2012 年 7 月 16 日，某区税务局稽查人员在对某加油站进行日常纳税检查时发现，该加油站于 6 月 8 日，根据城市规划的统一安排，由原经营地新华大街 33 号，搬迁到马路对面新华大街 38 号经营。由于加油站的经营地址中只是门牌号稍有不同，该加油站的财务人员就将税务登记证件中的地址 33 号直接改为 38 号。稽查人员还发现，该加油站在搬迁中不慎致使加油机的税控装置部分损坏，还有部分账簿的账页毁损丢失。6 月份，加油站装修、搬迁，停止营业，无销售收入，故未向税务机关申报纳税。上述情况，该加油站均未报告税务机关。

请问：分别指出该加油站的违法行为，并针对该加油站的违法行为分别提出处理意见，并进行处罚。（该加油站的违法行为均不属于情节严重）

任务一　企业纳税认知

想一想

公司或个人上缴了税款，国家会把税款直接还给你吗？会支付任何代价或报酬给你吗？显然不会。这就是税收的无偿性。

小赵觉得奇怪：也不是啊，我们公司代缴个人所得税不也是有手续费的吗？还有出口退税不是有税收返还吗？举报偷税、漏税不是还会得到税务部门发放的奖金吗？

问：你能解答小赵的疑问吗？

一、税收的概念

税收是国家为满足社会公共需要和实现国家职能，凭借政治权力，依照法律、行政法规，强制、无偿地参与国民收入分配的一种形式。

二、税收的特征

1. 无偿性

无偿性是税收最本质的特征。国家征税以后，税款即为国家所有，既不需要偿还，也不需要对纳税人付出任何代价。要说明的是，无偿性是针对单个的具体纳税人而言的。如果把纳税人看做是一个整体，从"取之于民，用之于民"的角度，税收的无偿性是与财政支出的无偿性并存的，这里反映出有偿性的一面。

2. 强制性

强制性是指征税凭借国家政治权力。通常国家会颁布法律实施，任何单位和个人都不得违抗。如果纳税人不依法履行纳税义务，就构成违法行为，国家就要强制征收。

3. 固定性

固定性是指征税前就以法律的形式规定了征税对象以及统一的比例或数额，并只能按预定的标准征税，任何纳税人或征收机关都无权改变法律规定的征税标准。这里按固定标准征税不是指金额固定，而是征收标准固定。作为一个法治国家，有法可依、有法必依、执法必严、违法必究是达到法治的保证。

三、税收的职能

1. 筹集财政收入

税收收入是我国财政收入最主要的来源，历年来占我国财政收入的比重都在90% 以上。

2. 调节经济

税收在贯彻国家产业政策，调节产业结构、产品结构，调节地区、行业发展差距，调节社会成员收入分配等方面，都具有重要的宏观调控作用。

3. 监督经济

税收涉及社会生产、流通、分配、消费各个领域，是国家经济状况的综合反映。政府通过税收收入的增减、税源的变化，可以及时掌握国民经济发展变化趋势，有利于监督和促进国民经济健康发展。

四、企业常见税种认知

（一）按课税对象划分

1. 流转税

流转税是指以商品交换和提供劳务为前提，对纳税人的商品和服务的交易额课征的税收，具体包括增值税、消费税、营业税和烟叶税等。

流转课税的特点有：

（1）流转税是同商品经济相联系的，是商品经济发达国家普遍开征的税种。

（2）在税率一定的前提下，流转税的纳税额只与流转额的多少有关，同成本、费用的高低无关，纳税人只要发生应税流转额就要按规定纳税，而不管是盈利还是亏损。

（3）当流转税作为价格的组成部分，即实行价内税时，征税多少会直接影响企业利润。

2. 所得税

所得税是指国家对法人和自然人在一定期间（法人通常为一年）获取的所得额课征的税收，具体包括企业所得税、个人所得税。经济发达国家的财政收入主要来源丁所得课税。

所得税的特点主要有：

（1）税负不易转嫁；

（2）一般不存在重复征税，税负较公平；

（3）税源普遍，税负有弹性；

（4）计税方法复杂，稽征管理难度较大；

（5）对企业生产经营具有较强的反映监督作用。

3. 财产税

财产税是指以纳税人拥有或支配的财产为课税对象的一类税收，具体包括房产税、车船税、契税和土地使用税等。

（1）征税范围难以普及到全部财产，通常各国都是有选择地开征特种财产税。

（2）税负一般难以转嫁。

（3）在各国财产税中，各国都特别注意对土地的课税，因为土地对每一个国家来说都是最为宝贵的有限资源，是人们生活、生产赖以立足和发展的基础。

（4）在各国税收体系中不是主要税种。

（5）课税比较公平，个人拥有财产的多寡往往可以反映他的纳税能力，对财产课税符合量能纳税原则。

4. 资源税

资源税是指对开发和利用自然资源的单位和个人，以其开发和利用的自然资源为课税对象建立的一类税收。具体包括资源税、城镇土地使用税暂和耕地占用税。

5. 特定目的行为税

特定目的行为税是以纳税人的某些特定行为为课税对象开征的一类税收，具体包括城市维护建设税、土地增值税、车辆购置税和印花税等。

（二）按税负是否能转嫁划分

以税收负担是否能转嫁为标准将税种划分为直接税和间接税。纳税人凡是税负不能转嫁的税种，纳税人直接负担的税收，归属于直接税；税负能转嫁给他人的税收归为间接税。

（三）按税收与价格的组成关系划分

按税收与价格的关系可将税种分为价内税和价外税。凡税金构成商品或劳务价格组成部分的，称为价内税，如消费税、营业税；凡税金不构成商品或劳务价格组成部分的，而只是作为其价格之外的一个附加额，称为价外税，如增值税。

（四）按税收管理和受益权限分类

按这种分类标准，可将税种分为中央税、地方税和中央与地方共享税。

1. 中央税

有利于维护国家权益，实行宏观经济调控和产业结构调整的税划分为中央税。中央税由国家税务局征收管理，如消费税、车辆购置税。也有海关系统征收的中央税，如关税、海关代征的进口环节的增值税等。

2. 地方税

地方税与地方经济和地方事业发展关系密切，适合地方征收管理的税种划归地方，由地方税务局征收管理。如营业税、个人所得税、城镇土地使用税、土地增值税、房产税和车船使用税等。

3. 共享税

共享税有利于调动中央政府和地方政府在经济、组织收入方面的积极性，与发展经济相关、数额较大、收入能稳定增长的税划分为中央与地方政府共享。在我国，共享税目前由国家税务局征收管理。如增值税（不包括海关代征部分），中央占75%，地方占25%。

任务二 办理税务登记

想一想

某税务所在2006年6月12日实施检查中，发现星星商店（个体）2006年5

月 20 日领取营业执照后，未申请办理税务登记。据此，该税务所于 2006 年 6 月 13 日作出责令星星商店必须在 2006 年 6 月 20 日前办理税务登记，逾期不办理的，将按《中华人民共和国税收征收管理法》有关规定处以罚款的决定。

问：本处理决定是否有效？为什么？

一、税务登记的认知

1.税务登记的概念

税务登记，是指纳税人为履行纳税义务，就有关纳税事宜依法向税务机关办理登记的一种法定手续。

2.税务登记的原则

按照《税收征管法》及其实施细则的规定，税务登记的原则有：

（1）税务登记统一代码原则。国家税务局、地方税务局执行统一税务登记代码，税务代码由国家税务局、地方税务局联合编制，统一下发各地执行。

（2）属地管理原则。按照纳税人实际从事生产、经营所在地的行政区划办理税务登记。

（3）及时准确的原则。纳税人必须严格按照法定的期限，向当地主管税务机关及时申报办理税务登记手续，要按照税收法律、行政法规、规章的规定实事求是地填报各项登记事项，并如实回答税务机关提出的问题。

（4）特定主管原则。税务机关是税务登记的主管机关，依法独立进行使税务登记管理权，不得违反规定擅自委托其他单位和个人行使税务登记管理权。

3.税务登记的种类

（1）开业（设立）税务登记。是指纳税人依法成立并经工商行政管理机关登记后，为确认其纳税人身份，到税务机关进行登记。

（2）变更税务登记。是指纳税人办理开业登记后，因登记的经济业务内容发生变化，需要对原有登记内容进行更改，而向主管税务机关申请办理的税务登记。

（3）注销税务登记。是指纳税人由于法定原因终止纳税义务时，向原税务机关申请办理的取消税务登记的手续。

二、开业（设立）税务登记

1.开业（设立）税务登记的范围

从事生产经营的纳税人自领取营业执照之日起 30 日内，持有关证件，向税务机关申报办理税务登记，由税务机关审核后发给税务登记证件。

非从事生产、经营的纳税人，除临时取得应税收入或发生应税行为以及只缴纳个人所得税、车船税外，都应当自有关部门批准之日起 30 日内或自依照法律、行政法规的规定成为法定纳税义务人之日起 30 日内，向税务机关申报办理税务登记，税务机关审核后发给税务登记证件。

2. 开业（设立）税务登记管理

（1）纳税人应在领取工商营业执照之日起 30 日内，向税务机关提出办理税务登记的书面申请，提交《申请税务登记报告书》，并附送有关资料；税务机关在纳税人提交登记资料完备的情况下，根据纳税人的经济类型发放《税务登记表》，纳税人填写完毕后报送主管税务机关；税务机关对纳税人填报的《税务登记表》及提供的证件和资料，应自收到之日起 30 日内审核完毕，符合规定的予以登记，并发给税务登记证件；对不符合规定的，也应给予答复。

（2）从事生产、经营的纳税人应当按照国家有关规定，持税务登记证件，在银行或者其他金融机构开立基本存款账户和其他存款账户，自开立账户之日起 15 日内向主管税务机关书面报告其全部账号；发生变化的应自变化之日起 15 日内向主管税务机关书面报告。

（3）银行和其他金融机构应当在从事生产、经营的纳税人的账户中登录税务登记证件号码，并在税务登记证件中登录从事生产、经营的纳税人的账户账号。

三、变更税务登记

1. 变更税务登记的概念

变更税务登记是指纳税人办理设立税务登记后，因税务登记内容发生变化，向税务机关申请将税务登记内容重新调整为与实际情况一致的一种税务登记管理制度。

凡纳税人、扣缴义务人发生所规定的税务登记内容变化之一者，均应自工商行政管理机关办理变更登记或自政府有关部门批准或实际变更之日起 30 日内，持有关证件，向原税务登记主管机关申请办理变更税务登记。

2. 变更税务登记的内容

纳税人下列资料变更时，需要办理变更是税务登记：

（1）改变纳税人、扣缴义务人名称；

（2）改变法定代表人；

（3）改变登记注册类型；

（4）改变注册（住所）地址或经营地址；

（5）改变银行账号；

（6）改变经营期限；

（7）改变通信号码或联系方式；

（8）增设或撤销分支机构；

（9）其他改变税务登记内容的事项。

四、注销税务登记

1. 注销税务登记的概念

注销税务登记是指纳税人发生解散、破产、撤销以及其他情形，不能继续履行纳税义务时，向税务机关申请办理终止纳税义务的税务登记管理制度。办理注销税务登记后，该当事人不再接受原税务机关的管理。

提供资料完整、填写内容准确、各项手续齐全，符合受理条件的，税务机关自受理之日起在 2 个工作日内办结纳税人注销登记；在注销清算过程中未发现纳税人涉嫌偷、逃、骗、抗税或虚开发票等行为的，在办结受理前的涉税事项的，应在受理后 2 个工作日内办结。

2. 注销税务登记的管理

（1）纳税人发生解散、破产、撤销以及其他情形，依法终止纳税义务的，应当在向工商行政管理机关或者其他机关办理注销登记前，持有关证件向原税务登记机关申报办理注销税务登记；按照规定不需要在工商行政管理机关或者其他机关办理注册登记的，应当自有关机关批准或者宣告终止之日起 15 日内，持有关证件向原税务登记机关申报办理注销税务登记。

（2）纳税人因住所、经营地点变动而涉及改变税务登记机关的，应当在向工商行政管理机关或者其他机关申请办理变更或注销登记前或者住所、经营地点变动前，向原税务登记机关申报办理注销税务登记，并在 30 日内向迁达地税务机关申报办理税务登记。

（3）纳税人被工商行政管理机关吊销营业执照或者被其他机关予以撤销登记的，应当自营业执照被吊销或者被撤销登记之日起 15 日内，向原税务登记机关申报办理注销税务登记。

（4）纳税人在办理注销税务登记之前，首先应向税务机关结清应纳税款、滞纳金、罚款，缴销发票、税务登记证件和其他税务证件。

（5）纳税人办理注销税务登记时应提交如下资料：注销税务登记申请书；上级主管部门批文或董事会、职代会的决议和其他有关资料。经税务机关审核后符合注销登记条件的，可领取并填写注销税务登记申请审批表。

任务三　纳税申报

🔒 **想一想**

税务稽查机关根据群众举报，对某建筑工程有限公司进行税务检查，经查该建筑公司 2012 年 8 月取得某项建筑工程收入 1 568 万元没有进行纳税申报。税务稽查局根据《税收征管法》第 64 条第 2 款规定，对该建筑公司作出税务处理和处罚决定：追补该公司应纳税款 50.33 万元，加收滞纳金 3.08 万元，并处不缴税款一倍罚款 50.3 万元。

建筑公司对税务稽查局作出的税务处理和处罚决定不服，以税务稽查局没有执法主体资格为由，向人民法院提起行政诉讼，请求法院撤销税务稽查局作出的税务处理和处罚决定。

问：税务稽查局是否具备执法主体资格？建筑公司能否直接向人民法院提起行政诉讼？

一、纳税申报认知

1. 纳税申报的概念

纳税申报是指纳税人、扣缴义务人、代征人为正常履行纳税、扣缴税款义务，就纳税事项向税务机关提出书面申报的一种法定手续。进行纳税申报是纳税人、扣缴义务人、代征人必须履行的义务。

2. 纳税申报的管理规定

《中华人民共和国税收征收管理法》对纳税申报作了如下规定：

（1）纳税人必须依照法律、行政法规规定或税务机关依照法律、行政法规的规定确定的申报期限、申报内容如实办理纳税申报，报送纳税申报表、财务会计报表以及税务机关根据实际需要要求纳税人报送的其他纳税资料。扣缴义务人必须依照法律、行政法规规定或者税务机关依照法律、行政法规的规定确定的申报期限、申报内容如实报送代扣代缴、代收代缴税款报告表以及税务机关根据实际需要要求扣缴义务人报送的其他有关资料。

（2）纳税人、扣缴义务人可以直接到税务机关办理纳税申报或者报送代扣代缴、代收代缴税款报告表，也可以按照规定采取邮寄、数据电文或者其他方式办理上述申报、报送事项。

（3）纳税人、扣缴义务人不能按期办理纳税申报或者报送代扣代缴、代收代缴税款报告表的，经税务机关核准，可以延期申报。经核准延期办理所规定的申报、报送事项的，应当在纳税期内按照上期实际缴纳的税额或者税务机关核定的税额预缴税款，并在核准的延期内办理税款结算。

二、纳税申报的对象

下列纳税人或者扣缴义务人、代征人应当按期向主管国家税务机关，办理纳税申报或者代扣代缴、代收代缴税款报告、委托代征税款报告：

（1）依法已向国家税务机关办理税务登记的纳税人。

①各项收入均应当纳税的纳税人；

②全部或部分产品、项目或者税种享受减税、免税照顾的纳税人；

③当期营业额未达起征点或没有营业收入的纳税人；

④实行定期定额纳税的纳税人；

⑤应当向国家税务机关缴纳企业所得税以及其他税种的纳税人。

（2）按规定不需向国家税务机关办理税务登记，以及应当办理而未办理税务登记的纳税人。

（3）扣缴义务人和国家税务机关确定的委托代征人。

三、纳税申报的期限

1. 增值税、消费税纳税申报期限

缴纳增值税、消费税的纳税期限分别为 1 日、3 日、5 日、10 日、15 日、1 个月或者 1 个季度。纳税人的具体纳税期限，由主管税务机关根据纳税人应纳税额的大小分别核定；不能按照固定期限纳税的，可以按次纳税。

纳税人以 1 个月或者 1 个季度为 1 个纳税期的，自期满之日起 15 日内申报纳税；以 1 日、3 日、5 日、10 日或者 15 日为 1 个纳税期的，自期满之日起 5 日内预缴税款，于次月 1 日起 15 日内申报纳税并结清上月应纳税款。

2. 营业税税纳税申报期限

营业税的纳税期限分别为 5 日、10 日、15 日、1 个月或者 1 个季度。纳税人的具体纳税期限，由主管税务机关根据纳税人应纳税额的大小分别核定；不能按照固定期限纳税的，可以按次纳税。

纳税人以 1 个月或者 1 个季度为一个纳税期的，自期满之日起 15 日内申报纳税；以 5 日、10 日或者 15 日为一个纳税期的，自期满之日起 5 日内预缴税款，于次月 1 日起 15 日内申报纳税并结清上月应纳税款。

3. 企业所得税纳税申报期限

企业所得税分月或者分季预缴。企业应当自月份或者季度终了之日起 15 日内，向税务机关报送预缴企业所得税纳税申报表，预缴税款。企业应当自年度终了之日起 5 个月内，向税务机关报送年度企业所得税纳税申报表，并汇算清缴，结清应缴应退税款。

企业在报送企业所得税纳税申报表时，应当按照规定附送财务会计报告和其他有关资料。企业在年度中间终止经营活动的，应当自实际经营终止之日起 60 日内，向税务机关办理当期企业所得税汇算清缴。企业应当在办理注销登记前，就其清算所得向税务机关申报并依法缴纳企业所得税。

4. 代扣代缴个人所得税纳税申报期限

（1）扣缴义务人每月所扣的税款，应当在次月 7 日内缴入国库，并向主管税务机关报送《扣缴个人所得税报告表》、代扣代收税款凭证和包括每一纳税人姓名、单位、职务、收入及税款等内容的支付个人收入明细表以及税务机关要求报送的其他有关资料。

（2）扣缴义务人违反上述规定不报送或者报送虚假纳税资料的，一经查实，其未在支付个人收入明细表中反映的向个人支付的款项，在计算扣缴义务人应纳税所得额时不得作为成本费用扣除。

（3）扣缴义务人因有特殊困难不能按期报送《扣缴个人所得税报告表》及其

他有关资料的，经县级税务机关批准，可以延期申报。

四、纳税申报方式

税务机关应当建立、健全纳税人自行申报纳税制度。但经税务机关批准，纳税人、扣缴义务人亦可以采取邮寄、数据电文方式办理纳税申报或者报送代扣代缴、代收代缴税款报告表。另外，实行定期定额缴纳税款的纳税人，可以实行简易申报、简并征期等申报纳税方式。

1.上门申报

纳税人、扣缴义务人、代征人应当在纳税申报期限内到主管国家税务机关办理纳税申报、代扣代缴、代收代缴税款或委托代征税款报告。

2.邮寄申报

纳税人采取邮寄方式办理纳税申报的，应当使用统一的纳税申报专用信封，并以邮政部门收据作为申报凭据。邮寄申报以寄出的邮戳日期为实际申报日期。

3.电子申报

电子申报是指税务机关确定的电话语音、电子数据交换和网络传输等电子方式。纳税人采取电子方式办理纳税申报的，应当按照税务机关规定的期限和要求保存有关资料，并定期书面报送主管税务机关。

五、延期申报与零申报

纳税人、扣缴义务人因不可抗力原因需延期申报的，应于其所延期申报税种的纳税申报期限终了前5日向主管税务机关提出延期申报申请，并填写延期申报申请审批表，经主管税务机关批准并向其发送核准延期申报通知书后，可以延期办理纳税申报。

纳税人和扣缴义务人在有效期间内，没有取得应税收入或所得，没有应缴税款发生，或者已办理税务登记但未开始经营或开业期间没有经营收入的纳税人，除已办理停业审批手续的以外，必须按规定的纳税申报进行零申报。纳税人进行零申报，应在申报期内向主管税务机关正常报送纳税申报表及有关资料，并在纳税申报表上注明"零"或"无收入"字样。

任务四　税款缴纳

🔒 **想一想**

2012年6月23日某地方税务局接到群众电话举报：某私营企业，已中途终止与某公司的《承包协议》，银行账号也已注销，准备于近日转移他县。该局立即派员对该企业进行了调查，核准了上述事实，于是检查人员对该企业当月已实现的应纳税额 5 263.13 元，作出责令其提前到 6 月 25 日前缴纳的决定。

问：该地方税务局提前征收税款的行为是否合法？为什么？

一、税款缴纳认知

（一）税款缴纳的概念

税款缴纳是指纳税人、扣缴义务人依照国家法律、行政法规的规定实现的税款依法通过不同方式缴纳入库的过程。纳税人、扣缴义务人应按税法规定的期限及时足额缴纳应纳税款，以完全彻底地履行应尽的纳税义务。

（二）税款缴纳的方式

1.自核自缴

自核自缴，是指纳税人根据税法规定，自行计算应纳税款、自行填写税收缴款书，自行到指定银行缴纳税款的一种纳税方式。对于采用自核自缴方式的单位，必须事先经过税务机关的审核批准，主管税务机关还要定期或不定期进行检查。生产经营规模较大，财务制度健全，会计核算准确，一贯依法纳税的企业，经主管国家税务机关批准，可采用这种方式。

2.查账征收

查账征收，是指纳税人根据财务报表所反映的经营情况，依照适用税率计算缴纳税款，经主管国家税务机关审核，并填开税收缴款书，纳税人按规定期限到开户银行缴纳税款的方式。该方式适用于生产经营正常，账簿、凭证、会计核算制度比较健全，能够据以如实核算生产经营情况，正确计算应纳税款的纳税人。

3.核定征收

核定征收，是指税务机关对财务制度不够健全，账簿凭证不完备的固定业户，不能完整、准确提供纳税资料的纳税人，采用特定方法确定其应纳税收入或应纳税额，纳税人据以缴纳税款的一种征收方式。具体包括：

（1）查定征收。指由税务机关根据纳税人的从业人员、生产设备、采用原材料等因素，在正常生产经营条件下，对其产制的应税产品查实核定产量、销售额并据以征收税款的一种方式。适用于生产规模较小、账册不健全、产品零星、税源分散的小型厂矿和作坊。

（2）查验征收。指税务机关对纳税人应税商品，通过查验数量，按市场一般销售单价计算其销售收入并据以征税的方式。适用于城乡集贸市场的临时经营和机场、码头等场外经销商品的课税。

（3）定期定额征收。指对一些营业额、所得额不能准确计算的小型工商户，根据自报评议，由税务机关核定一定时期的营业额和所得税附征率，实行多税种合并征收的一种征收方式。纳税人实际营业（销售）额与核定额相比升降幅度在20%以内的，仍按核定营业（销售）额计算申报缴纳税款；对当期实际营业（销售）额上升幅度超过20%的，按当期实际营业（销售）额计算申报缴纳税款；当期实际营业（销售）额下降幅度超过20%的，当期仍按核定营业（销售）额计算申报缴纳税款，经主管国家税务机关调查核实后，其多缴税款可在下期应纳税款中予以抵扣。需要调整定额的，向主管国家税务机关申请调升或调降定额。但是对定额的调整规定不适用实行起点定额或保本定额缴纳税款的个体工商户。

4. 代扣代缴、代收代缴征收

（1）代扣代缴，是指持有纳税人收入的单位和个人从持有的纳税收入中扣缴其应纳税款并向税务机关解缴的行为。

（2）代收代缴征收，是指与纳税人有经济往来关系的单位和个人，借助经济往来关系向纳税人收取其应纳税款，并向税务机关解缴的行为。

（三）税款多退少缴原则

1. 多缴税款的退还

纳税人超过应纳税额缴纳的税款，税务机关发现后应当立即退还；纳税人自结算缴纳税款之日起三年内发现的，可以向税务机关要求退还，税务机关查实后应当立即退还。

纳税人要求退还多缴的税款，应向国税机关填报《退税（抵缴）申请审批确认书》，经国税机关核实、批准后，属于自收税款的小额退税，即予办理有关退税手续；属于要通过国库办理的退税，由县级以上（含县级）国税机关填发《税收收入退还书》，到指定的国库办理退税手续。

2. 少缴税款的追征

因税务机关的责任，致使纳税人、扣缴义务人未缴或者少缴税款的，税务机关在三年内可以要求纳税人、扣缴义务人补缴税款，但是不得加收滞纳金。

因纳税人、扣缴义务人计算错误等失误，未缴或者少缴税款的，税务机关在三年内可以追征；数额在10万元以上的，有特殊情况的，追征期可以延长到十年。在追征税款的同时，加收滞纳金。补缴和追征税款的期限，自纳税人、扣缴义务人应缴未缴或者少缴税款之日起计算。纳税人、扣缴义务人和其他当事人因偷税未缴或者少缴的税款或者骗取的退税款，税务机关可以无限期追征。

（四）违反税款缴纳的处理方式

1. 拒绝缴纳税款的处理

纳税人、扣缴义务人在规定期限内不缴或者少缴应纳或者应解缴的税款，经税务机关责令限期缴纳，逾期仍未缴纳的，税务机关除依照《税收征管法》第

40 条的规定采取强制执行措施追缴其不缴或者少缴的税款外，可以处不缴或者少缴的税款百分之五十以上五倍以下的罚款。

2. 扣缴义务人应扣未扣、应收而不收税款的处理

扣缴义务人应扣未扣、应收而不收税款的，由税务机关向纳税人追缴税款，对扣缴义务人处应扣未扣、应收未收税款百分之五十以上三倍以下的罚款。

3. 纳税人拒绝代扣、代收税款的处理

纳税人拒绝代扣、代收税款的，扣缴义务人应当向税务机关报告，由税务机关直接向纳税人追缴税款、滞纳金；纳税人拒不缴纳的，依照《税收征管法》第68 条的规定执行。

4. 偷税及处罚

纳税人伪造、变造、隐匿、擅自销毁账簿、记账凭证，或者在账簿上多列支出或者不列、少列收入，或者经税务机关通知申报而拒不申报或者进行虚假的纳税申报，不缴或者少缴应纳税款的，是偷税。对纳税人偷税的，由税务机关追缴其不缴或者少缴的税款、滞纳金，并处不缴或者少缴的税款百分之五十以上五倍以下的罚款；构成犯罪的，依法追究刑事责任。扣缴义务人采取前款所列手段，不缴或者少缴已扣、已收税款，由税务机关追缴其不缴或者少缴的税款、滞纳金，并处不缴或者少缴的税款百分之五十以上五倍以下的罚款；构成犯罪的，依法追究刑事责任。

5. 逃避追缴欠税及处罚

纳税人欠缴应纳税款，采取转移或者隐匿财产的手段，妨碍税务机关追缴欠缴的税款的，由税务机关追缴欠缴的税款、滞纳金，并处欠缴税款百分之五十以上五倍以下的罚款；构成犯罪的，依法追究刑事责任。

6. 骗取出口退税及处罚

以假报出口或者其他欺骗手段，骗取国家出口退税款，由税务机关追缴其骗取的退税款，并处骗取税款一倍以上五倍以下的罚款；构成犯罪的，依法追究刑事责任。对骗取国家出口退税款的，税务机关可以在规定期间内停止为其办理出口退税。

7. 抗税及处罚

以暴力、威胁方法拒不缴纳税款的，是抗税，除由税务机关追缴其拒缴的税款、滞纳金外，依法追究刑事责任。情节轻微，未构成犯罪的，由税务机关追缴其拒缴的税款、滞纳金，并处拒缴税款一倍以上五倍以下的罚款。

二、税款缴纳的账务处理

（一）税款缴纳的流程

因征收方式不同，税款缴纳的程序也有所不同。税款缴纳的程序大致如下：

（1）准确填写税收缴款书，并签章。纳税单位会计人员，应在税收缴款书上准确填写纳税人名称、日期、开户行账号、税种、税率、应纳税额等，并在缴款单位处盖章。

（2）由纳税人直接向国家金库经收处（设在银行）缴纳税款。

（3）国库经收处将收纳的税款，随同缴款书划转支金库。

（4）纳税人缴纳税款后，税务机关给纳税人开具完税凭证。完税凭证是税务机关收取税款时的专用凭证，也是纳税人发行纳税义务的合法证明，其样式由国家税务总局统一制定。完税凭证的种类包括各种完税证、缴款书、印花税票其他完税证明。

（5）编制记账凭证。根据完税凭证，编制记账凭证。

（6）登记银行存款日记账。根据审核无误的记账凭证，登记现金日记账。

（二）税款缴纳的业务处理举例

【案例5-1】2012年12月7日，宏泰机械有限责任公司缴纳上月增值税6 800元、城市维护建设税476元、教育费附加204元、地方教育费附加68元，缴纳代扣职工个人所得税1 008元，预缴企业所得税60 000元。

要求：出纳员办理税款缴纳业务。

（1）准确填写税收缴款书，并在缴款单位处加盖企业公章以及经办人员签章（如图5-1～图5-5所示）。

中华人民共和国
税收通用缴款书

隶属关系：私营　　　　　　　　　　　　　　　征收机关：石家庄市国税局

注册类型：有限责任公司　　　填发日期 2012 年 12 月 7 日

缴款单位	代码	658655593011895	预算科目	编码	
	全称	宏泰机械有限责任公司		名称	有限责任公司增值税
	开户行	工商银行和平东路支行		级次	中央级
	账号	33323214782555555		收缴国库	中央国库

税款所属期间：2012 年 11 月		税款限缴日期：2012 年 12 月 15 日			
品目名称	课税数量	计税金额或销售收入	税率或单位税额	已缴或扣除额	实缴金额
增值税		40 000	17%		6 800.00

金额合计	人民币（大写）陆仟捌佰元整		￥6 800.00	
缴款单位（盖章） 经办人（章） 张帅	税务机关（盖章） 填票人（章） 征税专用章	上列款项已收妥并划转收款人账户。 2012 年 12 月 7 日	备注： 正常申报	

图 5-1　增值税缴款书

中华人民共和国
税收通用缴款书　　国

隶属关系: 私营　　　　　　　　　　　　　　　　　　　征收机关: 石家庄市国税局

注册类型: 有限责任公司　　　填发日期 2012 年 12 月 7 日

缴款单位	代　码	658655593011895	预算科目	编码	
	全　称	宏泰机械有限责任公司		名称	有限责任公司所得税
	开户行	工商银行和平东路支行		级次	中央级
	账　号	33323214782555555		收缴国库	中央国库

税款所属期间: 2011 年 11 月			税款限缴日期: 2011 年 12 月 10 日		
品目名称	课税数量	计税金额或销售收入	税率或单位税额	已缴或扣除额	实缴金额
所得税		240 000	25%		60 000.00

金额合计	人民币（大写）陆万元整		¥60 000.00	
缴款单位（盖章）经办人（章）张 帅	税务机关（盖章）填票人（章）征税专用章	上列款项已收妥并划转收款单位账户。2012 年 12 月 7 日	备注: 正常申报	

第一联收据　国库银行收款盖章后退给缴款单位作完税凭证

图 5-2　企业所得税缴款书

中华人民共和国
税收通用缴款书　　地

隶属关系: 私营　　　　　　　　　　　　　　　　　　　征收机关: 石家庄市地税局

注册类型: 有限责任公司　　　填发日期 2012 年 12 月 7 日

缴款单位	代　码	658655593011895	预算科目	编码	
	全　称	宏泰机械有限责任公司		名称	城市维护建设税
	开户行	工商银行和平东路支行		级次	地方级
	账　号	33323214782555555		收缴国库	石家庄市国库

税款所属期间: 2012 年 11 月			税款限缴日期: 2012 年 12 月 15 日		
品目名称	课税数量	计税金额或销售收入	税率或单位税额	已缴或扣除额	实缴金额
城市维护建设税		6 800	7%		476.00
地方教育费附加		6 800	1%		68.00

金额合计	人民币（大写）伍佰肆拾肆元整		¥544.00	
缴款单位（盖章）张 帅经办人（章）	税务机关（盖章）征税专用章填票人（章）	上列款项已收妥并划转收款单位账户。2012 年 12 月 7 日	备注: 正常申报	

第一联收据　国库银行收款盖章后退给缴款单位作完税凭证

图 5-3　城市维护建设和地方教育费附加税缴款书

中华人民共和国
税收通用缴款书

（地）

隶属关系：私营　　　　　　　　　　　　　　　　　征收机关：石家庄市地税局

注册类型：有限责任公司　　　　填发日期 2012 年 12 月 7 日

<table>
<tr><td rowspan="4">缴款单位</td><td>代　码</td><td>658655593011895</td><td rowspan="4">预算科目</td><td>编码</td><td></td></tr>
<tr><td>全　称</td><td>宏泰机械有限责任公司</td><td>名称</td><td>教育费附加</td></tr>
<tr><td>开户行</td><td>工商银行和平东路支行</td><td>级次</td><td>省级</td></tr>
<tr><td>账　号</td><td>33323214782555555</td><td>收缴国库</td><td>河北省国库</td></tr>
<tr><td colspan="3">税款所属期间：2011 年 11 月</td><td colspan="3">税款限缴日期：2011 年 12 月 10 日</td></tr>
<tr><td>品目名称</td><td>课税数量</td><td>计税金额或销售收入</td><td>税率或单位税额</td><td>已缴或扣除额</td><td>实缴金额</td></tr>
<tr><td>教育费附加</td><td></td><td>6 800</td><td>3%</td><td></td><td>204.00</td></tr>
<tr><td colspan="6"></td></tr>
<tr><td colspan="2">金额合计</td><td colspan="2">人民币（大写）贰佰零肆元整</td><td colspan="2">￥204.00</td></tr>
<tr><td colspan="2">缴款单位（盖章）
★ 张 帅
经办人（章）</td><td colspan="2">税务机关（盖章）
★
征税专用章
填票人（章）</td><td>上列款项已收妥并划转
收款单位账户。

2012 年 12 月 7 日</td><td>备注：

正常申报</td></tr>
</table>

第一联收据　国库银行收款盖章后退给缴款单位作完税凭证

图 5-4　教育费附加缴款书

石家庄市地方税务局　代扣代缴个人所得税月份报告表

申报日期：2012 年 12 月 7 日

单位：元

纳税管理码	5	6	8	2	1	5	6
地税登记码	6 5 8 6 5 5 5 9 3 0 1 1 8 9 5

<table>
<tr><td>扣缴单位名称（盖章）</td><td colspan="2">宏泰机械有限责任公司</td><td>地　址</td><td colspan="4">和平东路 133 号</td></tr>
<tr><td>税款所属时间</td><td colspan="2">2012 年 11 月</td><td>电　话</td><td colspan="4">83592222</td></tr>
<tr><td>纳税人姓名</td><td>身份证号码</td><td>应税项目</td><td>收入额</td><td>扣除费用额</td><td>应纳税所得额</td><td>税率</td><td>速算扣除额</td><td>应纳税额</td><td>扣缴日期</td><td>扣税凭证号</td></tr>
<tr><td>赵栋梁</td><td>略</td><td>工资</td><td>8 582</td><td>780</td><td>7 802</td><td></td><td></td><td>325.42</td><td>2011.12.8</td><td></td></tr>
<tr><td>王一明</td><td>略</td><td>工资</td><td>6 300</td><td>693</td><td>5 607</td><td></td><td></td><td>105.70</td><td>2011.12.8</td><td></td></tr>
<tr><td>姜　辉</td><td>略</td><td>工资</td><td>6 900</td><td>759</td><td>6 141</td><td></td><td></td><td>159.10</td><td>2011.12.8</td><td></td></tr>
<tr><td>张　军</td><td>略</td><td>工资</td><td>5 700</td><td>627</td><td>5 073</td><td></td><td></td><td>52.3</td><td>2011.12.8</td><td></td></tr>
<tr><td>肖　力</td><td>略</td><td>工资</td><td>5 500</td><td></td><td>5 500</td><td></td><td></td><td>95</td><td></td><td></td></tr>
<tr><td>李红艳</td><td>略</td><td>工资</td><td>5 800</td><td></td><td>5 800</td><td></td><td></td><td>125</td><td></td><td></td></tr>
<tr><td>赵　才</td><td>略</td><td>工资</td><td>5 200</td><td></td><td>5 200</td><td></td><td></td><td>65</td><td>2011.12.8</td><td></td></tr>
<tr><td>杨乐乐</td><td>略</td><td>工资</td><td>5 000</td><td></td><td>5 000</td><td></td><td></td><td>45</td><td>2011.12.8</td><td></td></tr>
<tr><td>李　娜</td><td>略</td><td>工资</td><td>4 200</td><td></td><td>4 200</td><td></td><td></td><td>21</td><td>2011.12.8</td><td></td></tr>
<tr><td>黄　莉</td><td>略</td><td>工资</td><td>4 000</td><td></td><td>4 000</td><td></td><td></td><td>15</td><td>2011.12.8</td><td></td></tr>
</table>

续表

纳税人姓名	身份证号码	应税项目	收入额	扣除费用额	应纳税所得额	税率	速算扣除额	应纳税额	扣缴日期	扣税凭证号
合 计			57 182	2 859	54 323			1 008		

代扣代收凭证1份

	授权代理人	（如果你已委托代理申报人，请填写下列资料） 为代理一切税务事宜，现授权 _____ （地址）_____ 为本纳税人的代理申报人，任何与本报表有关的来往文件都可寄与此人。 授权人签字：_____
石家庄市地方税务局 ★ 征税专用章	扣缴人签章	董文浩	会计主管签章	王一明	办税人员（代理申报人）签章

会计主管（签章）：王一明　　办税人员（签章）：杨乐乐　　申报时间：202 年 12 月 7 日

代理机构（签章）：　　　　　代理申报人员（签章）：　　　　代理机构电话：

注：本表栏目不够填列的，可增加附页。

纳税人在支付个人收入时应按税法的规定代扣代缴个人所得税，按月填列此表一式两份，一份附在《地方各税（费、基金）缴纳税款申报表》后按规定的时期进行申报解缴，一份自行妥善保存10年，以备核查。

图 5—5　代扣代缴个人所得税缴款书

（2）出纳员直接将税款从单位账户转账到国库账户，纳税人缴纳税款后，税务机关给纳税人开具完税凭证。

（3）编制记账凭证。根据完税凭证，编制记账凭证（如图 5—6 所示）。

付 款 凭 证　　　　　　　**银付字第 13 号**

2012 年 12 月 19 日　　　　　　　贷方科目：**银行存款**

摘 要	借 方		金 额										附单据1张
	总账科目	明细科目	亿	千	百	十	万	千	百	十	元	角	分	√
缴纳税费	应交税费	未交增值税						6	8	0	0	0	0	√
		应交所得税						6	0	0	0	0	0	
		应交城建税							4	7	6	0	0	
		应交教育费附加							2	0	4	0	0	
		应交地方教育费附加								6	8	0	0	
		个人所得税						1	0	0	8	0	0	
合 计 金 额						¥	6	8	5	5	6	0	0	√

会计主管：　　　　记账：　　　　审核：肖 力　　　　制单：李红艳

图 5—6　出纳员填制记账凭证

（4）登记银行存款日记账。根据审核无误的记账凭证，登记银行存款日记账（如图 5-7 所示）。

银行存款日记账　　　　　　　　　　　　　第 60 页

2012 年		凭 证		摘 要	对方科目	借 方	贷 方	余 额
月	日	种类	号数					
12	7			承前页				128 000.00
	7	银付	13	缴纳税费	应交税费		68 556.00	
				本日小计			68 556.00	59 444.00

图 5-7　出纳员登记银行存款日记账

业务技能测试

一、单项选择题

1.从事生产经营的纳税人、扣缴义务人，必须将所采用的财务、会计制度和具体的财务、会计处理方法，按税务机关的规定，自领取（　　）之日起15日内，及时报送主管税务机关备案。

A. 营业执照　　　　　　　　　B. 税务登记证

C. 法人代码证　　　　　　　　D. 银行开户许可证

2.以下哪种税不属于流转税（　　）。

A. 增值税　　　B. 资源税　　　　C. 营业税　　　　D. 消费税

3.增值税专用发票比普通发票多（　　）。

A. 存根联　　　B. 发票联　　　　C. 抵扣联　　　　D. 记账联

4.以下哪个税种属于共享税（　　）。

A. 增值税　　　B. 个人所得税　　　C. 土地增值税　　　D. 车船使用税

5.某税务分局在年末实施检查中，发现个体户星缘商店于2012年10月10日领取营业执照后未办理税务登记。据此，该税务分局于12月10日作出责令星缘商店必须在12月15日前办理税务登记，你认为同时做出（　　）元的罚款较为适当。

A. 3 000　　　　B. 2 500　　　　C. 600　　　　D. 1 200

6.某企业需办理变更税务登记，在向主管税务机关报送齐全相关资料后，于2012年10月18日收到主管税务机关发放的《税务登记变更表》一式三份，则该企业应于（　　）之前将该表填登完毕后交税务机关审核。

A. 2012年10月23日　　　　　B. 2012年10月25日

C. 2012年10月28日　　　　　D. 2012年10月31日

7.纳税人发生解散、破产、撤销以及其他情形，依法终止纳税义务的，按照规定不需要在工商行政管理部门办理注销登记的，应当自有关机关批准或宣告终止之日起（　　）内，办理注销税务登记。

A. 5日　　　　B. 10日　　　　C. 15日　　　　D. 30日

8.某增值税一般纳税人的企业机构所在地为甲地，其分支机构在乙地，它们应向（　　）主管税务机关申请办理一般纳税人认定登记手续。

A. 甲地　　　　　　　　　　　B. 乙地

C. 甲地或乙地均可　　　　　　D. 各自机构所在地

9.下列时限不符合税务管理规定的是（　　）。

A. 开业税务登记申报时限为领取工商营业执照之日起30日内

B. 变更税务登记申报时限为工商行政管理机关办理变更之日起 30 日内

C. 注销税务登记申报时限为工商行政管理机关办理注销登记之日起 15 日内

D. 按规定不需要在工商行政管理机关办理注销登记的，应自有关机关批准
或宣告终止之日起 30 日内

10. 税务机关对纳税人填报的《税务登记表》及提供的证件和资料，应自收
到之日起（　　　）日内审核完毕，符合规定的予以登记，并发给税务登
记证件。

A. 7　　　　　　　B. 10　　　　　　　C. 15　　　　　　　D. 30

二、多项选择题

1. 纳税人需要办理变更税务登记的情形有（　　　）。

A. 改变名称

B. 改变法人代表

C. 纳税人被工商机关吊销营业执照

D. 改变住所或经营地点而涉及主管税务机关变动的

2. 某企业因法人资格被依法终止，现委托税务师事务所办理注销税务登记，
则注册税务师应向主管税务机关提供（　　　）等凭证资料之后，方可依法
办理注销税务登记。

A. 缴销原税务登记证件　　　　　　B. 结清应纳税额

C. 补缴税收滞纳金　　　　　　　　D. 缴销发票

E. 缴销企业所得税纳税申报表

3. 年应征增值税销售额超过财政部规定的小规模纳税人标准的（　　　），可
申请办理增值税一般纳税人认定手续。

A. 事业性单位　　　　　　　　　　B. 企业

C. 企业性单位　　　　　　　　　　D. 个体工商户

4. 注销税务登记的适应范围是（　　　）。

A. 纳税人因发生解散、破产、撤销以及其他情形依法终止纳税义务的

B. 纳税人因住所、经营地点变动而涉及改变税务登记机关的

C. 改变法人代表

D. 纳税人被工商行政机关吊销营业执照

5. 税种认定登记时，税务机关需作出确定的是（　　　）。

A. 税种　　　　　　B. 税目　　　　　　C. 税额　　　　　　D. 税率

6. 增值税一般纳税人被取消资格需变更登记的，应当提交如下资料（　　　）。

A. 增值税一般纳税人申请认定书原件

B. 税务登记证（正、副本）原件

C. 变更税务登记申请书

D. 纳税人税种登记表

实训操作

一、实训操作题

实训资料：凌云电脑培训公司为集体企业，纳税人识别号为 210211610450116，注册资本为 50 万元，于 1991 年 1 月成立，主要从事培训电脑操作人员业务，兼做技术咨询服务。2012 年 10 月 1 日，该公司变成股份制企业，并更名为"用和电脑股份有限公司"，注册资本增加到 200 万元，业务范围从电脑培训发展到以生产销售电脑为主，兼做技术咨询服务和对电脑操作人员的培训业务。用和电脑股份有限公司招聘十名财会专业人员，设置了总账、明细账及银行存款、现金明细账，预计年销售额可达 2500 万元。

实训目标：作为凌云有限公司的出纳员，你应该如何进行税务账务处理？

实训要求：学生分组，说明代理变更税务登记的操作要点，并填写"税务登记变更表"。学生分别扮演不同角色（出纳、会计、税务人员、银行职员等），按正确流程处理业务。

实训成果：税务登记表、记账凭证、现金日记账。

税务登记变更表

纳税人登记证编号	2	1	6	4	0	1	0	5	7

纳税人名称：凌云电脑培训公司　　　　　　　　填表日期：2012 年 10 月 20 日

变更登记内容			
序号	变更项目	变更前内容	变更后内容
1	企业名称	凌云电脑培训公司	用和电脑股份有限公司
2	企业性质	集体企业	股份有限公司
3	注册资本	50 万	200 万
4	经营范围	主营：电脑操作人员培训业务	主营：生产销售电脑
		兼营：技术咨询服务	兼营：技术咨询服务
			电脑操作人员的培训
纳税人盖章：	法定代表人：客力红	经办人：申宝林	
受理税务机关意见：税务机关（盖章）	变更日期：	业务主管：	经办人：

二、案例分析题

【案例1】某银行为股份制企业，经营范围为存款、信贷等金融业务。现有职工54人，税务检查人员于2012年3月6日对该银行2010年度、2011年度纳税情况进行检查。

查出某厂与该银行曾于2008年1月13日签订一年期抵押贷款合同600万元，合同到期，无法归还贷款。于是，双方又签订协议，某厂与该银行合建一栋大楼，该银行先以某厂未归还的贷款600万元作为第一笔投入资金，在大楼建设过程中又投入8 339 435.46元，大楼建成后，该银行占有大楼一部分，价值1 4339 435.46元，占地面积1 333平方米，并在2009年12月投入使用。该银行在2008年12月12日将8 339 435.46元转入"固定资产"。根据《中华人民共和国房产税暂行条例》第2条规定，该单位应补缴2010年度、2011年度房产税240 902.52元，根据《中华人民共和国土地使用税税暂行条例》第2条规定该单位应补缴2010年度、2011年度土地使用税2 666元。

问：此案例还存在什么问题没有解决？税务人员该怎么做？

【案例2】某事业单位按照税法规定为个人所得税的扣缴义务人。该单位认为自己是行政事业单位，因此，虽经税务机关多次通知，还是未按照税务机关确定的申报期限报送《扣缴个人所得税报告表》，被主管地方税务机关责令限期改正并处以罚款500元。对此，该单位负责人非常不理解，认为自己不是个人所得税的纳税义务人，而是替税务机关代扣税款，只要税款没有少扣，晚几天申报不应受到处罚，故派财务人员前往某税务师事务所进行政策咨询。

问：请判断税务机关的处罚决定是否正确？为什么？

【案例3】如意美容厅（系有证个体户），经税务机关核定实行定期定额税收征收方式，核定月均应纳税额580元。2012年6月6日，因店面装修向税务机关提出自6月8日至6月30日申请停业的报告，税务机关经审核后，在6月7日作出同意核准停业的批复，并下达了《核准停业通知书》，并在办税服务厅予以公示。6月20日，税务机关接到群众举报，称如意美容厅仍一直在营业中。6月21日，税务机关派员实地检查，发现该美容厅仍在营业，确属虚假停业，遂于6月22日送达《复业通知书》，并告知需按月均定额纳税。7月12日，税务机关下达《限期改正通知书》，责令限期申报并缴纳税款，但该美容厅没有改正。

问：税务机关对如意美容厅该如何处理？

【案例4】日前，浦口区国税局稽查分局在检查一个电力物资供应公司时发现，该公司财务上独立核算，销售对象主要是电力安装工程公司，而电力物资供应公司和电力安装工程公司共同隶属于某电力公司，经营上完全按照电力公司计划去办。经查电力物资供应公司为某单位供应电力器材，是由电力公司承接，由电力安装工程公司施工的。该工程自2011年3月进场，至2011年10月已完工通电，物资供应公司共发送电力器材和设备价款 24 547 468.42 元（含税），挂在该公司"预收账款——×电力公司"账户中，未及时转入主营业务收入申报纳税。

问：此案例存在的问题是什么？该怎样处理？

【案例 5】小兰是一个自由演员，户籍湖北省武汉市汉口区。2009 年初小兰到杭州，一年后转到上海并在那里居住了二年。直到 2011 年底，小兰转到北京发展，住在海淀区 A 小区。2012 年，小兰共取得收入 30 万元，则小兰该到何地办理年所得 12 万元以上的纳税申报？

三、实训操作

合格出纳人员应掌握哪些税务知识？

[实训目标] 明确合格出纳人员所必备的税务知识。

[实训组织] 学生分组进行问题的讨论。

[实训成果] 各组展示，教师讲评。

项目六 出纳工作交接

【知识与技能目标】

通过本项目的学习，学生能做好交接前的准备工作，会编制移交清册，正确进行工作交接，同时能明确交接前后出纳员的具体职责。

【核心能力培养】

正确进行工作交接，编制移交清册，明确双方责任。

任务导入

2012年10月，超越公司在进行内部审计时，发现公司原出纳李宏宇在经办出纳工作期间的有关账目存在一些问题，而接替者赵雅萍在交接时并未发现。审计人员在了解情况时，原出纳李宏宇认为："已经办理了出纳交接手续，自己不再承担任何责任。"

请问：原超越公司出纳李宏宇关于"已经办理了出纳交接手续，自己不再承担任何责任"的说法是否符合规定，简要说明理由。

任务一 出纳工作交接认知

想一想

2012年12月1日，由于鸿发公司原出纳冯敏辞职，办公室的普通文员肖俊杰被调到财务科担任出纳。冯敏与肖俊杰在办理出纳工作交接手续时，会计科长因在外地出差，由财务科另外一名会计负责监交工作。随后，冯敏、肖俊杰及监交人在移交清册上签字并盖章。

问：冯敏担任出纳，与肖俊杰办理出纳工作交接中是否有不符合规定之处，简要说明理由。

一、出纳工作交接概念

出纳人员工作交接，是指出纳人员因工作调动、因故离职或因病不能工作时，与接替人员办理交接手续的一种工作程序。办理好工作交接，有利于分清移交人员和接管人员的责任，可以使出纳工作前后衔接，保证出纳工作顺利进行。

二、出纳需要进行交接的情况

（1）出纳因辞职离开单位。

（2）企业内部工作变动不再担任出纳职务。

（3）出纳岗位内部增加工作人员需重新进行工作分工。

（4）出纳因病假、事假或临时调用，不能继续从事出纳工作。

（5）因特殊情况，如停职审查等原因等不宜继续从事出纳工作。

三、交接准备工作

出纳人员在办理会计工作交接前，必须做好以下准备工作：

（1）已经受理的经济业务尚未填制会计凭证的应当填制完毕。

（2）尚未登记的账目应当登记完毕，结出余额，并在最后一笔余额后加盖经办人印章。

（3）出纳账与现金、银行存款总账核对相符，现金账面余额与实际库存现金核对一致，银行存款账面余额与银行对账单核对无误。

（4）整理好应该移交的各项资料，对未了事项和遗留问题要写出书面说明材料。

（5）在出纳启用表上填写移交日期，并加盖名章。

（6）编制移交清册，列明应该移交的会计凭证、会计账簿、财务会计报告、公章、现金、有价证券、支票簿、发票、文件、其他会计资料和物品等内容；实行会计电算化的单位，从事该项工作的移交人员应在移交清册上列明会计软件及密码、会计软件数据盘和磁带等内容。

（7）会计机构负责人（会计主管人员）移交时，应将财务会计工作、重大财务收支问题和会计人员的情况等向接替人员介绍清楚。

任务二　出纳工作交接程序

🔒 想一想

2012年12月，某市财政局派出检查组对市属某国有企业的会计工作进行检查。检查中发现以下问题：

（1）2012年9月，新任经理范某上任后，将其朋友的女儿蒋某调入该厂会计科担任出纳，监管会计档案保管工作，蒋某正准备参加会计从业资格证考试。原出纳张宁申请调离该企业，人事部门在其没有办理出纳工作交接手续的情况下，即为其办理了调动手续。

（2）2012年11月，该企业会计档案科会同会计科编制会计档案销毁清册，经理范某签字后，按规定程序进行监销。经查实，销毁的会计档案中有会计移交清册、企业会计报表和一些保管期满但尚未结清的债权债务原始凭证。

问：请指出上述情况中哪些行为不符合国家规定，简要说明理由。

一、正式工作交接

移交人员离职前，必须将本人经管的出纳工作，在规定的期限内，全部向接管人员移交清楚。接管人员应认真按照移交清册逐项点收。具体要求是：

（1）现金要根据会计账簿记录余额进行当面点交，不得短缺，接替人员发现不一致或"白条抵库"现象时，移交人员在规定期限内负责查清处理。

（2）有价证券的数量要与会计账簿记录一致，有价证券面额与发行价不一致时，按照会计账簿余额交接。

（3）会计凭证、会计账簿、财务会计报告和其他会计资料必须完整无缺，不得遗漏。如有短缺，必须查清原因，并在移交清册中加以说明，由移交人负责。

（4）银行存款账户余额要与银行对账单核对相符，如有未达账项，应编制银行存款余额调节表调节相符；各种财产物资和债权债务的明细账户余额，要与总账有关账户的余额核对相符；对重要实物要实地盘点，对余额较大的往来账户要与往来单位、个人核对。

（5）公章、收据、空白支票、发票、科目印章以及其他物品等必须交接清楚。

（6）实行会计电算化的单位，交接双方应在电子计算机上对有关数据进行实际操作，确认有关数字正确无误后，方可交接。

二、专人负责监交

为了明确责任，出纳人员办理工作交接时，必须有专人负责监交。通过监交，保证双方都按照国家有关规定认真办理交接手续，防止流于形式，保证出纳工作不因人员变动而受影响；保证交接双方处在平等的法律地位上享有权利和承担义务，不允许任何一方以大压小，以强凌弱，或采取非法手段进行威胁。移交清册应当经过监交人员审查和签名、盖章，作为交接双方明确责任的证件。

（1）一般出纳人员办理交接手续，由单位的会计机构负责人（会计主管人员）

负责监交。

（2）会计机构负责人（会计主管人员）办理交接手续时，由单位负责人监交。必要时，主管单位可以派人会同监交。

通常有三种情况：

①所属单位负责人不能监交，需要由主管单位派人代表主管单位监交。如因单位撤并而办理交接手续等；

②所属单位负责人不能尽快监交，需要由主管单位派人督促监交。如主管单位责成所属单位撤换不合格的会计机构负责人（会计主管人员），所属单位负责人却以种种借口拖延不办交接手续时，主管单位就应派人督促会同监交等；

③不宜由所属单位负责人单独监交，而需要主管单位会同监交。如所属单位负责人与办理交接手续的会计机构负责人（会计主管人员）有矛盾，交接时需要主管单位派人会同监交，以防可能发生单位负责人借机刁难等。

三、交接后有关事宜

（1）出纳工作交接完毕后，交接双方和监交人在移交清册上签名或盖章，并应在移交清册上注明：单位名称，交接日期，交接双方和监交人的职务、姓名，移交清册页数以及需要说明的问题和意见等。

（2）接管人员应继续使用移交前的账簿，不得擅自另立账簿，以保证会计记录前后衔接，内容完整。

（3）移交清册一般应填制一式三份，交接双方各执一份，存档一份。

（4）《会计基础工作规范》第35条规定："移交人员对移交的会计凭证、会计账簿、会计报表和其他会计资料的合法性、真实性承担法律责任。"这是对会计工作交接后，交接双方责任的具体确定。移交人员所移交的会计资料是在其经办会计工作期间内所发生的，应当对这些会计资料的合法性、真实性负责，即便接替人员在交接时因疏忽没有发现所接会计资料在合法性、真实性方面的问题，如事后发现，仍应由原移交人员负责，原移交人员不应以会计资料已移交而推脱责任。

四、出纳移交清册的编制

移交表主要包括库存现金移交表、银行存款移交表、有价证券、贵重物品移交表、核算资料移交表和物品移交表，以及交接说明书等。

1. 有价证券、贵重物品移交表（如表6-1所示）

有价证券、贵重物品是出纳经管的单位财产，移交时，出纳移交人员应根据清理核对后的有价证券和贵重物品按品种、价值等分别登记。

表 6-1　有价证券、贵重物品移交表

移交日期：　　年　月　日　　　　　　　　　　　　　　单位：元　　第　页

名称	购入日期	单位	数量	金额	备注
×× 债券					
×× 股票					
×× 票据					
×× 贵重物品					
×× 投资基金					

单位负责人：　　　　移交人：　　　　监交人：　　　　接管人：

对贵重物品较多的单位，可分别编制有价证券移交表与贵重物品移交表。

2. 银行存款移交表（如表 6-2 所示）

银行存款，又分为活期存款和定期存款，有的单位还可能在不同的银行开户。因此，填表时应根据账面数、实有数、币种、期限和开户银行等分别填写。

表 6-2　银行存款移交表

移交日期：　　年　月　日　　　　　　　　　　　　　　单位：元　　第　页

开户银行	币种	期限	账面数	实有数	备注
合计					

附：（1）银行存款余额调节表一份。
　　（2）银行预留卡片一张。

单位负责人：　　　　移交人：　　　　监交人：　　　　接管人：

3. 库存现金移交表（如表 6-3 所示）

根据现金库存实有数，按币种（分人民币和各种外币）、币别分别填入库存现金移交表内。

表 6-3　库存现金移交表

币种：　　　　　　　移交日期：　　年　月　日　　　单位：元　　第　页

币种	数量	移交金额	接受金额	备注
100 元				
50 元				

续表

币种	数量	移交金额	接受金额	备注
20元				
10元				
5元				
1元				
5角				
1角				
5分				
2分				
1分				

单位负责人：　　　　　移交人：　　　　　监交人：　　　　　接管人：

4. 核算资料移交表（如表 6-4 所示）

核算资料主要包括出纳账簿，收据、借据，银行结算凭证，票据领用、使用登记簿，以及其他文件资料等。

表 6-4　核算资料移交表

移交日期：　　　年　月　日　　　　　　　　　　　　　单位：元　　第　页

名　　称	年度	数量	起止号码	备注
现金收入日记账				
现金支出日记账				
银行存款收入日记账				
银行存款支出日记账				
收据领用登记簿				
支票领用登记簿				
收据				
现金支票				
转账支票				

单位负责人：　　　　　移交人：　　　　　监交人：　　　　　接管人：

5. 出纳员工作交接书（如表 6-5 所示）

"交接说明书"是把移交表中无法列入或尚未列入的内容做具体说明的文件。该说明书包括：交接双方及监交人员的职务和姓名、移交清册页数、需要说明的问题和意见。

表 6-5　交接情况说明书

交接情况说明书

　　××单位出纳员张三，因工作调动，财务处已决定将出纳工作移交给李四接管。现办理如下交接：

　　一、交接日期：××××年×月×日

　　二、具体业务的移交：

　　1. 库存现金：×月×日账面余额××元，实存相符，月记账余额与总账相符；

　　2. 库存国库券：××元，经核对无误；

　　3. 银行存款余额××万元，经编制"银行存款余额调节表"核对相符。

　　三、移交的会计凭证、账簿、文件：

　　1. 本年度现金日记账一本；

　　2. 本年度银行存款日记账二本；

　　3. 空白现金支票××张（××号至××号）；

　　4. 空白转账支票××张（××号至××号）；

　　5. 托收承付登记簿一本；

　　6. 付款委托书一本；

　　7. 信汇登记簿一本；

　　8. 金库暂存物品明细表一份，与实物核对相符；

　　9. 银行对账单×—×月份×本；×月份未达账项说明一份；

　　10.……

　　四、印鉴：

　　1. ××公司财务处转讫印章一枚；

　　2. ××公司财务处现金收讫印章一枚；

　　3. ××公司财务处现金付讫印章一枚；

　　五、交接前后工作责任的划分：××××年×月×日前的出纳责任事项由张三负责；××××年×月×日起的出纳工作由李四负责。以上移交事项均经交接双方认定无误。

　　六、本交接书一式三份，双方各执一份，存档一份。

　　移交人：张三（签名盖章）

　　接管人：李四（签名盖章）

　　监交人：王五（签名盖章）

××公司财务处（公章）

××××年×月×日

---

6. 物品移交表（如表 6-6 所示）

物品主要包括会计用品、公用会计工具等。

表6-6　物品移交表

移交日期：　　年　　月　　日　　　　　　　　　　　　　　　　单位：元　　第　页

名称	编号	型号	购入日期	单位	数量	备注
财务印章						
文件柜						
装订机						
复印机						
打印机						
保险柜						
照相机						

单位负责人：　　　　　移交人：　　　　　监交人：　　　　　接管人：

五、出纳工作交接举例

【案例6-1】2012年11月19日荣发设备制造有限责任公司原出纳员张丽，因工作调动，财务处已决定将出纳工作移交给何习平接管。张丽编制了移交清册，并在财务主管张义达的监督下与何习平办理了移交手续。移交清册资料如表6-7、表6-8及表6-9所示：

表6-7　财产物资移交清单

移交日期：2012年11月19日

序号	项目		单位	移交金额（数量）	备注
	类别	明细			
1	库存现金	人民币	元	¥450.70	
2		美元	元	$500.00	
3	银行存款	账号：580002101058581	元	¥10 000 000.00	建行处州支行
4		账号：100232210105180	元	¥5 000 000.00	浙商银行丽水分行
5		账号：338000776998809	元	¥10 000.00	农行处州支行
6	其他货币资金	银行本票存款	元	¥200 000.00	
7	有价证券	国库券	元	¥100 000.00	2010年9月30日到期
9		债券	张	60	丽水城投发行，面值1 000元

续表

序号	项目		单位	移交金额（数量）	备注
	类别	明细			
10	其他物品	保险柜	个	1	附：密码及钥匙
11		验钞器	台	1	
12		法定代表人章	枚	1	
13		现金收讫章	枚	1	
14		现金付讫章	枚	1	
15		办公电脑	台	1	附：登录密码

移交人：王　丽　　　　　　　接管人：何习平　　　　　　　监交人：张义达

表6-8　核算资料移交清单

移交日期：2012年11月19日

序号	项目	单位	数量	起讫号码	起止时间	备注
1	现金日记账	本	2		2012年1月1日—2012年11月18日	
2	银行存款日记账	本	1		2012年1月1日—2012年11月18日	
3	支票领用登记簿	本	1		2012年1月1日—2012年11月18日	
4	现金支票	张	10	Ⅱ Ⅶ 00678002-00678011		
5	转账支票	张	7	Ⅸ Ⅴ 10068907-10068913		
6	收据领用登记簿	本	1		2012年1月1日—2012年11月18日	
7	空白收据	本	10	20090001-20090999		
8	在用收据	本	1	20080100-20080199	2012年1月1日—2012年11月18日	20080100—20080186已开
9	应收票据备查簿	本	1		2012年1月1日—2012年11月18日	
10	应付票据备查簿	本	1		2012年1月1日—2012年11月18日	
11	银行对账单	份	10		2012年1月—10月	
12	建行进账单	本	1			
13	印鉴卡片	张	3			

移交人：王　丽　　　　　　　接管人：何习平　　　　　　　监交人：张义达

表 6-9 交接情况说明书

交接情况说明书

原出纳员张丽，因工作调动，财务处已决定将出纳工作移交给何习平接管。现办理如下交接：

一、交接日期：

2012 年 11 月 19 日

二、具体业务的移交：

1. 库存现金：2012 年 11 月 18 日账面余额人民币 450.70 元，美元 500 元，实存相符，日记账余额与总账相符；

2. 银行存款：2012 年 11 月 18 日账面余额 1 501 万元，经编制"银行存款余额调节表"核对相符；

3. 其他货币资金：2012 年 11 月 18 日账面余额 20 万元，系银行本票存款 20 万元，已核实无误；

4. 库存国库券：面值 10 万元，系 2005 年 10 月 10 日购买，已与持有至到期投资账户核对无误；

5. 债券：面值 6 万元，系丽水城市投资公司于 2006 年 12 月 5 日发行，已与持有至到期投资账户核对无误；

三、移交的会计凭证、账簿、文件：

1. 本年度现金日记账一本；

2. 本年度银行存款日记账一本；

3. 支票领用登记簿一本；

4. 空白现金支票 10 张（ⅡⅦ 00678002 ~ 00678011）；

5. 空白转账支票 7 张（ⅨⅤ 10068907 ~ 10068913）；

四、其他事项说明

无

五、交接前后工作责任的划分：2012 年 11 月 19 日前的出纳责任事项由张丽负责；2012 年 11 月 19 日起的出纳工作由何习平负责。以上移交事项均经交接双方认定无误。

六、本交接书一式三份，双方各执一分，存档一份。

附：财产物资移交清单 1 份、核算资料移交清单 1 份

移交人：王 丽   （签名盖章）

接管人：何习平   （签名盖章）

监交人：张义达   （签名盖章）

荣发设备制造有限责任公司财务处（公章）

2012 年 11 月 19 日

业务技能测试

一、单项选择题

1. 在办理会计工作交接手续中，发现"白条顶库"现象时，应采取的正确做法是（　　）。

   A. 监交人员负责查清处理

   B. 接管人员在移交后负责查清处理

   C. 移交人员在规定期限内负责查清处理

   D. 会计档案管理人员负责查清处理

2. 对已经建立会计账册且会计记录完整的纳税人应当采用的税款征收方式为（　　）。

   A. 查账征收　　　B. 查定征收　　　　C. 查验征收　　　　　D. 定期定额征收

3. 存款人在（　　）情况下，不得申请撤销银行结算账户。

   A. 被撤销、解散、宣告破产或关闭的

   B. 尚未清偿其开户银行债务的

   C. 注销、被吊销营业执照的

   D. 因地址变更需要变更开户银行的

4. 下面不得销毁的会计档案是（　　）。

   A. 会计账簿

   B. 记账凭证

   C. 保管期满但未结算的债权债务原始凭证

   D. 保管期满已办理结算的债权债务原始凭证

5. 根据《税收征管法》及其实施细则的规定，企业向税务机关申报办理税务登记的时间是（　　）。

   A. 自领取营业执照之日起 15 日内

   B. 自领取营业执照之日起 30 日内

   C. 自申请营业执照之日起 45 日内

   D. 自领取营业执照之日起 60 日内

6. 纳税人享受减税、免税待遇后，在减税、免税期间应当（　　）。

   A. 不必办理纳税申报

   B. 有权拒绝税务机关检查

   C. 按照规定办理纳税申报

   D. 根据自身需要确定是否进行纳税申报

7. 纳税人办理纳税申报时，应当如实填写（　　　）。

　　A. 税务登记申请表　　　　　　　B. 税务登记申请书

　　C. 纳税人税种登记表　　　　　　D. 纳税申报表

二、多项选择题

1. 一般会计人员在办理会计工作交接时，负责监交的人员应该是（　　　）。

　　A. 单位职工代表　　　　　　　　B. 会计主管人员

　　C. 会计机构负责人　　　　　　　D. 单位档案管理人员

2. 税务登记证件应当载明以下内容（　　　）。

　　A. 纳税人名称　　　　　　　　　B. 法定代表人或负责人

　　C. 统一代码　　　　　　　　　　D. 证件有效期限

3. 税款缴纳的方式有（　　　）。

　　A. 代收代缴　　　　　　　　　　B. 代扣代缴

　　C. 委托代征　　　　　　　　　　D. 税务机关自收税款并办理入库手续

4. 按分税制要求，目前将国家开征的全部税种划分为（　　　）。

　　A. 中央税　　　　　　　　　　　B. 中央与地方共享税

　　C. 地方税　　　　　　　　　　　D. 专项税

实训操作

实训操作题

实训资料：2012 年 10 月 20 日，大地商贸公司原出纳李鹤，因工作调动，财务处已决定将出纳工作移交给田春风接管。李鹤将需要交接的资料及物品进行了清理，并列出一个清单，清单主要资料如下：

（1）现金日记账 2012 年 10 月 19 日账面余额 450 元，与实际相符。

（2）银行存款日记账：

工商银行东方支行：账号 105180100232210，2012 年 10 月 9 日账面余额 230 000 元，编制银行存款余额调节表后，账实相符。

农业银行开发支行：账号 699880338000776，2012 年 10 月 9 日账面余额 3 787 510 元，编制银行存款余额调节表后，账实相符。

（3）保险柜一个、文件柜两个、点钞机一个、打印机一台。

（4）财务专用章一枚、出纳业务印章一套。

（5）支票领用登记簿一本。

（6）空白转账支票 10 张，ⅡⅦ 00678002 ～ 006780011；空白现金支票 6 张，Ⅸ 10068907 ～ 10068912。

（7）空白收据 3 本 2012051 ～ 2012200；在用收据：2012001 ～ 2012050。

（8）印鉴卡片 2 张。

实训目标：能做好交接，会编制移交清册。

实训要求：根据清单审核移交资料，编制移交清单。

实训成果：记账凭证、现金日记账。

附录一　支付结算办法

银发［1997］393 号

第一章　总　则

第一条　为了规范支付结算行为，保障支付结算活动中当事人的合法权益，加速资金周转和商品流通，促进社会主义市场经济的发展，依据《中华人民共和国票据法》（以下简称《票据法》）和《票据管理实施办法》以及有关法律、行政法规，制定本办法。

第二条　中华人民共和国境内人民币的支付结算适用本办法，但中国人民银行另有规定的除外。

第三条　本办法所称支付结算是指单位、个人在社会经济活动中使用票据、信用卡和汇兑、托收承付、委托收款等结算方式进行货币给付及其资金清算的行为。

第四条　支付结算工作的任务，是根据经济往来组织支付结算，准确、及时、安全办理支付结算，按照有关法律、行政法规和本办法的规定管理支付结算，保障支付结算活动的正常进行。

第五条　银行、城市信用合作社、农村信用合作社（以下简称银行）以及单位和个人（含个体工商户），办理支付结算必须遵守国家的法律、行政法规和本办法的各项规定，不得损害社会公共利益。

第六条　银行是支付结算和资金清算的中介机构。未经中国人民银行批准的非银行金融机构和其他单位不得作为中介机构经营支付结算业务。但法律、行政法规另有规定的除外。

第七条　单位、个人和银行应当按照《银行账户管理办法》的规定开立、使用账户。

第八条　在银行开立存款账户的单位和个人办理支付结算，账户内须有足够的资金保证支付，本办法另有规定的除外。没有开立存款账户的个人向银行交付款项后，也可以通过银行办理支付结算。

第九条　票据和结算凭证是办理支付结算的工具。单位、个人和银行办理支付结算，必须使用按中国人民银行统一规定印制的票据凭证和统一规定的结算凭证。

未使用按中国人民银行统一规定印制的票据，票据无效；未使用中国人民银行统一规定格式的结算凭证，银行不予受理。

第十条 单位、个人和银行签发票据、填写结算凭证，应按照本办法和附一《正确填写票据和结算凭证的基本规定》记载，单位和银行的名称应当记载全称或者规范化简称。

第十一条 票据和结算凭证上的签章，为签名、盖章或者签名加盖章。

单位、银行在票据上的签章和单位在结算凭证上的签章，为该单位、银行的盖章加其法定代表人或其授权的代理人的签名或盖章。

个人在票据和结算凭证上的签章，应为该个人本名的签名或盖章。

第十二条 票据和结算凭证的金额、出票或签发日期、收款人名称不得更改，更改的票据无效；更改的结算凭证，银行不予受理。

对票据和结算凭证上的其他记载事项，原记载人可以更改，更改时应当由原记载人在更改处签章证明。

第十三条 票据和结算凭证金额以中文大写和阿拉伯数码同时记载，二者必须一致，二者不一致的票据无效；二者不一致的结算凭证，银行不予受理。

少数民族地区和外国驻华使领馆根据实际需要，金额大写可以使用少数民族文字或者外国文字记载。

第十四条 票据和结算凭证上的签章和其他记载事项应当真实，不得伪造、变造。

票据上有伪造、变造的签章的，不影响票据上其他当事人真实签章的效力。

本条所称的伪造是指无权限人假冒他人或虚构人名义签章的行为。签章的变造属于伪造。

本条所称的变造是指无权更改票据内容的人，对票据上签章以外的记载事项加以改变的行为。

第十五条 办理支付结算需要交验的个人有效身份证件是指居民身份证、军官证、警官证、文职干部证、士兵证、户口簿、护照、港澳台同胞回乡证等符合法律、行政法规以及国家有关规定的身份证件。

第十六条 单位、个人和银行办理支付结算必须遵守下列原则：

（一）恪守信用，履约付款；

（二）谁的钱进谁的账，由谁支配；

（三）银行不垫款。

第十七条 银行以善意且符合规定和正常操作程序审查，对伪造、变造的票据和结算凭证上的签章以及需要交验的个人有效身份证件，未发现异常而支付金额的，对出票人或付款人不再承担受委托付款的责任，对持票人或收款人不再承担付款的责任。

第十八条 依法背书转让的票据，任何单位和个人不得冻结票据款项。但是法律另有规定的除外。

第十九条 银行依法为单位、个人在银行开立的基本存款账户、一般存款账户、专用存款账户和临时存款账户的存款保密，维护其资金的自主支配权。对单位、个人在银行开立上述存款账户的存款，除国家法律、行政法规另有规定外，银行不得为任何单位或者个人查询；除国家法律另有规定外，银行不代任何单位或者个人冻结、扣款，不得停止单位、个人存款的正常支付。

第二十条 支付结算实行集中统一和分级管理相结合的管理体制。

中国人民银行总行负责制定统一的支付结算制度，组织、协调、管理、监督全国的支付结算工作，调解、处理银行之间的支付结算纠纷。

中国人民银行省、自治区、直辖市分行根据统一的支付结算制度制定实施细则，报总行备案；根据需要可以制定单项支付结算办法，报经中国人民银行总行批准后执行。中国人民银行分、支行负责组织、协调、管理、监督本辖区的支付结算工作，调解、处理本辖区银行之间的支付结算纠纷。

政策性银行、商业银行总行可以根据统一的支付结算制度，结合本行情况，制定具体管理实施办法，报经中国人民银行总行批准后执行。政策性银行、商业银行负责组织、管理、协调本行内的支付结算工作，调解、处理本行内分支机构之间的支付结算纠纷。

第二章 票 据

第一节 基本规定

第二十一条 本办法所称票据，是指银行汇票、商业汇票、银行本票和支票。

第二十二条 票据的签发、取得和转让，必须具有真实的交易关系和债权债务关系。

票据的取得，必须给付对价。但因税收、继承、赠与可以依法无偿取得票据的，不受给付对价的限制。

第二十三条 银行汇票的出票人在票据上的签章，应为经中国人民银行批准使用的该银行汇票专用章加其法定代表人或其授权经办人的签名或者盖章。银行承兑商业汇票、办理商业汇票转贴现、再贴现时的签章，应为经中国人民银行批准使用的该银行汇票专用章加其法定代表人或其授权经办人的签名或者盖章。银行本票的出票人在票据上的签章，应为经中国人民银行批准使用的该银行本票专用章加其法定代表人或其授权经办人的签名或者盖章。

单位在票据上的签章，应为该单位的财务专用章或者公章加其法定代表人或其授权的代理人的签名或者盖章。个人在票据上的签章，应为该个人的签名或者盖章。

支票的出票人和商业承兑汇票的承兑人在票据上的签章，应为其预留银行的签章。

第二十四条 出票人在票据上的签章不符合《票据法》《票据管理实施办法》和本办法规定的，票据无效；承兑人、保证人在票据上的签章不符合《票据法》《票据管理实施办法》和本办法规定的，其签章无效，但不影响其他符合规定签章的效力；背书人在票据上的签章不符合《票据法》《票据管理实施办法》和本办法规定的，其签章无效，但不影响其前手符合规定签章的效力。

第二十五条 出票人在票据上的记载事项必须符合《票据法》《票据管理实施办法》和本办法的规定。票据上可以记载《票据法》和本办法规定事项以外的其他出票事项，但是该记载事项不具有票据上的效力，银行不负审查责任。

第二十六条 区域性银行汇票仅限于出票人向本区域内的收款人出票，银行本票和支票仅限于出票人向其票据交换区域内的收款人出票。

第二十七条 票据可以背书转让，但填明"现金"字样的银行汇票、银行本票和用于支取现金的支票不得背书转让。

区域性银行汇票仅限于在本区域内背书转让。银行本票、支票仅限于在其票据交换区域内背书转让。

第二十八条 区域性银行汇票和银行本票、支票出票人向规定区域以外的收款人出票的，背书人向规定区域以外的被背书人转让票据的，区域外的银行不予受理，但出票人、背书人仍应承担票据责任。

第二十九条 票据背书转让时，由背书人在票据背面签章、记载被背书人名称和背书日期。

背书未记载日期的，视为在票据到期日前背书。

持票人委托银行收款或以票据质押的，除按上款规定记载背书外，还应在背书人栏记载"委托收款"或"质押"字样。

第三十条 票据出票人在票据正面记载"不得转让"字样的，票据不得转让；其直接后手再背书转让的，出票人对其直接后手的被背书人不承担保证责任，对被背书人提示付款或委托收款的票据，银行不予受理。

票据背书人在票据背面背书人栏记载"不得转让"字样的，其后手再背书转让的，记载"不得转让"字样的背书人对其后手的被背书人不承担保证责任。

第三十一条 票据被拒绝承兑、拒绝付款或者超过付款提示期限的，不得背书转让。背书转让的，背书人应当承担票据责任。

第三十二条 背书不得附有条件。背书附有条件的，所附条件不具有票据上的效力。

第三十三条 以背书转让的票据，背书应当连续。持票人以背书的连续，证明其票据权利。

非经背书转让，而以其他合法方式取得票据的，依法举证，证明其票据权利。

背书连续，是指票据第一次背书转让的背书人是票据上记载的收款人，前次背书转让的被背书人是后一次背书转让的背书人，依次前后衔接，最后一次背书转让的被背书人是票据的最后持票人。

第三十四条 票据的背书人应当在票据背面的背书栏依次背书。背书栏不敷背书的，可以使用统一格式的粘单，黏附于票据凭证上规定的粘接处。粘单上的第一记载人，应当在票据和粘单的粘接处签章。

第三十五条 银行汇票、商业汇票和银行本票的债务可以依法由保证人承担保证责任。

保证人必须按照《票据法》的规定在票据上记载保证事项。保证人为出票人、承兑人保证的，应将保证事项记载在票据的正面；保证人为背书人保证的，应将保证事项记载在票据的背面或粘单上。

第三十六条 商业汇票的持票人超过规定期限提示付款的，丧失对其前手的追索权，持票人在作出说明后，仍可以向承兑人请求付款。

银行汇票、银行本票的持票人超过规定期限提示付款的，丧失对出票人以外的前手的追索权，持票人在作出说明后，仍可以向出票人请求付款。

支票的持票人超过规定的期限提示付款的，丧失对出票人以外的前手的追索权。

第三十七条 通过委托收款银行或者通过票据交换系统向付款人或代理付款人提示付款的，视同持票人提示付款；其提示付款日期以持票人向开户银行提交票据日为准。

付款人或代理付款人应于见票当日足额付款。

本条所称"代理付款人"是指根据付款人的委托，代理其支付票据金额的银行。

第三十八条 票据债务人对下列情况的持票人可以拒绝付款：

（一）对不履行约定义务的与自己有直接债权债务关系的持票人；

（二）以欺诈、偷盗或者胁迫等手段取得票据的持票人；

（三）对明知有欺诈、偷盗或者胁迫等情形，出于恶意取得票据的持票人；

（四）明知债务人与出票人或者持票人的前手之间存在抗辩事由而取得票据的持票人；

（五）因重大过失取得不符合《票据法》规定的票据的持票人；

（六）对取得背书不连续票据的持票人；

（七）符合《票据法》规定的其他抗辩事由。

第三十九条 票据债务人对下列情况不得拒绝付款：

（一）与出票人之间有抗辩事由；

（二）与持票人的前手之间有抗辩事由。

第四十条 票据到期被拒绝付款或者在到期前被拒绝承兑，承兑人或付款人死亡、逃匿的，承兑人或付款人被依法宣告破产的或者因违法被责令终止业务活动的，持票人可以对背书人、出票人以及票据的其他债务人行使追索权。

持票人行使追索权，应当提供被拒绝承兑或者被拒绝付款的拒绝证明或者退票理由书以及其他有关证明。

第四十一条　本办法所称"拒绝证明"应当包括下列事项：

（一）被拒绝承兑、付款的票据种类及其主要记载事项；

（二）拒绝承兑、付款的事实依据和法律依据；

（三）拒绝承兑、付款的时间；

（四）拒绝承兑人、拒绝付款人的签章。

第四十二条　本办法所称退票理由书应当包括下列事项：

（一）所退票据的种类；

（二）退票的事实依据和法律依据；

（三）退票时间；

（四）退票人签章。

第四十三条　本办法所称的其他证明是指：

（一）医院或者有关单位出具的承兑人、付款人死亡证明；

（二）司法机关出具的承兑人、付款人逃匿的证明；

（三）公证机关出具的具有拒绝证明效力的文书。

第四十四条　持票人应当自收到被拒绝承兑或者被拒绝付款的有关证明之日起3日内，将被拒绝事由书面通知其前手；其前手应当自收到通知之日起3日内书面通知其再前手。持票人也可以同时向各票据债务人发出书面通知。

未按照前款规定期限通知的，持票人仍可以行使追索权。

第四十五条　持票人可以不按照票据债务人的先后顺序，对其中任何一人、数人或者全体行使追索权。

持票人对票据债务人中的一人或者数人已经进行追索的，对其他票据债务人仍可以行使追索权。被追索人清偿债务后，与持票人享有同一权利。

第四十六条　持票人行使追索权，可以请求被追索人支付下列金额和费用：

（一）被拒绝付款的票据金额；

（二）票据金额自到期日或者提示付款日起至清偿日止按照中国人民银行规定的同档次流动资金贷款利率计算的利息。

（三）取得有关拒绝证明和发出通知书的费用。

被追索人清偿债务时，持票人应当交出票据和有关拒绝证明，并出具所收到利息和费用的收据。

第四十七条　被追索人依照前条规定清偿后，可以向其他票据债务人行使再追索权，请求其他票据债务人支付下列金额和费用：

（一）已清偿的全部金额；

（二）前项金额自清偿日起至再追索清偿日止，按照中国人民银行规定的同档次流动资金贷款利率计算的利息；

（三）发出通知书的费用。

行使再追索权的被追索人获得清偿时，应当交出票据和有关拒绝证明，并出具所收到利息和费用的收据。

第四十八条　已承兑的商业汇票、支票、填明"现金"字样和代理付款人的银行汇票以及填明"现金"字样的银行本票丧失，可以由失票人通知付款人或者代理付款人挂失止付。未填明"现金"字样和代理付款人的银行汇票以及未填明"现金"字样的银行本票丧失，不得挂失止付。

第四十九条　允许挂失止付的票据丧失，失票人需要挂失止付的，应填写挂失止付通知书并签章。挂失止付通知书应当记载下列事项：

（一）票据丧失的时间、地点、原因；

（二）票据的种类、号码、金额、出票日期、付款日期、付款人名称、收款人名称；

（三）挂失止付人的姓名、营业场所或者住所以及联系方法。

欠缺上述记载事项之一的，银行不予受理。

第五十条　付款人或者代理付款人收到挂失止付通知书后，查明挂失票据确未付款时，应立即暂停支付。付款人或者代理付款人自收到挂失止付通知书之日起 12 日内没有收到人民法院的止付通知书的，自第 13 日起，持票人提示付款并依法向持票人付款的，不再承担责任。

第五十一条　付款人或者代理付款人在收到挂失止付通知书之前，已经向持票人付款的，不再承担责任。但是，付款人或者代理付款人以恶意或者重大过失付款的除外。

第五十二条　银行汇票的付款地为代理付款人或出票人所在地，银行本票的付款地为出票人所在地，商业汇票的付款地为承兑人所在地，支票的付款地为付款人所在地。

第二节　银行汇票

第五十三条　银行汇票是出票银行签发的，由其在见票时按照实际结算金额无条件支付给收款人或者持票人的票据。

银行汇票的出票银行为银行汇票的付款人。

第五十四条　单位和个人各种款项结算，均可使用银行汇票。

银行汇票可以用于转账，填明"现金"字样的银行汇票也可以用于支取现金。

第五十五条　银行汇票的出票和付款，全国范围限于中国人民银行和各商业银行参加"全国联行往来"的银行机构办理。跨系统银行签发的转账银行汇票的付款，应通过同城票据交换将银行汇票和解讫通知提交给同城的有关银行审核支付后抵用。代理付款人不得受理未在本行开立存款账户的持票人为单位直接提交的银行汇票。省、自治区、直辖市内和跨省、市的经济区域内银行汇票的出票和付款，按照有关规定办理。

银行汇票的代理付款人是代理本系统出票银行或跨系统签约银行审核支付汇票款项的银行。

第五十六条 签发银行汇票必须记载下列事项：

（一）表明"银行汇票"的字样；

（二）无条件支付的承诺；

（三）出票金额；

（四）付款人名称；

（五）收款人名称；

（六）出票日期；

（七）出票人签章。

欠缺记载上列事项之一的，银行汇票无效。

第五十七条 银行汇票的提示付款期限自出票日起1个月。

持票人超过付款期限提示付款的，代理付款人不予受理。

第五十八条 申请人使用银行汇票，应向出票银行填写"银行汇票申请书"，填明收款人名称、汇票金额、申请人名称、申请日期等事项并签章，签章为其预留银行的签章。

申请人和收款人均为个人，需要使用银行汇票向代理付款人支取现金的，申请人须在"银行汇票申请书"上填明代理付款人名称，在"汇票金额"栏先填写"现金"字样，后填写汇票金额。

申请人或者收款人为单位的，不得在"银行汇票申请书"上填明"现金"字样。

第五十九条 出票银行受理银行汇票申请书，收妥款项后签发银行汇票，并用压数机压印出票金额，将银行汇票和解讫通知一并交给申请人。

签发转账银行汇票，不得填写代理付款人名称，但由人民银行代理兑付银行汇票的商业银行，向设有分支机构地区签发转账银行汇票的除外。

签发现金银行汇票，申请人和收款人必须均为个人，收妥申请人交存的现金后，在银行汇票"出票金额"栏先填写"现金"字样，后填写出票金额，并填写代理付款人名称。申请人或者收款人为单位的，银行不得为其签发现金银行汇票。

第六十条 申请人应将银行汇票和解讫通知一并交付给汇票上记明的收款人。

收款人受理银行汇票时，应审查下列事项：

（一）银行汇票和解讫通知是否齐全、汇票号码和记载的内容是否一致；

（二）收款人是否确为本单位或本人；

（三）银行汇票是否在提示付款期限内；

（四）必须记载的事项是否齐全；

（五）出票人签章是否符合规定，是否有压数机压印的出票金额，并与大写出票金额一致；

（六）出票金额、出票日期、收款人名称是否更改，更改的其他记载事项是否由原记载人签章证明。

第六十一条 收款人受理申请人交付的银行汇票时，应在出票金额以内，根据实际需要的款项办理结算，并将实际结算金额和多余金额准确、清晰地填入银行汇票和解讫通知的有关栏内。未填明实际结算金额和多余金额或实际结算金额超过出票金额的，银行不予受理。

第六十二条 银行汇票的实际结算金额不得更改，更改实际结算金额的银行汇票无效。

第六十三条 收款人可以将银行汇票背书转让给被背书人。

银行汇票的背书转让以不超过出票金额的实际结算金额为准。未填写实际结算金额或实际结算金额超过出票金额的银行汇票不得背书转让。

第六十四条 被背书人受理银行汇票时，除按照第六十条的规定审查外，还应审查下列事项：

（一）银行汇票是否记载实际结算金额，有无更改，其金额是否超过出票金额。

（二）背书是否连续，背书人签章是否符合规定，背书使用粘单的是否按规定签章；

（三）背书人为个人的身份证件。

第六十五条 持票人向银行提示付款时，必须同时提交银行汇票和解讫通知，缺少任何一联，银行不予受理。

第六十六条 在银行开立存款账户的持票人向开户银行提示付款时，应在汇票背面"持票人向银行提示付款签章"处签章，签章须与预留银行签章相同，并将银行汇票和解讫通知、进账单送交开户银行。银行审查无误后办理转账。

第六十七条 未在银行开立存款账户的个人持票人，可以向选择的任何一家银行机构提示付款。提示付款时，应在汇票背面"持票人向银行提示付款签章"处签章，并填明本人身份证件名称、号码及发证机关，由其本人向银行提交身份证件及其复印件。银行审核无误后，将其身份证件复印件留存备查，并以持票人的姓名开立应解汇款及临时存款账户，该账户只付不收，付完清户，不计付利息。转账支付的，应由原持票人向银行填制支款凭证，并由本人交验其身份证件办理支付款项。该账户的款项只能转入单位或个体工商户的存款账户，严禁转入储蓄和信用卡账户。支取现金的，银行汇票上必须有出票银行按规定填明的"现金"

字样，才能办理。未填明"现金"字样，需要支取现金的，由银行按照国家现金管理规定审查支付。持票人对填明"现金"字样的银行汇票，需要委托他人向银行提示付款的，应在银行汇票背面背书栏签章，记载"委托收款"字样、被委托人姓名和背书日期以及委托人身份证件名称、号码、发证机关。被委托人向银行提示付款时，也应在银行汇票背面"持票人向银行提示付款签章"处签章，记载证件名称、号码及发证机关，并同时向银行交验委托人和被委托人的身份证件及其复印件。

第六十八条 银行汇票的实际结算金额低于出票金额的，其多余金额由出票银行退交申请人。

第六十九条 持票人超过期限向代理付款银行提示付款不获付款的，须在票据权利时效内向出票银行作出说明，并提供本人身份证件或单位证明，持银行汇票和解讫通知向出票银行请求付款。

第七十条 申请人因银行汇票超过付款提示期限或其他原因要求退款时，应将银行汇票和解讫通知同时提交到出票银行。申请人为单位的，应出具该单位的证明；申请人为个人的，应出具该本人的身份证件。对于代理付款银行查询的该张银行汇票，应在汇票提示付款期满后方能办理退款。出票银行对于转账银行汇票的退款，只能转入原申请人账户；对于符合规定填明"现金"字样银行汇票的退款，才能退付现金。

申请人缺少解讫通知要求退款的，出票银行应于银行汇票提示付款期满一个月后办理。

第七十一条 银行汇票丧失，失票人可以凭人民法院出具的其享有票据权利的证明，向出票银行请求付款或退款。

第三节 商业汇票

第七十二条 商业汇票是出票人签发的，委托付款人在指定日期无条件支付确定的金额给收款人或者持票人的票据。

第七十三条 商业汇票分为商业承兑汇票和银行承兑汇票。

商业承兑汇票由银行以外的付款人承兑。

银行承兑汇票由银行承兑。

商业汇票的付款人为承兑人。

第七十四条 在银行开立存款账户的法人以及其他组织之间，必须具有真实的交易关系或债权债务关系，才能使用商业汇票。

第七十五条 商业承兑汇票的出票人，为在银行开立存款账户的法人以及其他组织，与付款人具有真实的委托付款关系，具有支付汇票金额的可靠资金来源。

第七十六条 银行承兑汇票的出票人必须具备下列条件：

（一）在承兑银行开立存款账户的法人以及其他组织；

（二）与承兑银行具有真实的委托付款关系；

（三）资信状况良好，具有支付汇票金额的可靠资金来源。

第七十七条 出票人不得签发无对价的商业汇票用以骗取银行或者其他票据当事人的资金。

第七十八条 签发商业汇票必须记载下列事项：

（一）表明"商业承兑汇票"或"银行承兑汇票"的字样；

（二）无条件支付的委托；

（三）确定的金额；

（四）付款人名称；

（五）收款人名称；

（六）出票日期；

（七）出票人签章。

欠缺记载上列事项之一的，商业汇票无效。

第七十九条 商业承兑汇票可以由付款人签发并承兑，也可以由收款人签发交由付款人承兑。

银行承兑汇票应由在承兑银行开立存款账户的存款人签发。

第八十条 商业汇票可以在出票时向付款人提示承兑后使用，也可以在出票后先使用再向付款人提示承兑。

定日付款或者出票后定期付款的商业汇票，持票人应当在汇票到期日前向付款人提示承兑。见票后定期付款的汇票，持票人应当自出票日起 1 个月内向付款人提示承兑。

汇票未按照规定期限提示承兑的，持票人丧失对其前手的追索权。

第八十一条 商业汇票的付款人接到出票人或持票人向其提示承兑的汇票时，应当向出票人或持票人签发收到汇票的回单，记明汇票提示承兑日期并签章。付款人应当在自收到提示承兑的汇票之日起 3 日内承兑或者拒绝承兑。

付款人拒绝承兑的，必须出具拒绝承兑的证明。

第八十二条 商业汇票的承兑银行，必须具备下列条件：

（一）与出票人具有真实的委托付款关系；

（二）具有支付汇票金额的可靠资金；

（三）内部管理完善，经其法人授权的银行审定。

第八十三条 银行承兑汇票的出票人或持票人向银行提示承兑时，银行的信贷部门负责按照有关规定和审批程序，对出票人的资格、资信、购销合同和汇票记载的内容进行认真审查，必要时可由出票人提供担保。符合规定和承兑条件的，与出票人签订承兑协议。

第八十四条 付款人承兑商业汇票，应当在汇票正面记载"承兑"字样和承兑日期并签章。

第八十五条 付款人承兑商业汇票，不得附有条件；承兑附有条件的，视为拒绝承兑。

第八十六条 银行承兑汇票的承兑银行，应按票面金额向出票人收取万分之五的手续费。

第八十七条 商业汇票的付款期限，最长不得超过6个月。

定日付款的汇票付款期限自出票日起计算，并在汇票上记载具体的到期日。

出票后定期付款的汇票付款期限自出票日起按月计算，并在汇票上记载。见票后定期付款的汇票付款期限自承兑或拒绝承兑日起按月计算，并在汇票上记载。

第八十八条 商业汇票的提示付款期限，自汇票到期日起10日。

持票人应在提示付款期限内通过开户银行委托收款或直接向付款人提示付款。对异地委托收款的，持票人可匡算邮程，提前通过开户银行委托收款。持票人超过提示付款期限提示付款的，持票人开户银行不予受理。

第八十九条 商业承兑汇票的付款人开户银行收到通过委托收款寄来的商业承兑汇票，将商业承兑汇票留存，并及时通知付款人。

（一）付款人收到开户银行的付款通知，应在当日通知银行付款。付款人在接到通知日的次日起3日内（遇法定休假日顺延，下同）未通知银行付款的，视同付款人承诺付款，银行应于付款人接到通知日的次日起第4日（法定休假日顺延，下同）上午开始营业时，将票款划给持票人。

付款人提前收到由其承兑的商业汇票，应通知银行于汇票到期日付款。付款人在接到通知日的次日起3日内未通知银行付款，付款人接到通知日的次日起第4日在汇票到期日之前的，银行应于汇票到期日将票款划给持票人。

（二）银行在办理划款时，付款人存款账户不足支付的，应填制付款人未付票款通知书，连同商业承兑汇票邮寄持票人开户银行转交持票人。

（三）付款人存在合法抗辩事由拒绝支付的，应自接到通知日的次日起3日内，作成拒绝付款证明送交开户银行，银行将拒绝付款证明和商业承兑汇票邮寄持票人开户银行转交持票人。

第九十条 银行承兑汇票的出票人应于汇票到期前将票款足额交存其开户银行。承兑银行应在汇票到期日或到期日后的见票当日支付票款。

承兑银行存在合法抗辩事由拒绝支付的，应自接到商业汇票的次日起3日内，作成拒绝付款证明，连同商业银行承兑汇票邮寄持票人开户银行转交持票人。

第九十一条 银行承兑汇票的出票人于汇票到期日未能足额交存票款时，承兑银行除凭票向持票人无条件付款外，对出票人尚未支付的汇票金额按照每天万分之五计收利息。

第九十二条 商业汇票的持票人向银行办理贴现必须具备下列条件：

（一）在银行开立存款账户的企业法人以及其他组织；

（二）与出票人或者直接前手之间具有真实的商品交易关系；

（三）提供与其直接前手之间的增值税发票和商品发运单据复印件。

第九十三条 符合条件的商业汇票的持票人可持未到期的商业汇票连同贴现凭证向银行申请贴现。贴现银行可持未到期的商业汇票向其他银行转贴现，也可向中国人民银行申请再贴现。贴现、转贴现、再贴现时，应作成转让背书，并提供贴现申请人与其直接前手之间的增值税发票和商品发运单据复印件。

第九十四条 贴现、转贴现和再贴现的期限从其贴现之日起至汇票到期日止。实付贴现金额按票面金额扣除贴现日至汇票到期前 1 日的利息计算。

承兑人在异地的，贴现、转贴现和再贴现的期限以及贴现利息的计算应另加 3 天的划款日期。

第九十五条 贴现、转贴现、再贴现到期，贴现、转贴现、再贴现银行应向付款人收取票款。不获付款的，贴现、转贴现、再贴现银行应向其前手追索票款。贴现、再贴现银行追索票款时可从申请人的存款账户收取票款。

第九十六条 存款人领购商业汇票，必须填写"票据和结算凭证领用单"并签章，签章应与预留银行的签章相符。存款账户结清时，必须将全部剩余空白商业汇票交回银行注销。

第四节　银行本票

第九十七条 银行本票是银行签发的，承诺自己在见票时无条件支付确定的金额给收款人或者持票人的票据。

第九十八条 单位和个人在同一票据交换区域需要支付各种款项，均可以使用银行本票。银行本票可以用于转账，注明"现金"字样的银行本票可以用于支取现金。

第九十九条 银行本票分为不定额本票和定额本票两种。

第一百条 银行本票的出票人，为经中国人民银行当地分支行批准办理银行本票业务的银行机构。

第一百零一条 签发银行本票必须记载下列事项：

（一）表明"银行本票"的字样；

（二）无条件支付的承诺；

（三）确定的金额；

（四）收款人名称；

（五）出票日期；

（六）出票人签章。

欠缺记载上列事项之一的，银行本票无效。

第一百零二条 定额银行本票面额为 1 千元、5 千元、1 万元和 5 万元。

第一百零三条 银行本票的提示付款期限自出票日起最长不得超过 2 个月。持票人超过付款期限提示付款的，代理付款人不予受理。

银行本票的代理付款人是代理出票银行审核支付银行本票款项的银行。

第一百零四条 申请人使用银行本票，应向银行填写"银行本票申请书"，填明收款人名称、申请人名称、支付金额、申请日期等事项并签章。申请人和收款人均为个人需要支取现金的，应在"支付金额"栏先填写"现金"字样，后填写支付金额。

申请人或收款人为单位的，不得申请签发现金银行本票。

第一百零五条 出票银行受理银行本票申请书，收妥款项签发银行本票。用于转账的，在银行本票上划去"现金"字样；申请人和收款人均为个人需要支取现金的，在银行本票上划去"转账"字样。不定额银行本票用压数机压印出票金额。出票银行在银行本票上签章后交给申请人。

申请人或收款人为单位的，银行不得为其签发现金银行本票。

第一百零六条 申请人应将银行本票交付给本票上记明的收款人。

收款人受理银行本票时，应审查下列事项：

（一）收款人是否确为本单位或本人；

（二）银行本票是否在提示付款期限内；

（三）必须记载的事项是否齐全；

（四）出票人签章是否符合规定，不定额银行本票是否有压数机压印的出票金额，并与大写出票金额一致；

（五）出票金额、出票日期、收款人名称是否更改，更改的其他记载事项是否由原记载人签章证明。

第一百零七条 收款人可以将银行本票背书转让给被背书人。

被背书人受理银行本票时，除按照第一百零六条的规定审查外，还应审查下列事项：

（一）背书是否连续，背书人签章是否符合规定，背书使用粘单的是否按规定签章；

（二）背书人为个人的身份证件。

第一百零八条 银行本票见票即付。跨系统银行本票的兑付，持票人开户银行可根据中国人民银行规定的金融机构同业往来利率向出票银行收取利息。

第一百零九条 在银行开立存款账户的持票人向开户银行提示付款时，应在银行本票背面"持票人向银行提示付款签章"处签章，签章须与预留银行签章相同，并将银行本票、进账单送交开户银行。银行审查无误后办理转账。

第一百一十条 未在银行开立存款账户的个人持票人，凭注明"现金"字样的银行本票向出票银行支取现金的，应在银行本票背面签章，记载本人身份证件名称、号码及发证机关，并交验本人身份证件及其复印件。

持票人对注明"现金"字样的银行本票需要委托他人向出票银行提示付款的，应在银行本票背面"持票人向银行提示付款签章"处签章，记载"委托收款"字样、被委托人姓名和背书日期以及委托人身份证件名称、号码、发证机关。被委托人向出票银行提示付款时，也应在银行本票背面"持票人向银行提示付款签章"处签章，记载证件名称、号码及发证机关，并同时交验委托人和被委托人的身份证件及其复印件。

第一百一十一条 持票人超过提示付款期限不获付款的，在票据权利时效内向出票银行作出说明，并提供本人身份证件或单位证明，可持银行本票向出票银行请求付款。

第一百一十二条 申请人因银行本票超过提示付款期限或其他原因要求退款时，应将银行本票提交到出票银行，申请人为单位的，应出具该单位的证明；申请人为个人的，应出具该本人的身份证件。出票银行对于在本行开立存款账户的申请人，只能将款项转入原申请人账户；

对于现金银行本票和未在本行开立存款账户的申请人，才能退付现金。

第一百一十三条 银行本票丧失，失票人可以凭人民法院出具的其享有票据权利的证明，向出票银行请求付款或退款。

第五节 支 票

第一百一十四条 支票是出票人签发的，委托办理支票存款业务的银行在见票时无条件支付确定的金额给收款人或者持票人的票据。

第一百一十五条 支票上印有"现金"字样的为现金支票，现金支票只能用于支取现金。

支票上印有"转账"字样的为转账支票，转账支票只能用于转账。

支票上未印有"现金"或"转账"字样的为普通支票，普通支票可以用于支取现金，也可以用于转账。在普通支票左上角划两条平行线的，为划线支票，划线支票只能用于转账，不得支取现金。

第一百一十六条 单位和个人在同一票据交换区域的各种款项结算，均可以使用支票。

第一百一十七条 支票的出票人，为在经中国人民银行当地分支行批准办理支票业务的银行机构开立可以使用支票的存款账户的单位和个人。

第一百一十八条 签发支票必须记载下列事项：

（一）表明"支票"的字样；

（二）无条件支付的委托；

（三）确定的金额；

（四）付款人名称；

（五）出票日期；

（六）出票人签章。

欠缺记载上列事项之一的，支票无效。

支票的付款人为支票上记载的出票人开户银行。

第一百一十九条 支票的金额、收款人名称，可以由出票人授权补记。未补记前不得背书转让和提示付款。

第一百二十条 签发支票应使用碳素墨水或墨汁填写，中国人民银行另有规定的除外。

第一百二十一条 签发现金支票和用于支取现金的普通支票，必须符合国家现金管理的规定。

第一百二十二条 支票的出票人签发支票的金额不得超过付款时在付款人处实有的存款金额。禁止签发空头支票。

第一百二十三条 支票的出票人预留银行签章是银行审核支票付款的依据。银行也可以与出票人约定使用支付密码，作为银行审核支付支票金额的条件。

第一百二十四条 出票人不得签发与其预留银行签章不符的支票；使用支付密码的，出票人不得签发支付密码错误的支票。

第一百二十五条 出票人签发空头支票、签章与预留银行签章不符的支票、使用支付密码地区，支付密码错误的支票，银行应予以退票，并按票面金额处以百分之五但不低于1千元的罚款；持票人有权要求出票人赔偿支票金额2%的赔偿金。对屡次签发的，银行应停止其签发支票。

第一百二十六条 支票的提示付款期限自出票日起10日，但中国人民银行另有规定的除外。

超过提示付款期限提示付款的，持票人开户银行不予受理，付款人不予付款。

第一百二十七条 持票人可以委托开户银行收款或直接向付款人提示付款。用于支取现金的支票仅限于收款人向付款人提示付款。

持票人委托开户银行收款的支票，银行应通过票据交换系统收妥后入账。

持票人委托开户银行收款时，应作委托收款背书，在支票背面背书人签章栏签章、记载"委托收款"字样、背书日期，在被背书人栏记载开户银行名称，并将支票和填制的进账单送交开户银行。持票人持用于转账的支票向付款人提示付款时，应在支票背面背书人签章栏签章，并将支票和填制的进账单交送出票人开户银行。收款人持用于支取现金的支票向付款人提示付款时，应在支票背面"收款人签章"处签章，持票人为个人的，还需交验本人身份证件，并在支票背面注明证件名称、号码及发证机关。

第一百二十八条 出票人在付款人处的存款足以支付支票金额时，付款人应当在见票当日足额付款。

第一百二十九条　存款人领购支票，必须填写"票据和结算凭证领用单"并签章，签章应与预留银行的签章相符。存款账户结清时，必须将全部剩余空白支票交回银行注销。

第三章　信用卡

第一百三十条　信用卡是指商业银行向个人和单位发行的，凭以向特约单位购物、消费和向银行存取现金，且具有消费信用的特制载体卡片。

第一百三十一条　信用卡按使用对象分为单位卡和个人卡；按信誉等级分为金卡和普通卡。

第一百三十二条　商业银行（包括外资银行、合资银行）、非银行金融机构未经中国人民银行批准不得发行信用卡。

非金融机构、境外金融机构的驻华代表机构不得发行信用卡和代理收单结算业务。

第一百三十三条　申请发行信用卡的银行、非银行金融机构，必须具备下列条件：

（一）符合中国人民银行颁布的商业银行资产负债比例监控指标；

（二）相应的管理机构；

（三）合格的管理人员和技术人员；

（四）健全的管理制度和安全制度；

（五）必要的电信设备和营业场所；

（六）中国人民银行规定的其他条件。

第一百三十四条　商业银行、非银行金融机构开办信用卡业务须报经中国人民银行总行批准；其所属分、支机构开办信用卡业务，须报经辖区内中国人民银行分、支行备案。

第一百三十五条　凡在中国境内金融机构开立基本存款账户的单位可申领单位卡。单位卡可申领若干张，持卡人资格由申领单位法定代表人或其委托的代理人书面指定和注销。

凡具有完全民事行为能力的公民可申领个人卡。个人卡的主卡持卡人可为其配偶及年满 18 周岁的亲属申领附属卡，申领的附属卡最多不得超过两张，也有权要求注销其附属卡。

第一百三十六条　单位或个人申领信用卡，应按规定填制申请表，连同有关资料一并送交发卡银行。符合条件并按银行要求交存一定金额的备用金后，银行为申领人开立信用卡存款账户，并发给信用卡。

第一百三十七条　单位卡账户的资金一律从其基本存款账户转账存入，不得交存现金，不得将销货收入的款项存入其账户。

个人卡账户的资金以其持有的现金存入或以其工资性款项及属于个人的劳务报酬收入转账存入。严禁将单位的款项存入个人卡账户。

第一百三十八条 发卡银行可根据申请人的资信程度，要求其提供担保。担保的方式可采用保证、抵押或质押。

第一百三十九条 信用卡备用金存款利息，按照中国人民银行规定的活期存款利率及计息办法计算。

第一百四十条 信用卡仅限于合法持卡人本人使用，持卡人不得出租或转借信用卡。

第一百四十一条 发卡银行应建立授权审批制度；信用卡结算超过规定限额的必须取得发卡银行的授权。

第一百四十二条 持卡人可持信用卡在特约单位购物、消费。单位卡不得用于 10 万元以上的商品交易、劳务供应款项的结算。

第一百四十三条 持卡人凭卡购物、消费时，需将信用卡和身份证件一并交特约单位。智能卡（下称 IC 卡）、照片卡可免验身份证件。

特约单位不得拒绝受理持卡人合法持有的、签约银行发行的有效信用卡，不得因持卡人使用信用卡而向其收取附加费用。

第一百四十四条 特约单位受理信用卡时，应审查下列事项：

（一）确为本单位可受理的信用卡；

（二）信用卡在有效期内，未列入"止付名单"；

（三）签名条上没有"样卡"或"专用卡"等非正常签名的字样；

（四）信用卡无打孔、剪角、毁坏或涂改的痕迹；

（五）持卡人身份证件或卡片上的照片与持卡人相符，但使用 IC 卡、照片卡或持卡人凭密码在销售点终端上消费、购物，可免验身份证件（下同）；

（六）卡片正面的拼音姓名与卡片背面的签名和身份证件上的姓名一致。

第一百四十五条 特约单位受理信用卡审查无误的，在签购单上压卡，填写实际结算金额、用途、持卡人身份证件号码、特约单位名称和编号。如超过支付限额的，应向发卡银行索权并填写授权号码，交持卡人签名确认，同时核对其签名与卡片背面签名是否一致。无误后，对同意按经办人填写的金额和用途付款的，由持卡人在签购单上签名确认，并将信用卡、身份证件和第一联签购单交还给持卡人。

审查发现问题的，应及时与签约银行联系，征求处理意见。对止付的信用卡，应收回并交还发卡银行。

第一百四十六条 特约单位不得通过压卡、签单和退货等方式支付持卡人现金。

第一百四十七条 特约单位在每日营业终了，应将当日受理的信用卡签购单汇总，计算手续费和净计金额，并填写汇（总）计单和进账单，连同签购单一并送交收单银行办理进账。

第一百四十八条 收单银行接到特约单位送交的各种单据，经审查无误后，为特约单位办理进账。

第一百四十九条 持卡人要求退货的，特约单位应使用退货单办理压（刷）卡，并将退货单金额从当日签购单累计金额中抵减，退货单随签购单一并送交收单银行。

第一百五十条 单位卡一律不得支取现金。

第一百五十一条 个人卡持卡人在银行支取现金时，应将信用卡和身份证件一并交发卡银行或代理银行。IC 卡、照片卡以及凭密码在 POS 上支取现金的可免验身份证件。

发卡银行或代理银行压（刷）卡后，填写取现单，经审查无误，交持卡人签名确认。超过支付限额的，代理银行应向发卡银行索权，并在取现单上填写授权号码。办理付款手续后，将现金、信用卡、身份证件和取现单回单联交给持卡人。

第一百五十二条 发卡银行收到代理银行通过同城票据交换或本系统联行划转的各种单据审核无误后办理付款。

第一百五十三条 信用卡透支额，金卡最高不得超过 1 万元，普通卡最高不得超过 5 千元。

信用卡透支期限最长为 60 天。

第一百五十四条 信用卡透支利息，自签单日或银行记账日起 15 日内按日息万分之五计算，超过 15 日按日息万分之十计算，超过 30 日或透支金额超过规定限额的，按日息万分之十五计算。

透支计息不分段，按最后期限或者最高透支额的最高利率档次计息。

第一百五十五条 持卡人使用信用卡不得发生恶意透支。

恶意透支是指持卡人超过规定限额或规定期限，并且经发卡银行催收无效的透支行为。

第一百五十六条 单位卡在使用过程中，需要向其账户续存资金的，一律从其基本存款账户转账存入。

个人卡在使用过程中，需要向其账户续存资金的，只限于其持有的现金存入和工资性款项以及属于个人的劳务报酬收入转账存入。

第一百五十七条 个人卡持卡人或其代理人交存现金，应在发卡银行或其代理银行办理。

持卡人凭信用卡在发卡银行或代理银行交存现金的，银行经审查并收妥现金后，在存款单上压卡，将存款单回单联及信用卡交给持卡人。

持卡人委托他人在不压卡的情况下代为办理交存现金的，代理人应在信用卡存款单上填写持卡人的卡号、姓名、存款金额等内容，并将现金送交银行办理交存手续。

第一百五十八条 发卡银行收到代理银行通过同城票据交换或本系统联行划转的各种单据审核无误后，为持卡人办理收款。

第一百五十九条 持卡人不需要继续使用信用卡的，应持信用卡主动到发卡银行办理销户。销户时，单位卡账户余额转入其基本存款账户，不得提取现金；个人卡账户可以转账结清，也可以提取现金。

第一百六十条 持卡人还清透支本息后，属于下列情况之一的，可以办理销户：

（一）信用卡有效期满 45 天后，持卡人不更换新卡的；

（二）信用卡挂失满 45 天后，没有附属卡又不更换新卡的；

（三）信用卡被列入止付名单，发卡银行已收回其信用卡 45 天的；

（四）持卡人死亡，发卡银行已收回其信用卡 45 天的；

（五）持卡人要求销户或担保人撤销担保，并已交回全部信用卡 45 天的；

（六）信用卡账户两年（含）以上未发生交易的；

（七）持卡人违反其他规定，发卡银行认为应该取消资格的。

发卡银行办理销户，应当收回信用卡。有效信用卡无法收回的，应当将其止付。

第一百六十一条 信用卡丧失，持卡人应立即持本人身份证件或其他有效证明，并按规定提供有关情况，向发卡银行或代办银行申请挂失。发卡银行或代办银行审核后办理挂失手续。

第四章 结算方式

第一节 基本规定

第一百六十二条 本办法所称结算方式，是指汇兑、托收承付和委托收款。

第一百六十三条 单位在结算凭证上的签章，应为该单位的财务专用章或者公章加其法定代表人或者其授权的代理人的签名或者盖章。

第一百六十四条 银行办理结算，给单位或个人的收、付款通知和汇兑回单，应加盖该银行的转讫章；银行给单位或个人的托收承付、委托收款的回单和向付款人发出的承付通知，应加盖该银行的业务公章。

第一百六十五条 结算凭证上的记载事项，必须符合本办法的规定。结算凭证上可以记载本办法规定以外的其他记载事项，除国家和中国人民银行另有规定外，该记载事项不具有支付结算的效力。

第一百六十六条 按照本办法的规定必须在结算凭证上记载汇款人、付款人和收款人账号的，账号与户名必须一致。

第一百六十七条 银行办理结算向外发出的结算凭证，必须于当日至迟次日寄发；收到的结算凭证，必须及时将款项支付给结算凭证上记载的收款人。

第二节　汇　兑

第一百六十八条　汇兑是汇款人委托银行将其款项支付给收款人的结算方式。

第一百六十九条　单位和个人的各种款项的结算，均可使用汇兑结算方式。

第一百七十条　汇兑分为信汇、电汇两种，由汇款人选择使用。

第一百七十一条　签发汇兑凭证必须记载下列事项：

（一）表明"信汇"或"电汇"的字样；

（二）无条件支付的委托；

（三）确定的金额；

（四）收款人名称；

（五）汇款人名称；

（六）汇入地点、汇入行名称；

（七）汇出地点、汇出行名称；

（八）委托日期；

（九）汇款人签章。

汇兑凭证上欠缺上列记载事项之一的，银行不予受理。

汇兑凭证记载的汇款人名称、收款人名称，其在银行开立存款账户的，必须记载其账号。欠缺记载的，银行不予受理。

委托日期是指汇款人向汇出银行提交汇兑凭证的当日。

第一百七十二条　汇兑凭证上记载收款人为个人的，收款人需要到汇入银行领取汇款，汇款上应在汇兑凭证上注明"留行待取"字样；留行待取的汇款，需要指定单位的收款人领取汇款的，应注明收款人的单位名称；信汇凭收款人签章支取的，应在信汇凭证上预留其签章。

汇款人确定不得转汇的，应在汇兑凭证备注栏注明"不得转汇"字样。

第一百七十三条　汇款人和收款人均为个人，需要在汇入银行支取现金的，应在信、电汇凭证的"汇款金额"大写栏，先填写"现金"字样，后填写汇款金额。

第一百七十四条　汇出银行受理汇款人签发的汇兑凭证，经审查无误后，应及时向汇入银行办理汇款，并向汇款人签发汇款回单。

汇款回单只能作为汇出银行受理汇款的依据，不能作为该笔汇款已转入收款人账户的证明。

第一百七十五条　汇入银行对开立存款账户的收款人，应将汇给其的款项直接转入收款人账户，并向其发出收账通知。

收账通知是银行将款项确已收入收款人账户的凭据。

第一百七十六条　未在银行开立存款账户的收款人，凭信、电汇的取款通知或"留行待取"的，向汇入银行支取款项，必须交验本人的身份证件，在信、电汇凭证上注明证件名称、号码及发证机关，并在"收款人签盖章"处签章；信汇凭签章支取的，收款人的签章必须与预留信汇凭证上的签章相符。银行审查无误后，以收款人的姓名开立应解汇款及临时存款账户，该账户只付不收，付完清户，不计付利息。

支取现金的，信、电汇凭证上必须有按规定填明的"现金"字样，才能办理。未填明"现金"字样，需要支取现金的，由汇入银行按照国家现金管理规定审查支付。

收款人需要委托他人向汇入银行支取款项的，应在取款通知上签章，注明本人身份证件名称、号码、发证机关和"代理"字样以及代理人姓名。代理人代理取款时，也应在取款通知上签章，注明其身份证件名称、号码及发证机关，并同时交验代理人和被代理人的身份证件。

转账支付的，应由原收款人向银行填制支款凭证，并由本人交验其身份证件办理支付款项。该账户的款项只能转入单位或个体工商户的存款账户，严禁转入储蓄和信用卡账户。转汇的，应由原收款人向银行填制信、电汇凭证，并由本人交验其身份证件。转汇的收款人必须是原收款人。原汇入银行必须在信、电汇凭证上加盖"转汇"戳记。

第一百七十七条　汇款人对汇出银行尚未汇出的款项可以申请撤销。申请撤销时，应出具正式函件或本人身份证件及原信、电汇回单。汇出银行查明确未汇出款项的，收回原信、电汇回单，方可办理撤销。

第一百七十八条　汇款人对汇出银行已经汇出的款项可以申请退汇。对在汇入银行开立存款账户的收款人，由汇款人与收款人自行联系退汇；对未在汇入银行开立存款账户的收款人，汇款人应出具正式函件或本人身份证件以及原信、电汇回单，由汇出银行通知汇入银行，经汇入银行核实汇款确未支付，并将款项汇回汇出银行，方可办理退汇。

第一百七十九条　转汇银行不得受理汇款人或汇出银行对汇款的撤销或退汇。

第一百八十条　汇入银行对于收款人拒绝接受的汇款，应即办理退汇。汇入银行对于向收款人发出取款通知，经过 2 个月无法交付的汇款，应主动办理退汇。

第三节　托收承付

第一百八十一条　托收承付是根据购销合同由收款人发货后委托银行向异地付款人收取款项，由付款人向银行承认付款的结算方式。

第一百八十二条　使用托收承付结算方式的收款单位和付款单位，必须是国有企业、供销合作社以及经营管理较好，并经开户银行审查同意的城乡集体所有制工业企业。

第一百八十三条 办理托收承付结算的款项，必须是商品交易，以及因商品交易而产生的劳务供应的款项。代销、寄销、赊销商品的款项，不得办理托收承付结算。

第一百八十四条 收付双方使用托收承付结算必须签有符合《经济合同法》的购销合同，并在合同上订明使用托收承付结算方式。

第一百八十五条 收付双方办理托收承付结算，必须重合同、守信用。收款人对同一付款人发货托收累计 3 次收不回货款的，收款人开户银行应暂停收款人向该付款人办理托收；付款人累计 3 次提出无理拒付的，付款人开户银行应暂停其向外办理托收。

第一百八十六条 收款人办理托收，必须具有商品确已发运的证件（包括铁路、航运、公路等运输部门签发运单、运单副本和邮局包裹回执）。

没有发运证件，属于下列情况的，可凭其他有关证件办理托收：

（一）内贸、外贸部门系统内商品调拨，自备运输工具发送或自提的；易燃、易爆、剧毒、腐蚀性强的商品，以及电、石油、天然气等必须使用专用工具或线路、管道运输的，可凭付款人确已收到商品的证明（粮食部门凭提货单及发货明细表）。

（二）铁道部门的材料厂向铁道系统供应专用器材，可凭其签发注明车辆号码和发运日期的证明。

（三）军队使用军列整车装运物资，可凭注明车辆号码、发运日期的单据；军用仓库对军内发货，可凭总后勤部签发的提货单副本，各大军区、省军区也可比照办理。

（四）收款人承造或大修理船舶、锅炉和大型机器等，生产周期长，合同规定按工程进度分次结算的，可凭工程进度完工证明书。

（五）付款人购进的商品，在收款人所在地转厂加工、配套的，可凭付款人和承担加工、配套单位的书面证明。

（六）合同规定商品由收款人暂时代为保管的，可凭寄存证及付款人委托保管商品的证明。

（七）使用"铁路集装箱"或将零担凑整车发运商品的，由于铁路只签发一张运单，可凭持有发运证件单位出具的证明。

（八）外贸部门进口商品，可凭国外发来的账单、进口公司开出的结算账单。

第一百八十七条 托收承付结算每笔的金额起点为 10 000 元。新华书店系统每笔的金额起点为 1 000 元。

第一百八十八条 托收承付结算款项的划回方法，分邮寄和电报两种，由收款人选用。

第一百八十九条 签发托收承付凭证必须记载下列事项：

（一）表明"托收承付"的字样；

（二）确定的金额；

（三）付款人名称及账号；

（四）收款人名称及账号；

（五）付款人开户银行名称；

（六）收款人开户银行名称；

（七）托收附寄单证张数或册数；

（八）合同名称、号码；

（九）委托日期；

（十）收款人签章；

托收承付凭证上欠缺记载上列事项之一的，银行不予受理。

第一百九十条 托收。收款人按照签订的购销合同发货后，委托银行办理托收。

（一）收款人应将托收凭证并附发运证件或其他符合托收承付结算的有关证明和交易单证送交银行。收款人如需取回发运证件，银行应在托收凭证上加盖"已验发运证件"戳记。对于军品托收，有驻厂军代表检验产品或有指定专人负责财务监督的，收款人还应当填制盖有驻厂军代表或指定人员印章（要在银行预留印模）的结算通知单，将交易单证和发运证件装入密封袋，并在密封袋上填明托收号码；同时，在托收凭证上填明结算通知单和密封袋的号码。然后，将托收凭证和结算通知单送交银行办理托收。

没有驻厂军代表使用代号明件办理托收的，不填结算通知单，但应在交易单证上填写保密代号，按照正常托收办法处理。

（二）收款人开户银行接到托收凭证及其附件后，应当按照托收的范围、条件和托收凭证记载的要求认真进行审查，必要时，还应查验收付款人签订的购销合同。凡不符合要求或违反购销合同发货的，不能办理。审查时间最长不得超过次日。

第一百九十一条 承付。付款人开户银行收到托收凭证及其附件后，应当及时通知付款人。通知的方法，可以根据具体情况与付款人签订协议，采取付款人来行自取、派人送达、对距离较远的付款人邮寄等。付款人应在承付期内审查核对，安排资金。

承付货款分为验单付款和验货付款两种，由收付双方商量选用，并在合同中明确规定。

（一）验单付款。验单付款的承付期为3天，从付款人开户银行发出承付通知的次日算起（承付期内遇法定休假日顺延）。

付款人在承付期内，未向银行表示拒绝付款，银行即视作承付，并在承付期满的次日（法定休假日顺延）上午银行开始营业时，将款项主动从付款人的账户内付出，按照收款人指定的划款方式，划给收款人。

（二）验货付款。验货付款的承付期为 10 天，从运输部门向付款人发出提货通知的次日算起。对收付双方在合同中明确规定，并在托收凭证上注明验货付款期限的，银行从其规定。

付款人收到提货通知后，应即向银行交验提货通知。付款人在银行发出承付通知的次日起 10 天内，未收到提货通知的，应在第 10 天将货物尚未到达的情况通知银行。在第 10 天付款人没有通知银行的，银行即视作已经验货，于 10 天期满的次日上午银行开始营业时，将款项划给收款人；在第 10 天付款人通知银行货物未到，而以后收到提货通知没有及时送交银行，银行仍按 10 天期满的次日作为划款日期，并按超过的天数，计扣逾期付款赔偿金。采用验货付款的，收款人必须在托收凭证上加盖明显的"验货付款"字样戳记。托收凭证未注明验货付款，经付款人提出合同证明是验货付款的，银行可按验货付款处理。

（三）不论验单付款还是验货付款，付款人都可以在承付期内提前向银行表示承付，并通知银行提前付款，银行应立即办理划款；因商品的价格、数量或金额变动，付款人应多承付款项的，须在承付期内向银行提出书面通知，银行据以随同当次托收款项划给收款人。

付款人不得在承付货款中，扣抵其他款项或以前托收的货款。

第一百九十二条 逾期付款。付款人在承付期满日银行营业终了时，如无足够资金支付，其不足部分，即为逾期未付款项，按逾期付款处理。

（一）付款人开户银行对付款人逾期支付的款项，应当根据逾期付款金额和逾期天数，按每天万分之五计算逾期付款赔偿金。

逾期付款天数从承付期满日算起。承付期满日银行营业终了时，付款人如无足够资金支付，其不足部分，应当算作逾期 1 天，计算 1 天的赔偿金。在承付期满的次日（遇法定休假日，逾期付款赔偿金的天数计算相应顺延，但在以后遇法定休假日应当照算逾期天数）银行营业终了时，仍无足够资金支付，其不足部分，应当算作逾期 2 天，计算 2 天的赔偿金。余类推。银行审查拒绝付款期间，不能算作付款人逾期付款，但对无理的拒绝付款，而增加银行审查时间的，应从承付期满日起计算逾期付款赔偿金。

（二）赔偿金实行定期扣付，每月计算一次，于次月 3 日内单独划给收款人。在月内有部分付款的，其赔偿金随同部分支付的款项划给收款人，对尚未支付的款项，月终再计算赔偿金，于次月 3 日内划给收款人；次月又有部分付款时，从当月 1 日起计算赔偿金，随同部分支付的款项划给收款人，对尚未支付的款项，从当月 1 日起至月终再计算赔偿金，于第 3 月 3 日内划给收款人。第 3 月仍有部分付款的，按照上述方法计扣赔偿金。

赔偿金的扣付列为企业销货收入扣款顺序的首位。付款人账户余额不足全额支付时，应排列在工资之前，并对该账户采取"只收不付"的控制办法，待一次足额扣付赔偿金后，才准予办理其他款项的支付。因此而产生的经济后果，由付款人自行负责。

（三）付款人开户银行对付款人逾期未能付款的情况，应当及时通知收款人开户银行，由其转知收款人。

（四）付款人开户银行要随时掌握付款人账户逾期未付的资金情况，俟账户有款时，必须将逾期未付款项和应付的赔偿金及时扣划给收款人，不得拖延扣划。在各单位的流动资金账户内扣付货款，要严格按照国务院关于国有企业销货收入扣款顺序的规定（即从企业销货收入中预留工资后，按照应缴纳税款、到期贷款、应偿付货款、应上缴利润的顺序）扣款；同类性质的款项按照应付时间的先后顺序扣款。

（五）付款人开户银行对不执行合同规定、三次拖欠货款的付款人，应当通知收款人开户银行转知收款人，停止对该付款人办理托收。收款人不听劝告，继续对该付款人办理托收，付款人开户银行对发出通知的次日起1个月之后收到的托收凭证，可以拒绝受理，注明理由，原件退回。

（六）付款人开户银行对逾期未付的托收凭证，负责进行扣款的期限为3个月（从承付期满日算起）。在此期限内，银行必须按照扣款顺序陆续扣款。期满时，付款人仍无足够资金支付该笔尚未付清的欠款，银行应于次日通知付款人将有关交易单证（单证已作账务处理或已部分支付的，可以填制应付款项证明单）在2日内退回银行。银行将有关结算凭证连同交易单证或应付款项证明单退回收款人开户银行转交收款人，并将应付的赔偿金划给收款人。对付款人逾期不退回单证的，开户银行应当自发出通知的第3天起，按照该笔尚未付清欠款的金额，每天处以万分之五但不低于50元的罚款，并暂停付款人向外办理结算业务，直到退回单证时止。

第一百九十三条 拒绝付款。对下列情况，付款人在承付期内，可向银行提出全部或部分拒绝付款：

（一）没有签订购销合同或购销合同未订明托收承付结算方式的款项。

（二）未经双方事先达成协议，收款人提前交货或因逾期交货付款人不再需要该项货物的款项。

（三）未按合同规定的到货地址发货的款项。

（四）代销、寄销、赊销商品的款项。

（五）验单付款，发现所列货物的品种、规格、数量、价格与合同规定不符，或货物已到，经查验货物与合同规定或发货清单不符的款项。

（六）验货付款，经查验货物与合同规定或与发货清单不符的款项。

（七）货款已经支付或计算有错误的款项。

不属于上述情况的，付款人不得向银行提出拒绝付款。

外贸部门托收进口商品的款项，在承付期内，订货部门除因商品的质量问题不能提出拒绝付款，应当另行向外贸部门提出索赔外，属于上述其他情况，可以向银行提出全部或部分拒绝付款。付款人对以上情况提出拒绝付款时，必须填写"拒绝付款理由书"并签章，注明拒绝付款理由，涉及合同的应引证合同上的有关条款。属于商品质量问题，需要提出商品检验部门的检验证明；属于商品数量问题，需要提出数量问题的证明及其有关数量的记录；属于外贸部门进口商品，应当提出国家商品检验或运输等部门出具的证明。

开户银行必须认真审查拒绝付款理由，查验合同。对于付款人提出拒绝付款的手续不全、依据不足、理由不符合规定和不属于本条七种拒绝付款情况的，以及超过承付期拒付和应当部分拒付提为全部拒付的，银行均不得受理，应实行强制扣款。

对于军品的拒绝付款，银行不审查拒绝付款理由。

银行同意部分或全部拒绝付款的，应在拒绝付款理由书上签注意见。部分拒绝付款，除办理部分付款外，应将拒绝付款理由书连同拒付证明和拒付商品清单邮寄收款人开户银行转交收款人。全部拒绝付款，应将拒绝付款理由书连同拒付证明和有关单证邮寄收款人开户银行转交收款人。

第一百九十四条 重办托收。收款人对被无理拒绝付款的托收款项，在收到退回的结算凭证及其所附单证后，需要委托银行重办托收，应当填写四联"重办托收理由书"，将其中三联连同购销合同、有关证据和退回的原托收凭证及交易单证，一并送交银行。经开户银行审查，确属无理拒绝付款，可以重办托收。

第一百九十五条 收款人开户银行对逾期尚未划回，又未收到付款人开户银行寄来逾期付款通知或拒绝付款理由书的托收款项，应当及时发出查询。付款人开户银行要积极查明，及时答复。

第一百九十六条 付款人提出的拒绝付款，银行按照本办法规定审查无法判明是非的，应由收付双方自行协商处理，或向仲裁机关，人民法院申请调解或裁决。

第一百九十七条 未经开户银行批准使用托收承付结算方式的城乡集体所有制工业企业，收款人开户银行不得受理其办理托收；付款人开户银行对其承付的款项应按规定支付款项外，还要对该付款人按结算金额处以百分之五罚款。

第四节 委托收款

第一百九十八条 委托收款是收款人委托银行向付款人收取款项的结算方式。

第一百九十九条 单位和个人凭已承兑商业汇票、债券、存单等付款人债务证明办理款项的结算，均可以使用委托收款结算方式。

第二百条 委托收款在同城、异地均可以使用。

第二百零一条 委托收款结算款项的划回方式，分邮寄和电报两种，由收款人选用。

第二百零二条 签发委托收款凭证必须记载下列事项：

（一）表明"委托收款"字样；

（二）确定的金额；

（三）付款人名称；

（四）收款人名称；

（五）委托收款凭据名称及附寄单证张数；

（六）委托日期；

（七）收款人签章。

欠缺记载上列事项之一的，银行不予受理。

委托收款以银行以外的单位为付款人的，委托收款凭证必须记载付款人开户银行名称；以银行以外的单位或在银行开立存款账户的个人为收款人的，委托收款凭证必须记载收款人开户银行名称；未在银行开立存款账户的个人为收款人的，委托收款凭证必须记载被委托银行名称。欠缺记载的，银行不予受理。

第二百零三条 委托。收款人办理委托收款应向银行提交委托收款凭证和有关的债务证明。

第二百零四条 付款。银行接到寄来的委托收款凭证及债务证明，审查无误办理付款。

（一）以银行为付款人的，银行应在当日将款项主动支付给收款人。

（二）以单位为付款人的，银行应及时通知付款人，按照有关办法规定，需要将有关债务证明交给付款人的应交给付款人，并签收。

付款人应于接到通知的当日书面通知银行付款。

按照有关办法规定，付款人未在接到通知日的次日起3日内通知银行付款的，视同付款人同意付款，银行应于付款人接到通知日的次日起第4日上午开始营业时，将款项划给收款人。付款人提前收到由其付款的债务证明，应通知银行于债务证明的到期日付款。付款人未于接到通知日的次日起3日内通知银行付款，付款人接到通知日的次日起第4日在债务证明到期日之前的，银行应于债务证明到期日将款项划给收款人。

银行在办理划款时，付款人存款账户不足支付的，应通过被委托银行向收款人发出未付款项通知书。按照有关办法规定，债务证明留存付款人开户银行的，应将其债务证明连同未付款项通知书邮寄被委托银行转交收款人。

第二百零五条 拒绝付款。付款人审查有关债务证明后，对收款人委托收取的款项需要拒绝付款的，可以办理拒绝付款。

（一）以银行为付款人的，应自收到委托收款及债务证明的次日起3日内出具拒绝证明连同有关债务证明、凭证寄给被委托银行，转交收款人。

（二）以单位为付款人的，应在付款人接到通知日的次日起 3 日内出具拒绝证明，持有债务证明的，应将其送交开户银行。银行将拒绝证明、债务证明和有关凭证一并寄给被委托银行，转交收款人。

第二百零六条 在同城范围内，收款人收取公用事业费或根据国务院的规定，可以使用同城特约委托收款。

收取公用事业费，必须具有收付双方事先签订的经济合同，由付款人向开户银行授权，并经开户银行同意，报经中国人民银行当地分支行批准。

第五章　结算纪律与责任

第二百零七条 单位和个人办理支付结算，不准签发没有资金保证的票据或远期支票，套取银行信用；不准签发、取得和转让没有真实交易和债权债务的票据，套取银行和他人资金；不准无理拒绝付款，任意占用他人资金；不准违反规定开立和使用账户。

第二百零八条 银行办理支付结算，不准以任何理由压票、任意退票、截留挪用客户和他行资金；不准无理拒绝支付应由银行支付的票据款项；不准受理无理拒付、不扣少扣滞纳金；不准违章签发、承兑、贴现票据，套取银行资金；不准签发空头银行汇票、银行本票和办理空头汇款；不准在支付结算制度之外规定附加条件，影响汇路畅通；不准违反规定为单位和个人开立账户；不准拒绝受理、代理他行正常结算业务；不准放弃对企事业单位和个人违反结算纪律的制裁；不准逃避向人民银行转汇大额汇划款项。

第二百零九条 单位、个人和银行按照法定条件在票据上签章的，必须按照所记载的事项承担票据责任。

第二百一十条 单位签发商业汇票后，必须承担保证该汇票承兑和付款的责任。

单位和个人签发支票后，必须承担保证该支票付款的责任。

银行签发银行汇票、银行本票后，即承担该票据付款的责任。

第二百一十一条 商业汇票的背书人背书转让票据后，即承担保证其后手所持票据承兑和付款责任。

银行汇票、银行本票或支票的背书人背书转让票据后，即承担保证其后手所持票据付款的责任。

单位或银行承兑商业汇票后，必须承担该票据付款的责任。

第二百一十二条 票据的保证人应当与被保证人对持票人承担连带责任。

第二百一十三条 变造票据除签章以外的记载事项的，在变造之前签章的人，对原记载事项负责、在变造之后签章的人，对变造之后的记载事项负责；不能辨别在票据被变造之前或者之后签章的，视同在变造之前签章。

第二百一十四条　持票人超过规定期限提示付款的，银行汇票、银行本票的出票人、商业汇票的承兑人，在持票人作出说明后，仍应当继续对持票人承担付款责任；支票的出票人对持票人的追索，仍应当承担清偿责任。

第二百一十五条　付款人及其代理付款人以恶意或者重大过失付款的，应当自行承担责任。

第二百一十六条　商业汇票的付款人在到期前付款的，由付款人自行承担所产生的责任。

第二百一十七条　承兑人或者付款人拒绝承兑或拒绝付款，未按规定出具拒绝证明、或者出具退票理由书的，应当承担由此产生的民事责任。

第二百一十八条　持票人不能出示拒绝证明、退票理由书或者未按规定期限提供其他合法证明丧失对其前手追索权的，承兑人或者付款人应对持票人承担责任。

第二百一十九条　持票人因不获承兑或不获付款，对其前手行使追索权时，票据的出票人、背书人和保证人对持票人承担连带责任。

第二百二十条　持票人行使追索权时，持票人及其前手未按《票据法》规定期限将被拒绝事由书面通知其前手的，因延期通知给其前手或者出票人造成损失的，由没有按照规定期限通知的票据当事人，在票据金额内承担对该损失的赔偿责任。

第二百二十一条　票据债务人在持票人不获付款或不获承兑时，应向持票人清偿《票据法》规定的金额和费用。

第二百二十二条　单位和个人签发空头支票、签章与预留银行签章不符或者支付密码错误的支票，应按照《票据管理实施办法》和本办法的规定承担行政责任。

第二百二十三条　单位为票据的付款人，对见票即付或者到期的票据，故意压票、拖延支付的，应按照《票据管理实施办法》的规定承担行政责任。

第二百二十四条　持卡人必须妥善保管和正确使用其信用卡，否则，应按规定承担因此造成的资金损失。

第二百二十五条　持卡人使用单位卡发生透支的，由其单位承担透支金额的偿还和支付透支利息的责任。持卡人使用个人卡附属卡发生透支的，由其主卡持卡人承担透支金额的偿还和支付透支利息的责任；主卡持卡人丧失偿还能力的，由其附属卡持卡人承担透支金额的偿还和支付透支利息的责任。

第二百二十六条　持卡人办理挂失后，被冒用造成的损失，有关责任人按照信用卡章程的规定承担责任。

第二百二十七条　持卡人违反本办法规定使用信用卡进行商品交易、套取现金以及出租或转借信用卡的，应按规定承担行政责任。

第二百二十八条　单位卡持卡人违反本办法规定，将基本存款账户以外的存款和销货款收入的款项转入其信用卡账户的；个人卡持卡人违反本办法规定，将单位的款项转入其信用卡账户的，应按规定承担行政责任。

第二百二十九条 特约单位受理信用卡时，应当按照规定的操作程序办理，否则，由其承担因此造成的资金损失。

第二百三十条 发卡银行未按规定时间将止付名单发至特约单位的，应由其承担因此造成的资金损失。

第二百三十一条 银行违反本办法规定，未经批准发行信用卡的；帮助持卡人将其基本存款账户以外的存款或其他款项转入单位卡账户，将单位的款项转入个人卡账户的；违反规定帮助持卡人提取现金的，应按规定承担行政责任。

第二百三十二条 非金融机构、非银行金融机构、境外金融机构驻华代表机构违反规定，经营信用卡业务的，应按规定承担行政责任。

第二百三十三条 付款单位对收款单位托收的款项逾期付款，应按照规定承担赔偿责任；付款单位变更开户银行、账户名称和账号，未能及时通知收款单位，影响收取款项的，应由付款单位承担逾期付款赔偿责任；付款单位提出的无理拒绝付款，对收款单位重办的托收，应承担自第一次托收承付期满日起逾期付款赔偿责任。

第二百三十四条 单位和个人办理支付结算，未按照本办法的规定填写票据或结算凭证或者填写有误，影响资金使用或造成资金损失；票据或印章丢失，造成资金损失的，由其自行负责。

第二百三十五条 单位和个人违反本办法的规定，银行停止其使用有关支付结算工具，因此造成的后果，由单位和个人自行负责。

第二百三十六条 付款单位到期无款支付，逾期不退回托收承付有关单证的，应按规定承担行政责任。

第二百三十七条 城乡集体所有制工业企业未经银行批准，擅自办理托收承付结算的，应按规定承担行政责任。

第二百三十八条 单位和个人违反《银行账户管理办法》开立和使用账户的，应按规定承担行政责任。

第二百三十九条 对单位和个人承担行政责任的处罚，由中国人民银行委托商业银行执行。

第二百四十条 收款人或持票人委托的收款银行的责任，限于收到付款人支付的款项后按照票据和结算凭证上记载的事项将票据或结算凭证记载的金额转入收款人或持票人账户。付款人委托的付款银行的责任，限于按照票据和结算凭证上记载事项从付款人账户支付金额。但托收承付结算中的付款人开户银行，应按照托收承付结算方式有关规定承担责任。

第二百四十一条 银行办理支付结算，因工作差错发生延误，影响客户和他行资金使用的，按中国人民银行规定的同档次流动资金贷款利率计付赔偿金。

第二百四十二条　银行违反规定故意压票、退票、拖延支付，受理无理拒付、擅自拒付退票、有款不扣以及不扣、少扣赔偿金，截留挪用结算资金，影响客户和他行资金使用的，要按规定承担赔偿责任。因重大过失错付或被冒领的，要负责资金赔偿。

第二百四十三条　银行违反本办法规定将支付结算的款项转入储蓄和信用卡账户的，应按规定承担行政责任。

第二百四十四条　银行违反规定签发空头银行汇票、银行本票和办理空头汇款的，应按照规定承担行政责任。

第二百四十五条　银行违反规定故意压票、退票、拖延支付，受理无理拒付、擅自拒付退票、有款不扣以及不扣、少扣赔偿金，截留、挪用结算资金的，应按规定承担行政责任。

第二百四十六条　银行未按规定通过人民银行办理大额转汇的，应按规定承担行政责任。

第二百四十七条　银行在结算制度之外规定附加条件，影响汇路畅通的，应按规定承担行政责任。

第二百四十八条　银行违反《银行账户管理办法》开立和管理账户的，应按规定承担行政责任。

第二百四十九条　违反国家法律、法规和未经中国人民银行批准，作为中介机构经营结算业务的；未经中国人民银行批准，开办银行汇票、银行本票、支票、信用卡业务的，应按规定承担行政责任。

第二百五十条　金融机构的工作人员在票据业务中玩忽职守，对违反规定的票据予以承兑、付款、保证或者贴现的，应按照《票据管理实施办法》的规定承担行政责任或刑事责任。

第二百五十一条　违反本办法规定擅自印制票据的，应按照《票据管理实施办法》的规定承担行政责任。

第二百五十二条　邮电部门在传递票据、结算凭证和拍发电报中，因工作差错而发生积压、丢失、错投、错拍、漏拍、重拍等，造成结算延误，影响单位、个人和银行资金使用或造成资金损失的，由邮电部门负责。

第二百五十三条　伪造、变造票据和结算凭证上的签章或其他记载事项的，应当承担民事责任或刑事责任。

第二百五十四条　有利用票据、信用卡、结算凭证欺诈的行为，构成犯罪的，应依法承担刑事责任。情节轻微，不构成犯罪的，应按照规定承担行政责任。

第六章　附　则

第二百五十五条　本办法规定的各项期限的计算，适用民法通则关于计算期间的规定。期限最后一日是法定休假日的，以休假日的次日为最后一日。

按月计算期限的，按到期月的对日计算；无对日的，月末日为到期日。

本办法所规定的各项期限，可以因不可抗力的原因而中止。不可抗力的原因消失时，期限可以顺延。

第二百五十六条 银行汇票、商业汇票由中国人民银行总行统一格式、联次、颜色、规格，并在中国人民银行总行批准的印制厂印制。由各家银行总行组织订货和管理。

银行本票、支票由中国人民银行总行统一格式、联次、颜色、规格，并在中国人民银行总行批准的印制厂印制，由中国人民银行各省、自治区、直辖市、计划单列市分行负责组织各商业银行订货和管理。

信用卡按中国人民银行的有关规定印制，信用卡结算凭证的格式、联次、颜色、规格由中国人民银行总行统一规定，各发卡银行总行负责印制。

汇兑凭证、托收承付凭证、委托收款凭证由中国人民银行总行统一格式、联次、颜色、规格，由各行负责印制和管理。

第二百五十七条 银行办理各项支付结算业务，根据承担的责任和业务成本以及应付给有关部门的费用，分别收取邮费、电报费、手续费、凭证工本费（信用卡卡片费）、挂失手续费，以及信用卡年费、特约手续费、异地存取款手续费。收费范围，除财政金库全部免收、存款不计息账户免收邮费、手续费外，对其他单位和个人都要按照规定收取费用。

邮费，单程的每笔按邮局挂号信每件收费标准收费；双程的每笔按邮局挂号信二件收费标准收费；客户要求使用特快专递的，按邮局规定的收费标准收取；超重部分按邮局规定的标准加收。

电报费，每笔按四十五个字照电报费标准收取，超过的字数按每字收费的标准加收。急电均加倍收取电报费。

手续费，按银行规定的标准收取。

银行办理支付结算业务按照附二《支付结算业务收费表》收取手续费和邮电费。

信用卡统一的收费标准，中国人民银行将另行规定。

支票的手续费由经办银行向购买人收取，其他结算的手续费、邮电费一律由经办银行向委托人收取。

凭证工本费，按照不同凭证的成本价格，向领用人收取。

第二百五十八条 各部门、各单位制定的有关规定，涉及支付结算而与本办法有抵触的，一律按照本办法的规定执行。

中国人民银行过去有关支付结算的规定与本办法有抵触的，以本办法为准。

第二百五十九条 本办法由中国人民银行总行负责解释、修改。

第二百六十条 本办法自 1997 年 12 月 1 日起施行。

附录二　中华人民共和国票据法

（2004 年修正本）

第一章　总　则

第一条　为了规范票据行为，保障票据活动中当事人的合法权益，维护社会经济秩序，促进社会主义市场经济的发展，制定本法。

第二条　在中华人民共和国境内的票据活动，适用本法。

本法所称票据，是指汇票、本票和支票。

第三条　票据活动应当遵守法律、行政法规，不得损害社会公共利益。

第四条　票据出票人制作票据，应当按照法定条件在票据上签章，并按照所记载的事项承担票据责任。

持票人行使票据权利，应当按照法定程序在票据上签章，并出示票据。

其他票据债务人在票据上签章的，按照票据所记载的事项承担票据责任。

本法所称票据权利，是指持票人向票据债务人请求支付票据金额的权利，包括付款请求权和追索权。

本法所称票据责任，是指票据债务人向持票人支付票据金额的义务。

第五条　票据当事人可以委托其代理人在票据上签章，并应当在票据上表明其代理关系。

没有代理权而以代理人名义在票据上签章的，应当由签章人承担票据责任；代理人超越代理权限的，应当就其超越权限的部分承担票据责任。

第六条　无民事行为能力人或者限制民事行为能力人在票据上签章的，其签章无效，但是不影响其他签章的效力。

第七条　票据上的签章，为签名、盖章或者签名加盖章。

法人和其他使用票据的单位在票据上的签章，为该法人或者该单位的盖章加其法定代表人或者其授权的代理人的签章。

在票据上的签名，应当为该当事人的本名。

第八条　票据金额以中文大写和数码同时记载，二者必须一致，二者不一致的，票据无效。

第九条　票据上的记载事项必须符合本法的规定。

票据金额、日期、收款人名称不得更改，更改的票据无效。

对票据上的其他记载事项，原记载人可以更改，更改时应当由原记载人签章证明。

第十条 票据的签发、取得和转让，应当遵循诚实信用的原则，具有真实的交易关系和债权债务关系。

票据的取得，必须给付对价，即应当给付票据双方当事人认可的相对应的代价。

第十一条 因税收、继承、赠与可以依法无偿取得票据的，不受给付对价的限制。但是，所享有的票据权利不得优于其前手的权利。

前手是指在票据签章人或者持票人之前签章的其他票据债务人。

第十二条 以欺诈、偷盗或者胁迫等手段取得票据的，或者明知有前列情形，出于恶意取得票据的，不得享有票据权利。

持票人因重大过失取得不符合本法规定的票据的，也不得享有票据权利。

第十三条 票据债务人不得以自己与出票人或者与持票人的前手之间的抗辩事由，对抗持票人。但是，持票人明知存在抗辩事由而取得票据的除外。

票据债务人可以对不履行约定义务的与自己有直接债权债务关系的持票人，进行抗辩。

本法所称抗辩，是指票据债务人根据本法规定对票据债权人拒绝履行义务的行为。

第十四条 票据上的记载事项应当真实，不得伪造、变造。伪造、变造票据上的签章和其他记载事项的，应当承担法律责任。

票据上有伪造、变造的签章的，不影响票据上其他真实签章的效力。

票据上其他记载事项被变造的，在变造之前签章的人，对原记载事项负责；在变造之后签章的人，对变造之后的记载事项负责；不能辨别是在票据被变造之前或者之后签章的，视同在变造之前签章。

第十五条 票据丧失，失票人可以及时通知票据的付款人挂失止付，但是，未记载付款人或者无法确定付款人及其代理付款人的票据除外。

收到挂失止付通知的付款人，应当暂停支付。

失票人应当在通知挂失止付后三日内，也可以在票据丧失后，依法向人民法院申请公示催告，或者向人民法院提起诉讼。

第十六条 持票人对票据债务人行使票据权利，或者保全票据权利，应当在票据当事人的营业场所和营业时间内进行，票据当事人无营业场所的，应当在其住所进行。

第十七条 票据权利在下列期限内不行使而消灭：

（一）持票人对票据的出票人和承兑人的权利，自票据到期日起二年。见票即付的汇票、本票，自出票日起二年；

（二）持票人对支票出票人的权利，自出票日起六个月；

（三）持票人对前手的追索权，自被拒绝承兑或者被拒绝付款之日起六个月；

（四）持票人对前手的再追索权，自清偿日或者被提起诉讼之日起三个月。

票据的出票日、到期日由票据当事人依法确定。

第十八条　持票人因超过票据权利时效或者因票据记载事项欠缺而丧失票据权利的，仍享有民事权利，可以请求出票人或者承兑人返还其与未支付的票据金额相当的利益。

第二章　汇　票

第一节　出　票

第十九条　汇票是出票人签发的，委托付款人在见票时或者在指定日期无条件支付确定的金额给收款人或者持票人的票据。

汇票分为银行汇票和商业汇票。

第二十条　出票是指出票人签发票据并将其交付给收款人的票据行为。

第二十一条　汇票的出票人必须与付款人具有真实的委托付款关系，并且具有支付汇票金额的可靠资金来源。

不得签发无对价的汇票用以骗取银行或者其他票据当事人的资金。

第二十二条　汇票必须记载下列事项：

（一）表明"汇票"的字样；

（二）无条件支付的委托；

（三）确定的金额；

（四）付款人名称；

（五）收款人名称；

（六）出票日期；

（七）出票人签章。

汇票上未记载前款规定事项之一的，汇票无效。

第二十三条　汇票上记载付款日期、付款地、出票地等事项的，应当清楚、明确。

汇票上未记载付款日期的，为见票即付。

汇票上未记载付款地的，付款人的营业场所、住所或者经常居住地为付款地。

汇票上未记载出票地的，出票人的营业场所、住所或者经常居住地为出票地。

第二十四条　汇票上可以记载本法规定事项以外的其他出票事项，但是该记载事项不具有汇票上的效力。

第二十五条　付款日期可以按照下列形式之一记载：

（一）见票即付；

（二）定日付款；

（三）出票后定期付款；

（四）见票后定期付款。

前款规定的付款日期为汇票到期日。

第二十六条　出票人签发汇票后，即承担保证该汇票承兑和付款的责任。出票人在汇票得不到承兑或者付款时，应当向持票人清偿本法第七十条、第七十一条规定的金额和费用。

第二节　背　书

第二十七条　持票人可以将汇票权利转让给他人或者将一定的汇票权利授予他人行使。

出票人在汇票上记载"不得转让"字样的，汇票不得转让。

持票人行使第一款规定的权利时，应当背书并交付汇票。

背书是指在票据背面或者粘单上记载有关事项并签章的票据行为。

第二十八条　票据凭证不能满足背书人记载事项的需要，可以加附粘单，黏附于票据凭证上。

粘单上的第一记载人，应当在汇票和粘单的粘接处签章。

第二十九条　背书由背书人签章并记载背书日期。

背书未记载日期的，视为在汇票到期日前背书。

第三十条　汇票以背书转让或者以背书将一定的汇票权利授予他人行使时，必须记载被背书人名称。

第三十一条　以背书转让的汇票，背书应当连续。持票人以背书的连续，证明其汇票权利；非经背书转让，而以其他合法方式取得汇票的，依法举证，证明其汇票权利。

前款所称背书连续，是指在票据转让中，转让汇票的背书人与受让汇票的被背书人在汇票上的签章依次前后衔接。

第三十二条　以背书转让的汇票，后手应当对其直接前手背书的真实性负责。

后手是指在票据签章人之后签章的其他票据债务人。

第三十三条　背书不得附有条件。背书时附有条件的，所附条件不具有汇票上的效力。

将汇票金额的一部分转让的背书或者将汇票金额分别转让给二人以上的背书无效。

第三十四条　背书人在汇票上记载"不得转让"字样，其后手再背书转让的，原背书人对后手的被背书人不承担保证责任。

第三十五条　背书记载"委托收款"字样的，被背书人有权代背书人行使被委托的汇票权利。但是，被背书人不得再以背书转让汇票权利。

汇票可以设定质押；质押时应当以背书记载"质押"字样。被背书人依法实现其质权时，可以行使汇票权利。

第三十六条　汇票被拒绝承兑、被拒绝付款或者超过付款提示期限的，不得背书转让；背书转让的，背书人应当承担汇票责任。

第三十七条　背书人以背书转让汇票后，即承担保证其后手所持汇票承兑和付款的责任。背书人在汇票得不到承兑或者付款时，应当向持票人清偿本法第七十条、第七十一条规定的金额和费用。

第三节　承　兑

第三十八条　承兑是指汇票付款人承诺在汇票到期日支付汇票金额的票据行为。

第三十九条　定日付款或者出票后定期付款的汇票，持票人应当在汇票到期日前向付款人提示承兑。

提示承兑是指持票人向付款人出示汇票，并要求付款人承诺付款的行为。

第四十条　见票后定期付款的汇票，持票人应当自出票日起一个月内向付款人提示承兑。

汇票未按照规定期限提示承兑的，持票人丧失对其前手的追索权。

见票即付的汇票无需提示承兑。

第四十一条　付款人对向其提示承兑的汇票，应当自收到提示承兑的汇票之日起三日内承兑或者拒绝承兑。

付款人收到持票人提示承兑的汇票时，应当向持票人签发收到汇票的回单。回单上应当记明汇票提示承兑日期并签章。

第四十二条　付款人承兑汇票的，应当在汇票正面记载"承兑"字样和承兑日期并签章；见票后定期付款的汇票，应当在承兑时记载付款日期。

汇票上未记载承兑日期的，以前条第一款规定期限的最后一日为承兑日期。

第四十三条　付款人承兑汇票，不得附有条件；承兑附有条件的，视为拒绝承兑。

第四十四条　付款人承兑汇票后，应当承担到期付款的责任。

第四节　保　证

第四十五条　汇票的债务可以由保证人承担保证责任。

保证人由汇票债务人以外的他人担当。

第四十六条 保证人必须在汇票或者粘单上记载下列事项：

（一）表明"保证"的字样；

（二）保证人名称和住所；

（三）被保证人的名称；

（四）保证日期；

（五）保证人签章。

第四十七条 保证人在汇票或者粘单上未记载前条第（三）项的，已承兑的汇票，承兑人为被保证人；未承兑的汇票，出票人为被保证人。

保证人在汇票或者粘单上未记载前条第（四）项的，出票日期为保证日期。

第四十八条 保证不得附有条件；附有条件的，不影响对汇票的保证责任。

第四十九条 保证人对合法取得汇票的持票人所享有的汇票权利，承担保证责任。但是，被保证人的债务因汇票记载事项欠缺而无效的除外。

第五十条 被保证的汇票，保证人应当与被保证人对持票人承担连带责任。汇票到期后得不到付款的，持票人有权向保证人请求付款，保证人应当足额付款。

第五十一条 保证人为二人以上的，保证人之间承担连带责任。

第五十二条 保证人清偿汇票债务后，可以行使持票人对被保证人及其前手的追索权。

第五节 付 款

第五十三条 持票人应当按照下列期限提示付款：

（一）见票即付的汇票，自出票日起一个月内向付款人提示付款；

（二）定日付款、出票后定期付款或者见票后定期付款的汇票，自到期日起十日内向承兑人提示付款。

持票人未按照前款规定期限提示付款的，在作出说明后，承兑人或者付款人仍应当继续对持票人承担付款责任。

通过委托收款银行或者通过票据交换系统向付款人提示付款的，视同持票人提示付款。

第五十四条 持票人依照前条规定提示付款的，付款人必须在当日足额付款。

第五十五条 持票人获得付款的，应当在汇票上签收，并将汇票交给付款人。持票人委托银行收款的，受委托的银行将代收的汇票金额转账收入持票人账户，视同签收。

第五十六条 持票人委托的收款银行的责任，限于按照汇票上记载事项将汇票金额转入持票人账户。

付款人委托的付款银行的责任，限于按照汇票上记载事项从付款人账户支付汇票金额。

第五十七条　付款人及其代理付款人付款时，应当审查汇票背书的连续，并审查提示付款人的合法身份证明或者有效证件。

付款人及其代理付款人以恶意或者有重大过失付款的，应当自行承担责任。

第五十八条　对定日付款、出票后定期付款或者见票后定期付款的汇票，付款人在到期日前付款的，由付款人自行承担所产生的责任。

第五十九条　汇票金额为外币的，按照付款日的市场汇价，以人民币支付。

汇票当事人对汇票支付的货币种类另有约定的，从其约定。

第六十条　付款人依法足额付款后，全体汇票债务人的责任解除。

第六节　追索权

第六十一条　汇票到期被拒绝付款的，持票人可以对背书人、出票人以及汇票的其他债务人行使追索权。

汇票到期日前，有下列情形之一的，持票人也可以行使追索权：

（一）汇票被拒绝承兑的；

（二）承兑人或者付款人死亡、逃匿的；

（三）承兑人或者付款人被依法宣告破产的或者因违法被责令终止业务活动的。

第六十二条　持票人行使追索权时，应当提供被拒绝承兑或者被拒绝付款的有关证明。

持票人提示承兑或者提示付款被拒绝的，承兑人或者付款人必须出具拒绝证明，或者出具退票理由书。未出具拒绝证明或者退票理由书的，应当承担由此产生的民事责任。

第六十三条　持票人因承兑人或者付款人死亡、逃匿或者其他原因，不能取得拒绝证明的，可以依法取得其他有关证明。

第六十四条　承兑人或者付款人被人民法院依法宣告破产的，人民法院的有关司法文书具有拒绝证明的效力。

承兑人或者付款人因违法被责令终止业务活动的，有关行政主管部门的处罚决定具有拒绝证明的效力。

第六十五条　持票人不能出示拒绝证明、退票理由书或者未按照规定期限提供其他合法证明的，丧失对其前手的追索权。但是，承兑人或者付款人仍应当对持票人承担责任。

第六十六条　持票人应当自收到被拒绝承兑或者被拒绝付款的有关证明之日起三日内，将被拒绝事由书面通知其前手；其前手应当自收到通知之日起三日内书面通知其再前手。持票人也可以同时向各汇票债务人发出书面通知。

未按照前款规定期限通知的，持票人仍可以行使追索权。因延期通知给其前手或者出票人造成损失的，由没有按照规定期限通知的汇票当事人，承担对该损失的赔偿责任，但是所赔偿的金额以汇票金额为限。

在规定期限内将通知按照法定地址或者约定的地址邮寄的，视为已经发出通知。

第六十七条 依照前条第一款所作的书面通知，应当记明汇票的主要记载事项，并说明该汇票已被退票。

第六十八条 汇票的出票人、背书人、承兑人和保证人对持票人承担连带责任。

持票人可以不按照汇票债务人的先后顺序，对其中任何一人、数人或者全体行使追索权。

持票人对汇票债务人中的一人或者数人已经进行追索的，对其他汇票债务人仍可以行使追索权。被追索人清偿债务后，与持票人享有同一权利。

第六十九条 持票人为出票人的，对其前手无追索权。持票人为背书人的，对其后手无追索权。

第七十条 持票人行使追索权，可以请求被追索人支付下列金额和费用：

（一）被拒绝付款的汇票金额；

（二）汇票金额自到期日或者提示付款日起至清偿日止，按照中国人民银行规定的利率计算的利息；

（三）取得有关拒绝证明和发出通知书的费用。

被追索人清偿债务时，持票人应当交出汇票和有关拒绝证明，并出具所收到利息和费用的收据。

第七十一条 被追索人依照前条规定清偿后，可以向其他汇票债务人行使再追索权，请求其他汇票债务人支付下列金额和费用：

（一）已清偿的全部金额；

（二）前项金额自清偿日起至再追索清偿日止，按照中国人民银行规定的利率计算的利息；

（三）发出通知书的费用。

行使再追索权的被追索人获得清偿时，应当交出汇票和有关拒绝证明，并出具所收到利息和费用的收据。

第七十二条 被追索人依照前二条规定清偿债务后，其责任解除。

第三章 本 票

第七十三条 本票是出票人签发的，承诺自己在见票时无条件支付确定的金额给收款人或者持票人的票据。

本法所称本票，是指银行本票。

第七十四条 本票的出票人必须具有支付本票金额的可靠资金来源，并保证支付。

第七十五条 本票必须记载下列事项：

（一）表明"本票"的字样；

（二）无条件支付的承诺；

（三）确定的金额；

（四）收款人名称；

（五）出票日期；

（六）出票人签章。

本票上未记载前款规定事项之一的，本票无效。

第七十六条 本票上记载付款地、出票地等事项的，应当清楚、明确。

本票上未记载付款地的，出票人的营业场所为付款地。

本票上未记载出票地的，出票人的营业场所为出票地。

第七十七条 本票的出票人在持票人提示见票时，必须承担付款的责任。

第七十八条 本票自出票日起，付款期限最长不得超过二个月。

第七十九条 本票的持票人未按照规定期限提示见票的，丧失对出票人以外的前手的追索权。

第八十条 本票的背书、保证、付款行为和追索权的行使，除本章规定外，适用本法第二章有关汇票的规定。

本票的出票行为，除本章规定外，适用本法第二十四条关于汇票的规定。

第四章 支 票

第八十一条 支票是出票人签发的，委托办理支票存款业务的银行或者其他金融机构在见票时无条件支付确定的金额给收款人或者持票人的票据。

第八十二条 开立支票存款账户，申请人必须使用其本名，并提交证明其身份的合法证件。

开立支票存款账户和领用支票，应当有可靠的资信，并存入一定的资金。

开立支票存款账户，申请人应当预留其本名的签名式样和印鉴。

第八十三条 支票可以支取现金，也可以转账，用于转账时，应当在支票正面注明。

支票中专门用于支取现金的，可以另行制作现金支票，现金支票只能用于支取现金。

支票中专门用于转账的，可以另行制作转账支票，转账支票只能用于转账，不得支取现金。

第八十四条 支票必须记载下列事项：

（一）表明"支票"的字样；

（二）无条件支付的委托；

（三）确定的金额；

（四）付款人名称；

（五）出票日期；

（六）出票人签章。

支票上未记载前款规定事项之一的，支票无效。

第八十五条 支票上的金额可以由出票人授权补记，未补记前的支票，不得使用。

第八十六条 支票上未记载收款人名称的，经出票人授权，可以补记。

支票上未记载付款地的，付款人的营业场所为付款地。

支票上未记载出票地的，出票人的营业场所、住所或者经常居住地为出票地。

出票人可以在支票上记载自己为收款人。

第八十七条 支票的出票人所签发的支票金额不得超过其付款时在付款人处实有的存款金额。

出票人签发的支票金额超过其付款时在付款人处实有的存款金额的，为空头支票。禁止签发空头支票。

第八十八条 支票的出票人不得签发与其预留本名的签名式样或者印鉴不符的支票。

第八十九条 出票人必须按照签发的支票金额承担保证向该持票人付款的责任。

出票人在付款人处的存款足以支付支票金额时，付款人应当在当日足额付款。

第九十条 支票限于见票即付，不得另行记载付款日期。另行记载付款日期的，该记载无效。

第九十一条 支票的持票人应当自出票日起十日内提示付款；异地使用的支票，其提示付款的期限由中国人民银行另行规定。

超过提示付款期限的，付款人可以不予付款；付款人不予付款的，出票人仍应当对持票人承担票据责任。

第九十二条 付款人依法支付支票金额的，对出票人不再承担受委托付款的责任，对持票人不再承担付款的责任。但是，付款人以恶意或者有重大过失付款的除外。

第九十三条 支票的背书、付款行为和追索权的行使，除本章规定外，适用本法第二章有关汇票的规定。

支票的出票行为，除本章规定外，适用本法第二十四条、第二十六条关于汇票的规定。

第五章　涉外票据的法律适用

第九十四条　涉外票据的法律适用，依照本章的规定确定。

前款所称涉外票据，是指出票、背书、承兑、保证、付款等行为中，既有发生在中华人民共和国境内又有发生在中华人民共和国境外的票据。

第九十五条　中华人民共和国缔结或者参加的国际条约同本法有不同规定的，适用国际条约的规定。但是，中华人民共和国声明保留的条款除外。

本法和中华人民共和国缔结或者参加的国际条约没有规定的，可以适用国际惯例。

第九十六条　票据债务人的民事行为能力，适用其本国法律。

票据债务人的民事行为能力，依照其本国法律为无民事行为。

能力或者为限制民事行为能力而依照行为地法律为完全民事行为能力的，适用行为地法律。

第九十七条　汇票、本票出票时的记载事项，适用出票地法律。

支票出票时的记载事项，适用出票地法律，经当事人协议，也可以适用付款地法律。

第九十八条　票据的背书、承兑、付款和保证行为，适用行为地法律。

第九十九条　票据追索权的行使期限，适用出票地法律。

第一百条　票据的提示期限、有关拒绝证明的方式、出具拒绝证明的期限，适用付款地法律。

第一百零一条　票据丧失时，失票人请求保全票据权利的程序，适用付款地法律。

第六章　法律责任

第一百零二条　有下列票据欺诈行为之一的，依法追究刑事责任：

（一）伪造、变造票据的；

（二）故意使用伪造、变造的票据的；

（三）签发空头支票或者故意签发与其预留的本名签名式样或者印鉴不符的支票，骗取财物的；

（四）签发无可靠资金来源的汇票、本票，骗取资金的；

（五）汇票、本票的出票人在出票时作虚假记载，骗取财物的；

（六）冒用他人的票据，或者故意使用过期或者作废的票据，骗取财物的；

（七）付款人同出票人、持票人恶意串通，实施前六项所列行为之一的。

第一百零三条 有前条所列行为之一，情节轻微，不构成犯罪的，依照国家有关规定给予行政处罚。

第一百零四条 金融机构工作人员在票据业务中玩忽职守，对违反本法规定的票据予以承兑、付款或者保证的，给予处分；造成重大损失，构成犯罪的，依法追究刑事责任。

由于金融机构工作人员因前款行为给当事人造成损失的，由该金融机构和直接责任人员依法承担赔偿责任。

第一百零五条 票据的付款人对见票即付或者到期的票据，故意压票，拖延支付的，由金融行政管理部门处以罚款，对直接责任人员给予处分。

票据的付款人故意压票，拖延支付，给持票人造成损失的，依法承担赔偿责任。

第一百零六条 依照本法规定承担赔偿责任以外的其他违反本法规定的行为，给他人造成损失的，应当依法承担民事责任。

第七章 附 则

第一百零七条 本法规定的各项期限的计算，适用民法通则关于计算期间的规定。

按月计算期限的，按到期月的对日计算；无对日的，月末日为到期日。

第一百零八条 汇票、本票、支票的格式应当统一。

票据凭证的格式和印制管理办法，由中国人民银行规定。

第一百零九条 票据管理的具体实施办法，由中国人民银行依照本法制定，报国务院批准后施行。

第一百一十条 本法自 1996 年 1 月 1 日起施行。

附录三　正确填写票据和结算凭证的基本规定

　　银行、单位和个人填写的各种票据和结算凭证是办理支付结算和现金收付的重要依据，直接关系到支付结算的准确、及时和安全。票据和结算凭证是银行、单位和个人凭以记载账务的会计凭证，是记载经济业务和明确经济责任的一种书面证明。因此，填写票据和结算凭证，必须做到标准化、规范化，做到要素齐全、数字正确、字迹清晰、不错漏、不潦草，防止涂改。

　　一、中文大写金额数字应用正楷或行书填写，如壹、贰、叁、肆、伍、陆、柒、捌、玖、拾、佰、仟、万、亿、元（圆）、角、分、零、整（正）等字样。不得用一、二（两）、三、四、五、六、七、八、九、十、念、毛、另（或0）填写，不得自造简化字。如果金额数字书写中使用繁体字，如貳、陸、億、萬、圓的，也应受理。

　　二、中文大写金额数字到"元"为止的，在"元"之后，应写"整"（或"正"）字，在"角"之后可以不写"整"（或"正"）字。大写金额数字有"分"的，"分"后面不写"整"（或"正"）字。

　　三、中文大写金额数字前应标明"人民币"字样，大写金额数字有"分"的，"分"后面不写"整"（或"正"）字。

　　四、中文大写金额数字前应标明"人民币"字样，大写金额数字应紧接"人民币"字样填写，不得留有空白。大写金额数字前未印"人民币"字样的，应加填"人民币"三字。在票据和结算凭证大写金额栏内不得预印固定的"仟、佰、拾、万、仟、佰、拾、元、角、分"字样。

　　五、阿拉伯小写金额数字中有"0"时，中文大写应按照汉语语言规律、金额数字构成和防止涂改的要求进行书写。举例如下：

　　（一）阿拉伯数字中间有"0"时，中文大写金额要写"零"字。如￥1 409.50，应写成人民币壹仟肆佰零玖元伍角。

　　（二）阿拉伯数字中间连续有几个"0"时，中文大写金额中间可以只写一个"零"字。如￥6 007.14，应写成人民币陆仟零柒元壹角肆分。

　　（三）阿拉伯金额数字万位或元位是"0"，或者数字中间连续有几个"0"，万位、元位也是"0"，但千位、角位不是"0"时，中文大写金额中可以只写一个零字，也可以不写"零"字。如￥1 680.32，应写成人民币壹仟陆佰捌拾元零叁角贰分，或者写成人民币壹仟陆佰捌拾元叁角贰分；又如￥107 000.53，应写成人民币壹拾万柒仟元零伍角叁分，或者写成人民币壹拾万零柒仟元伍角叁分。

（四）阿拉伯金额数字角位是"0"，而分位不是"0"时，中文大写金额"元"后面应写"零"字。如￥16 409.02，应写成人民币壹万陆仟肆佰零玖元零贰分；又如￥325.04，应写成人民币叁佰贰拾伍元零肆分。

六、阿拉伯小写金额数字前面，均应填写人民币符号"￥"（或草写：￥）。阿拉伯小写金额数字要认真填写，不得连写分辩不清。

七、票据的出票日期必须使用中文大写。为防止变造票据的出票日期，在填写月、日时，月为壹、贰和壹拾的，日为壹至玖和壹拾、贰拾和叁拾的，应在其前加"零"；日为拾壹至拾玖的，应在其前加"壹"。如1月15日，应写成零壹月壹拾伍日。再如10月20日，应写成零壹拾月零贰拾日。

八、票据出票日期使用小写填写的，银行不予受理。大写日期未按要求规范填写的，银行可予受理，但由此造成损失的，由出票人自行承担。

参考文献

［1］陈容.小企业会计与出纳实务操作［M］.北京：企业管理出版社，2002.

［2］曹凯.手把手教你当出纳［M］.北京：经济科学出版社，2004.

［3］邵军，杜海霞，刘书明.教你做出纳和纳税［M］.北京：经济管理出版社，2005.

［4］林云刚，朱建君.出纳会计实务［M］.北京：高等教育出版社，2005.

［5］索晓辉.出纳实务技能一本通［M］.北京：工商联合出版社，2006.

［6］何大安.出纳实务现学现用［M］.北京：企业管理出版社，2006.

［7］郑卿，李拥军.出纳人员岗位培训手册［M］.北京：人民邮电出版社，2006.

［8］田国强.出纳实务［M］.北京：立信会计出版社，2006.

［9］鄢烈仿.出纳实务［M］.武汉：华中科技大学出版社，2007.

［10］余国艳.出纳实务岗位技能实训［M］.北京：科学出版社，2007.

［11］林云刚，朱建君.出纳岗位实务［M］.北京：电子工业出版社，2007.

［12］余国艳.出纳实务［M］.北京：科学出版社，2007

［13］胡世强.出纳实务［M］.重庆：西南财经大学出版社，2007.

［14］李海波.出纳实务新编［M］.北京：立信会计出版社，2007.

［15］李建卿，李雅娟.出纳岗位实务［M］.太原：山西经济出版社，2008.

［16］王义华.出纳入门捷径［M］.北京：海天出版社，2008.

［17］杨春英.出纳岗位实务［M］.上海：华东师范大学出版社，2008.

［18］黄雅雯.出纳入门7日通［M］.北京：京华出版社，2008.

［19］李星华.出纳岗位实用技能与技巧［M］.北京：中国财经出版社，2008.

［20］苏伟伦.新出纳实务入门［M］.北京：中国纺织出版社，2008.

［21］刘晓光，崔维.新手学出纳［M］.北京：人民邮电出版社，2008.

［22］张文会.出纳十日读［M］.北京：中国商业出版社，2008.

［23］施海丽.出纳实务［M］.北京：清华大学出版社，2010.

［24］李华.出纳实务［M］.北京：高等教育出版社，2008.

［25］张浩.第一次当出纳应知应会300会［M］.北京：蓝天出版社，2006.

［26］程坚.财务会计实训与联系［M］.北京：中国财政经济出版社，2009.